수능특강 Q

미니모의고사

14회분 수록

국어영역
국어 Jump

1 흔들리지 않는 수능 실전력 완성

2 역대 수능 연계교재 고퀄리티 문항 수록

이 책의 구성과 특징

- 한국교육과정평가원이 감수한 과년도 EBS 수능 연계교재의 우수 문항을 선제하여 미니모의고사 형태로 구성하였습니다.

- 목표 시간 내에 문제를 푸는 연습을 통해 실전에 대비할 수 있습니다.

학습자 스스로 문제의 핵심을 파악할 수 있도록 명확한 해설을 제공합니다. 잘 풀리지 않는 문제는 해설을 통해 확실히 이해할 수 있습니다.

기획 및 개발

EBS 교재 개발팀

본 교재의 강의는 TV와 모바일 APP, EBS*i* 사이트(www.ebs*i*.co.kr)에서 무료로 제공됩니다.

발행일 2024. 10. 1. **1쇄 인쇄일** 2024. 9. 24. **신고번호** 제2017-000193호 **펴낸곳** 한국교육방송공사 경기도 고양시 일산동구 한류월드로 281
표지디자인 디자인싹 **편집** 글사랑 **인쇄** 동아출판㈜
인쇄 과정 중 잘못된 교재는 구입하신 곳에서 교환하여 드립니다. 신규 사업 및 교재 광고 문의 pub@ebs.co.kr

정답과 해설은 EBS*i* 사이트(www.ebs*i*.co.kr)에서 내려받으실 수 있습니다.

교재 내용 문의	교재 및 강의 내용 문의는 EBS*i* 사이트(www.ebs*i*.co.kr)의 학습 Q&A 서비스를 활용하시기 바랍니다.	교재 정오표 공지	발행 이후 발견된 정오 사항을 EBS*i* 사이트 정오표 코너에서 알려 드립니다. 교재 ▶ 교재 자료실 ▶ 교재 정오표	교재 정정 신청	공지된 정오 내용 외에 발견된 정오 사항이 있다면 EBS*i* 사이트를 통해 알려 주세요. 교재 ▶ 교재 정정 신청

이 책의 **차례**

※ 미니모의고사 학습 계획을 세우고 매일 실천해 보세요!
※ 풀이 시간과 틀린 문항을 정리해 복습에 활용하세요!

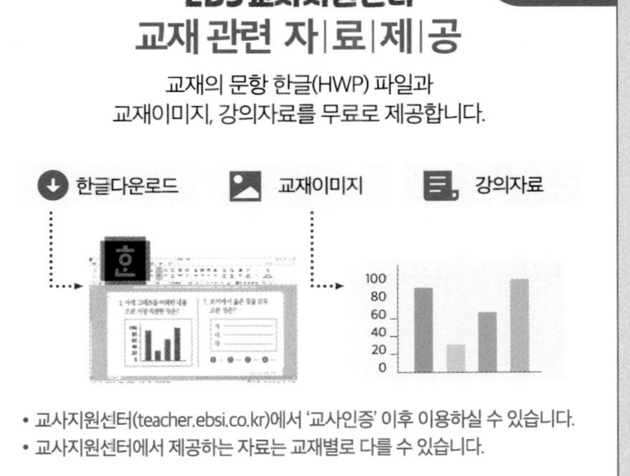

01_회. 미니모의고사

EBS 수능특강 Q 미니모의고사 **국어**

○ 알고 맞힘 ___ /8   △ 헷갈림 ___ /8   ✗ 모르고 틀림 ___ /8

[1~3] 다음 글을 읽고 물음에 답하시오.

㉮ 돌담으로 튼튼히 가려 놓은 집 안엔 **검은 기와집** 종가가 살고 있었다. 충충한 울 속에서 거미 알 터지듯 **흩어져 나가는 이 집의 지손(支孫)***들. 모두 다 싸우고 찢고 헤어져 나가도 오래인 동안 이 집의 광영(光榮)을 지키어 주는 **신주(神主)***들은 대머리에 곰팡이가 나도록 알리어지지는 않아도 **종가에서는 무기처럼 아끼며** 제삿날이면 갑자기 높아 제상(祭床) 위에 날름히 올라앉는다. 큰집에는 큰아들의 식구만 살고 있어도 제삿날이면 제사를 지내러 오는 사람들 오조 할머니와 아들 며느리 손자 손주며 느리 칠촌도 팔촌도 한데 얼리어 닝닝거린다. 시집갔다 쫓겨 온 작은딸 과부가 되어 온 큰고모 손꾸락을 빨며 구경하는 이종 언니 이종 오빠. **한참 쩡쩡 울리던 옛날에는** 오조 할머니 집에서 동원 뒷밥*을 먹어 왔다고 오조 할머니 시아버지도 남편도 **동네 백성들을 곧—잘 잡아들여다 모말굴림***도 시키고 주릿대를 앵기었다고. 지금도 종가 뒤란에는 중복사* 나무 밑에서 대구리가 빤들빤들한 달걀귀신이 융융거린다는 마을의 풍설. 종가에 사는 사람들은 아무 일을 안 해도 지내 왔었고 **대대손손이 아—무런 재주도 물리어받지는 못하여 종갓집 영감님**은 근시 안경을 쓰고 눈을 찝찝거리며 **먹을 궁리를 한다고** 작인(作人)들에게 고리대금을 하여 살아 나간다.

— 오장환, 「종가」

* **지손**: 맏이가 아닌 자손에서 갈라져 나간 파의 자손.
* **신주**: 죽은 사람의 위패.
* **뒷밥**: 고사나 제사를 지낸 후 객귀들을 위해 차리는 상.
* **모말굴림**: 곡식을 담는 그릇 위에 무릎을 꿇려 무릎이 그 안에 끼이면서 고통을 당하게 하는 형벌.
* **중복사**: 승도복숭아. 천도복숭아.

㉯ 내 집 아니라
    늬 집이라
    ㉠날르다 얼른 돌아오라
    처마 난간이
    늬들 가여운 속삭임을 지음(知音)*터라

내 집 아니라
늬 집이라
아배 간 뒤 머언 날
아들 손자 잠도 깨우리

ⓛ**문틈 사이 늬는 몇 대째 설워 우느뇨**

내 집 아니라
늬 집이라
하늘 날던 은행잎이
ⓒ좁은 마루 구석에 품인 듯 안겨 든다
자고로 맑은 바람이 거기 살았느라

오! 내 집이라
열 해요 스무 해를
앉았다 누웠달 뿐
ⓔ문밖에 바쁜 손[客]이
길 잘못 들어 날 찾아오고

손때 살내음도 저렀을* 난간이
흔히 나를 안고 한가하다
한두 쪽 흰 구름도 사라지는디
ⓜ한 두엇 저질러 논 부끄러운 짓
파아란 하늘처럼 아슴푸레하다

— 김영랑, 「집」

* **지음**: 새나 짐승의 울음을 가려 잘 알아들음.
* **저렀을**: 절이어 배어들었을.

[24901-0001]   ○ △ ✗

1 (가)와 (나)에 대한 설명으로 가장 적절한 것은?

① (가)와 (나)는 모두 대화체와 독백체를 교차하여 대상과의 친밀감을 높이면서 자연 친화적인 태도를 강화하고 있다.

② (가)와 (나)는 모두 근경에서 원경으로 시선을 이동하여 공간적 배경의 범위를 확장하면서 시상을 마무리하고 있다.

③ (가)는 두 공간에 담긴 상징적 의미를 비교하여 그 차이를 부각하고 있고, (나)는 공간에 담긴 과거와 현재의 의미를 대비적으로 드러내고 있다.

④ (가)는 어둠과 밝음의 대조를 통해 대상에 대한 비판 의식을 강조하고 있고, (나)는 밤과 낮의 시간 변화를 통해 대상이 지닌 이면을 드러내고 있다.

⑤ (가)는 과거와 현재 상황을 대비적으로 드러내어 시적 상황을 부각하고 있고, (나)는 동일한 시구의 반복을 통해 화자가 처한 시적 상황을 드러내고 있다.

[24901-0002] ○ △ ✕

2 〈보기〉를 참고하여 (가)를 감상한 내용으로 적절하지 <u>않은</u> 것은?

〈 보기 〉

「종가」는 한 문중에서 맏이로만 이어 온 큰집이라는 '종가'의 의미를 바탕으로 유교적 권위의 폐해와 혈연 집단의 허위의식을 집약적으로 보여 준다. 폐쇄적이고 어두운 종갓집에 대한 묘사는 주제 의식을 부각하는 바탕이 되고 있으며, 종가의 권위를 상징하는 소재를 통해 종가의 위계와 권위를 전면에 내세우고 있다. 종가의 권위에 억압당하던 주변인들의 모습과 부당했던 종가의 행위에 대한 묘사를 통해 봉건적 지배 질서의 불합리성을 드러내고 있으며, 무능력하면서도 생계유지에만 급급해하는 모습을 통해 종가에 담긴 허위적인 면을 풍자하고 있다.

① '돌담으로 튼튼히 가려 놓은' '검은 기와집'으로 묘사된 종가의 모습을 통해 종가의 폐쇄적이고 어두운 이미지를 느낄 수 있군.

② '신주들'을 '종가에서' '무기처럼 아'낀다는 표현을 통해 신주는 종가가 중시하는 위계와 권위를 상징하는 소재라고 볼 수 있군.

③ '흩어져 나가' 있는 '이 집의 지손들'이 '모두 다 싸우고 찢고 헤어져 나가' 있는 상황을 통해 종가의 권위에 억압당하던 주변인들의 모습을 확인할 수 있군.

④ '한참 쩡쩡 울리던 옛날에' '동네 백성들을 곧 ― 잘 잡아들여다 모말굴림도 시키고 주릿대를 앵기었다'는 것에서 봉건적 지배 질서의 불합리성을 짐작할 수 있군.

⑤ '대대손손이 아 ― 무런 재주도 물리어받지' 못하고 '먹을 궁리를 한다고 작인들에게 고리대금을 하여 살아 나'가는 '종갓집 영감님'에게서 종가에 담긴 허위적인 면을 엿볼 수 있군.

[24901-0003] ○ △ ✕

3 ㉠~㉤에 대해 이해한 내용으로 적절하지 <u>않은</u> 것은?

① ㉠: '늬들'이 현재 집에 머물러 있지 않다는 것을 알려 주고 있다.

② ㉡: '아배 간 뒤' 오랜 시간에 걸쳐 느끼는 정서를 직설적으로 드러내고 있다.

③ ㉢: '은행잎'과 하나가 되어 적막함을 극복하려는 태도를 나타내고 있다.

④ ㉣: '내 집'이 찾는 이가 없는 고독한 공간임을 인식하고 있다.

⑤ ㉤: '흰 구름'이 사라지는 것을 보며 지난 삶을 돌아보고 있다.

[4~8] 다음 글을 읽고 물음에 답하시오.

사람들은 일반적으로 주체를 자율적인 존재라고 생각한다. 철학적으로 주체를 자율적인 존재로 정립한 사람은 칸트라고 볼 수 있다. 칸트는 도덕적 주체의 근본적 자율성을 강조해 주체를 '구성하는' 위치에 놓았다. 그는 식욕과 같은 자연적 욕구를 채우거나 쾌락을 얻는 것을 추구하는 '경향성'과 도덕적 자유 의지를 구분하고, 도덕적 자유 의지가 경향성에서 주체 자신을 떨어뜨려 놓을 수 있는 힘이라고 규정했다. 이에 따르면, 자연적 욕구에 의해 자기가 원하는 것을 마음대로 하고 싶어 하는 사람은 도덕적으로 자유로운 존재가 아닌 반면, 경향성에서 벗어나 자신의 목에 칼이 들어와도 거짓말을 하지 않는 사람은 도덕적 주체로서 자율성을 지닌 자유로운 존재이다. 이러한 주체의 자율성은 칸트 이후 실존주의에 이르기까지 여러 철학자들에 의해 지지되었는데, 알튀세르는 주체의 자율성에 대해 비판적 입장을 취했다.

알튀세르의 논문인 「이데올로기와 이데올로기적 국가 장치들」은 일거에 주체 문제에 대한 논의의 지형을 바꿔 놓았다. 알튀세르는 이 논문에서 중심 테제*의 하나로 '이데올로기적 호명 테제'를 제시했다. 이 테제는 '이데올로기*가 개인을 주체로 호명한다.'라는 것이다. 알튀세르는 이를 설명하기 위해 한 편의 연극적 상황을 제시한다. 행인이 지나가고 있고, 경찰이 등 뒤에서 그 행인을 부른다. "이봐, 거기!" 그러면 이 행인은 경찰의 부름에 답하기 위해 돌아서게 된다. 알튀세르는 이렇게 돌아서는 순간에 이 행인이 주체로 '구성된다'고 말한다. 원래 이 행인은 개인이었을 뿐 주체가 아니었는데 경찰로 비유된 이데올로기의 호명에 의해, 즉 타율적인 방식으로 구성된 '이데올로기적 주체'가 된다는 것이다. 이는 개인이 호명에 의해 이데올로기적인 동일성, 즉 하나의 중심적 관념 또는 믿음을 부여받게 됨을 의미한다.

알튀세르의 호명 테제는 주체에 대한 과거의 사유가 답하지 못한, '주체들이 자율적인 존재라면, 왜 그들은 지배자들이 퍼뜨리는 잘못된 생각에 그토록 쉽게 설득당하는가?'라는 질문에 답할 수 있는 길을 열었다. 그런데 알튀세르처럼 주체를 타율적인 존재로 규정하면, '지배 이데올로기에 대한 저항이나 반역이 어떻게 가능한가?'라는 질문에 답하기 어려운 문제가 발생한다. 이 때문에 알튀세르의 호명 테제는 상당한 논란을 일으켰다. 하지만 그렇다고 쉽게 알튀세르 이전의 주체의 자율성 테제로 돌아갈 수도 없었다. 왜냐하면 그렇게 되면 이데올로기의 광범위한 영향력을 설명할 수 없었기 때문이다. 이러한 논란에 대해 슬라보예 지젝은 ㉠알튀세르의 주장을 비판하며 해결책을 제시하고자 했다. 지젝은 이데올로기가 주체를 구성한다는 말이 어느 정도 옳다고 할지라도, 그것이 이데올로기가 완전한 방식으로 주체를 장악한다는 뜻은 아니라고 말한다. 그에 따르면, 이데올로기는 항상 '잉여로서의 공백'을 남기는 방식으로만 주체를 구성하기 때문에 그렇게 남은 공백이 저항과 반역의 주체가 된다. 이는 진정한 주체가 이데올로기의 호명이 있기 이전부터 이미 존재하는 것이며, 이 주체가 없다면 호명 자체가 불가능함을 나타낸다. 이에 따르면, ⓐ'공백으로서의 주체'가 호명을 가능하게 하는 조건이 된다.

이러한 비판에 대해 알튀세르는 '탄생'과 '돌발'의 구분을 바탕으로 답을 한다. 탄생은 어떤 것이 태어나기 위해서 그 전에 무엇이 있었고, 어떤 원인이 있었는지를 전제하는 것이다. 반면에 돌발은 선행하는 원인 없이 몇 가지 요소들이 어떤 계기로 우연히 마주쳐 원인 없는 결과를 갑작스레 구성한다는 것이다. 그런데 어떤 것이 역사 속에서 돌발하게 되면, 사람들은 태어나기 위해 전에 무엇이 있었고, 어떤 원인이 있었는지를 선형적인 방식으로 추적하곤 한다. 이때 탄생의 논리에 입각해 돌발의 결과를 원인의 자리에 가져다 놓는 우를 범한다. 알튀세르는 이것을 '주체 효과'라고 한다. 주체 효과는 우연성을 고려하지 않고 현재를 과거로 투영해 자신의 전사*를 회고적으로 구성하는 것이다. 가령 우리는 여러 환경 속에서 변했더라도 지금의 '나'를 예전의 '나'와 똑같은 사람이라고 생각하곤 한다.

알튀세르는 '왜 호명당한 개인이 돌아서게 되는가? 이 사람이 돌아서기 위해서는 이미 이 사람이 모종의 주체여야 하지 않는가?'라고 묻는 것이야말로 주체의 기원적 원인을 그 개인의 '돌아섬', 즉 주체가 구성되기 이전에서 찾고 있는 것이므로 주체 효과에 젖어 스스로 환상에 빠져드는 것이라고 주장한다. 주체는 돌발되며 그 돌발은 이데올로기적 장치들과 개인이 마주침으로써 가능하며, 그렇게 특정한 이데올로기적 주체로 구성되어 살아가는 개인은 현재의 자신을 자신의 과거로 투영해 자신이 마치 항상 그러한 주체로 늘 존재해 온 것처럼 생각하고 행동한다는 것이다. 이렇게 보면 주체에 앞선 주체는 이데올로기에 의한 호명 이후에 나타나는 환상적인 것에 불과한 것이다. 즉 그것은 이데올로기의 호명을 야기한 것이 아니라 이데올로기에 의한 호명이라는 사건의 결과로 나타나는 것에 지나지 않는다.

알튀세르는 이데올로기적 주체가 등 뒤에 다시 주체가 있고, 그 주체의 등 뒤에 다시 주체가 있는 무한한 동심원의 환상 구조를 맴돈다고 본다. 이러한 환상 구조로 인해 주체는 자기의 원인인 듯이 나타날 수 있게 되고, 스스로를 자율적이라고 느끼게 된다. 이 구조 안에서는 계속 돈다고 해서 주체의 기원 또는 기원적 원인에 이를 수 있는 것이 아니다. 그리고 이 구조 안에서 맴도는 이데올로기적 주체에게 이데올로기의 바깥은 없다. 이는 주체가 이데올로기의 바깥을 알지 못한다는 뜻이다. 알튀세르에 따르면, 이데올로기는 그 이데올로기를 확립시키는 이데올로기적 장치라는 바깥을 가지고 있는데, 이러한 바깥을 베일로 가리거나 망각하게 만듦으로써, 이데올로기적 주체로 하여금 스스로를 조건 지어진 존재가 아닌 자율적 존재인 양 생각하게 만든다.

※ **테제**: 논리를 전개하기 위한 최초의 명제.
※ **이데올로기**: 개인이나 사회 집단의 사상, 행동 따위를 이끄는 관념이나 신념의 체계.
※ **전사**: 어떤 역사가 이루어진 원인을 설명하기 위하여 쓰이는, 그 이전의 역사.

[24901-0004] ○ △ ✕

4 윗글의 내용 전개 방식으로 적절한 것은?

① 주체의 개념에 대한 보편적 입장을 제시하고, 그 입장의 장단점을 주체에 대한 알튀세르의 입장에 근거하여 분석하고 있다.

② 주체의 개념에 대한 철학적 논의의 중요성을 제시하고, 알튀세르가 제시한 호명 테제의 의미에 대한 여러 철학자의 입장을 절충하고 있다.

③ 주체의 자율성에 대한 입장들을 유사성을 기준으로 분류하고, 알튀세르의 입장을 중심으로 주체의 개념이 확립되는 과정을 제시하고 있다.

④ 주체의 자율성에 대한 통념과 관련 있는 철학적 입장을 소개하고, 그에 대해 비판적인 알튀세르의 입장에 대해 호명 테제에 관한 논점을 중심으로 설명하고 있다.

⑤ 주체의 자율성에 대한 여러 입장을 통시적으로 설명하고, 주체에 대한 알튀세르의 주장이 지닌 특징을 중심으로 주체에 대한 철학적 논의의 한계를 규명하고 있다.

[24901-0005] ○ △ ✕

5 윗글을 읽고 알 수 있는 내용으로 적절하지 <u>않은</u> 것은?

① 칸트는 경향성에 따라 마음대로 행동하는 것은 도덕적으로 자유로운 존재의 특성이 아니라고 보았다.

② 알튀세르는 호명 테제를 통해 실존주의와 달리 주체가 타율성으로 특징지어지는 존재라고 주장했다.

③ 주체의 자율성 테제는 주체가 부조리한 지배 이데올로기에 설득당하는 것을 설명하는 데 한계가 있다.

④ 알튀세르는 돌발이 선행하는 원인 없이 결과가 발생되는 것이라는 점에서 탄생과 구별된다고 생각했다.

⑤ 알튀세르는 주체의 자율성을 중시하는 태도가 주체로 하여금 이데올로기의 바깥을 인식하지 못하게 만든다고 보았다.

[24901-0006]　○　△　×

6 윗글을 바탕으로 〈보기〉에서 선생님이 제시한 활동을 수행한 내용으로 적절하지 <u>않은</u> 것은?

〈 보기 〉

선생님: 다음은 알튀세르의 입장에서 이데올로기적 주체가 어떻게 형성되는지를 비유적으로 설명할 수 있는 사례입니다. 이 내용이 이데올로기적 주체에 대한 알튀세르의 입장과 어떻게 연결되는지에 대해 생각해 봅시다. 이때 A가 부모에게 질문을 하기 전에 주체인지의 여부는 고려하지 말고 부모의 말을 듣자마자 이데올로기적 주체가 된다고 생각합시다.

어린아이인 A가 부모에게 "내가 태어나기 전에 나는 어디 있었어?"라고 묻는다. 그러자 A의 부모는 A가 그림책에서 읽은 하늘나라에서의 자유롭고 행복한 생활을 묘사하며 "넌 태어나기 전에 하늘나라에 있었지. 거기서 다른 태어나지 않은 아이들하고 같이 행복하게 엄마, 아빠를 기다리고 있었던 거야."라고 이야기를 꾸며 말한다. A는 이 이야기를 듣고 바로 "네."라고 답한다. 부모의 이야기를 믿는 A는 자신이 태어나기 이전부터 변함없이 존재해 왔다고 여긴다. 그리고 A는 앞으로도 변함없이 그림책 속 하늘나라의 사람들처럼 자유롭고 행복한 생활을 하게 될 것이라고 생각한다.

① A의 '내가 태어나기 전에 나는 어디 있었어?'라는 질문에서 '나'는 현재의 자신을 과거로 투영해 만들어 낸 것이라고 할 수 있다.

② A가 부모가 꾸며 낸 이야기를 믿는 것은 이데올로기의 호명에 의해 개인들이 이데올로기적인 동일성을 지니게 되는 것과 유사하다고 할 수 있다.

③ A는 부모의 이야기가 허구라는 것을 인식하지 못하고 있는데 이는 이데올로기적 주체가 이데올로기의 바깥을 알지 못하는 것과 유사하다고 할 수 있다.

④ A가 부모의 이야기를 듣고 자신이 태어나기 이전부터 변함없이 존재해 왔다고 여기는 것은 자신의 전사를 회고적으로 구성하는 주체 효과의 양상을 보여 준다고 할 수 있다.

⑤ A가 앞으로도 변함없이 자유롭고 행복한 생활을 하게 될 것이라고 생각하는 것은 이데올로기적 주체가 조건 지어진 존재임을 스스로 자각할 수 있는 가능성을 지니고 있음을 나타낸다고 할 수 있다.

[24901-0007]　○　△　×

7 ㉠에 대한 '알튀세르'의 반박으로 가장 적절한 것은?

① 원인을 중시하는 탄생의 논리는 주체의 기원을 명확히 인식하는 데 전제가 되는 것이다.

② 무한한 동심원의 환상 구조는 주체로 하여금 자신의 자율성에 대해 자각할 수 있게 해 준다.

③ 이데올로기가 주체 구성에 미치는 영향을 완전히 부정하는 것은 이데올로기의 존재를 어렵게 만든다.

④ 이데올로기적 주체는 아무 때나 구성되지 않고 이데올로기적 장치들과 개인이 마주치는 사건이 일어나야만 구성되는 것이다.

⑤ 이데올로기에 의한 호명 이전부터 주체가 존재한다고 생각하는 것은 옳지 않으며 주체에 앞선 주체의 존재는 호명이라는 사건의 결과를 원인으로 잘못 이해한 것이다.

[24901-0008]　○　△　×

8 '지젝'의 관점에서 ⓐ에 대해 이해한 내용으로 적절한 것은?

① ⓐ가 없는 상태로 이데올로기에 의한 호명이 이루어질 수 있다.

② ⓐ는 원인 없는 결과가 돌발적으로 나타나는 것을 제어할 수 있다.

③ ⓐ는 이데올로기가 주체를 완전하게 장악하는 계기를 제공할 수 있다.

④ ⓐ의 존재는 주체의 자율적인 저항과 반역을 설명하는 근거가 될 수 있다.

⑤ ⓐ의 생성으로 인해 주체의 타율적인 성격이 고정되어 변하지 않게 될 수 있다.

02 회 미니모의고사

EBS 수능특강 Q 미니모의고사 **국어**

O 알고 맞힘 /8   △ 헷갈림 /8   X 모르고 틀림 /8

[1~4] 다음 글을 읽고 물음에 답하시오.

가 식구들은 둘러앉아
　삶은 감자를 말없이 먹었다
　신발의 진흙도 털지 않은 채
　흐린 불빛 속에서
　㉠늘 저녁을 그렇게 때웠다
　저녁 식탁이
　누구의 손 하나가 잘못 놓여도
　삐걱거렸다
　다만 **셋째 형**만이
　언제고 떠날 기회를 노리고 있었다
　아무 말도 하지 않았다
　고된 나날이었다

　잠만은 편하게 잤다
　잘 삶아진 굵은 감자알들처럼
　마디 굵은 우리 식구들의 손처럼
　서걱서걱 흙을 파고 나가는
　삽질 소리들을 꿈속에서도 들었다
　누구나 삽질을 잘하는 것은 아니다
　우리는 타고난 사람들이었다
　맛있는 잠! 잠에는
　막힘이 없었다

　새벽에는
　빗줄기가 조금 창문을 두드렸다
　제일 부드러웠다
　새싹들이 돋고 있으리라 믿었다
　오늘은 하루쯤 쉬어도 되리라
　식구들은
　목욕탕엘 가고 싶었다
　　　　　– 정진규, 「추억 – '감자 먹는 사람들', 빈센트 반 고흐」

나 어머님,
　제 **예닐곱 살 적 겨울**은
　목조 적산 가옥 이층 다다미방의
　벌거숭이 유리창 깨질 듯 울어 대던 외풍 탓으로

한없이 추웠지요, 밤마다 나는 벌벌 떨면서
아버지 가랑이 사이로 시린 발을 밀어 넣고
그 가슴팍에 벌레처럼 파고들어 얼굴을 묻은 채
겨우 잠이 들곤 했었지요.

요즈음도 추운 밤이면
곁에서 **잠든 아이들 이불깃을** 덮어 주며
늘 그런 추억으로 마음이 아프고,
나를 품어 주던 그 가슴이 이제는 **한 줌 뼛가루로** 삭아
붉은 흙에 자취 없이 뒤섞여 있음을 생각하면
옛날처럼 나는 다시 **아버지 곁**에 눕고 싶습니다.

그런데 어머님,
오늘은 ㉡영하의 한강교를 지나면서 문득
나를 품에 안고 추위를 막아 주던
예닐곱 살 적 그 겨울밤의 아버지가
이승의 물로 화신해 있음을 보았습니다.
품 안에 부드럽고 여린 물살은 무사히 흘러
바다로 가라고,
꽝 꽝 얼어붙은 잔등으로 혹한을 막으며
하얗게 얼음으로 엎드려 있던 **아버지**,
아버지, 아버지……

　　　　　– 이수익, 「결빙의 아버지」

[24901-0009]   ○ △ ✕

1 (가)와 (나)에 대한 설명으로 가장 적절한 것은?

① (가)는 화자가 동일시하는 대상을 통해 화자의 반성적 태도를 드러내고 있다.

② (가)는 화자가 처한 상황을 시간적 순서로 제시하며 화자의 내면을 드러내고 있다.

③ (나)는 계절의 변화 과정을 드러내며 대상의 변화 양상을 나타내고 있다.

④ (가)와 (나)는 모두 현재형 문장을 반복하여 화자의 자아 성찰 과정을 생생하게 드러내고 있다.

⑤ (가)와 (나)는 모두 공간의 대비를 통해 부정적인 시대 상황에 대한 극복 의지를 강조하고 있다.

[24901-0010]   ○ △ ✕

2 〈보기〉를 참고하여 윗글을 이해한 내용으로 적절한 것은?

〈 보기 〉

「추억 − ‘감자 먹는 사람들’, 빈센트 반 고흐」와 「결빙의 아버지」는 ‘결핍(缺乏)’이나 ‘부재(不在)’가 시상 전개의 모티프를 이루고 있다. 가난한 현실은 물질적 결핍에 해당하며 소중한 사람이 부재하는 경우 느끼는 외로움이나 그리움은 심리적 결핍에 해당한다. 이러한 결핍의 상황에서 화자는 결핍이 있기 전의 상황을 떠올리거나, 결핍이 해소된 상황을 떠올리곤 한다.

① (가)에서 ‘누구의 손’이 ‘저녁 식탁’을 삐걱거리게 하는 것은 ‘셋째 형’이 물질적 결핍을 겪는 원인이 되고 있군.

② (가)에서 ‘막힘’이 없이 ‘맛있는 잠’을 자는 것으로 인해 화자가 처한 물질적 결핍이 더욱 심화되고 있군.

③ (가)에서 식구들이 ‘목욕탕’에 가고 싶어 하는 것은 ‘빗줄기’로 인해 물질적 결핍이 해소되었기 때문이군.

④ (나)에서 ‘아버지 곁에’ 누워 있던 ‘옛날’은 화자가 심리적 결핍을 느끼는 ‘요즈음’과 대비를 이루고 있군.

⑤ (나)에서 화자가 ‘아버지’를 반복해서 부르는 것은 아버지의 부재로 인한 심리적 결핍을 극복해 낸 상황이군.

[24901-0011]   ○ △ ✕

3 ㉠과 ㉡에 대한 설명으로 가장 적절한 것은?

① ㉠은 화자와 다른 대상과의 갈등을 유발하는 행동이고, ㉡은 화자가 다른 대상과의 화해에 이르기 위한 행동이다.

② ㉠은 현재 상황에 대한 화자의 회한이 드러나는 행동이고, ㉡은 비참한 현실을 극복하려는 화자의 의지가 반영된 행동이다.

③ ㉠은 화자가 처한 현실이 일시적인 것이 아님을 보여 주는 상황이고, ㉡은 화자가 과거 기억을 떠올릴 수 있게 하는 상황이다.

④ ㉠은 화자가 자신의 상황에 대한 인식을 바꾸는 계기가 되는 상황이고, ㉡은 화자가 자신에게 주어진 운명에 순응하려는 상황이다.

⑤ ㉠은 다른 식구들을 위한 화자의 자기희생적 태도가 드러나는 행동이고, ㉡은 과거 자신의 삶에 대한 화자의 후회가 반영된 행동이다.

[24901-0012]   ○ △ ✕

4 (나)를 감상한 내용으로 적절하지 않은 것은?

① 화자가 아버지의 ‘가슴팍에 벌레처럼 파고들어’서야 겨우 잠에 드는 것은 ‘목조 적산 가옥 이층 다다미방’의 추위를 더욱 부각한다고 볼 수 있군.

② 화자에 대한 아버지의 사랑은 화자가 ‘잠든 아이들’에게 ‘이불깃’을 덮어 주는 행위로 이어지고 있군.

③ 화자는 ‘한 줌 뼛가루’로 삭아 버린 아버지를 떠올리며 ‘예닐곱 살 적 겨울’에 자신이 했던 행동들을 후회하고 있군.

④ ‘품 안에 부드럽고 여린 물살’이 무사히 흘러 ‘바다’로 가기를 바라는 것은 화자에 대한 아버지의 사랑을 연상시키는군.

⑤ ‘꽝 꽝 얼어붙은 잔등’은 꽁꽁 얼어붙은 한강물을 의미하는 동시에, ‘혹한’을 막아 내는 아버지의 희생을 의미하는군.

[5~8] 다음 글을 읽고 물음에 답하시오.

　조선은 백성을 중시해야 한다는 민본 정신을 추구하였으며, 통치자들의 존재 이유는 백성들의 삶을 안정시키는 데 있다고 보았다. 이는 백성을 자식처럼 아끼고 사랑하는 마음을 갖는 것뿐만 아니라 민생을 안정시킬 수 있는 구체적인 제도가 필요하다는 현실적인 인식이었다. 관료의 자질 향상 및 의무를 강조한 것과 관료의 비행을 감독하고 규찰하는 감사의 기능을 강화한 것은 모두 이러한 민본 정신의 구현이었다. 또한, 조선은 왕권의 기반이 민심에 있으며 민심을 천심으로 받아들여야 한다는 통치 이념을 바탕으로 민의(民意), 즉 백성들의 생각을 수용하기 위한 제도를 마련하였고 그중 하나가 백성들의 억울한 사안을 접수하여 해결해 주는 소원* 제도였다.

　조선의 소원 제도는 여러 절차를 통해 운영되었다. 어떠한 사안이 발생하면 민원인은 법에 규정된 단계를 거쳐야 했는데 가장 먼저 할 수 있는 일은 해당 고을의 수령에게 정소*하는 것이었다. 여기에서 문제가 해결되지 않는 경우 상위 기관으로 갈 수 있었다. 향촌의 백성들은 관찰사에게 의송*을 올려 억울함을 호소할 수 있었다. 의송을 받은 관찰사는 이를 직접 조사해서 처리하지 않고, 지방 수령에게 다시 이관시켜서 조사할 것을 명하였다. 이때 사건을 담당할 관리인 수명관을 지정하였는데, 수명관은 1차 단계의 수령일 수도 있었고 판결의 공정성을 확보하기 위해 인근 고을의 다른 수령으로 교체되기도 하였다. 정소를 한 백성은 처분이 적힌 의송을 첨부하여 수명관에게 다시 정소하였고, 수명관은 그 결과를 상위 기관에 보고하였다. 이렇게 향촌에서 여러 단계를 거치면서도 문제가 해결되지 않으면 사건을 중앙 기관인 사헌부에 고하였고, 여기에서도 해결되지 않는 경우 마지막 단계로 왕에게 직접 억울함을 호소하였다. 이러한 소원의 절차는 성별과 신분에 관계없이 누구에게나 보장되어 있었다.

　소원의 마지막 단계인 왕에게 직접 호소하는 절차를 보장하기 위한 제도로 신문고 제도 가 있었다. 신문고는 송나라에서 처음 시행했던 제도로 조선은 이를 모방하여 대궐 밖에 큰 북을 매달아 두고 억울한 일을 당한 백성이 북을 쳐서 왕이 그 소리를 직접 들을 수 있게 하였다. 의금부의 당직청에서는 북을 친 백성의 억울한 사연을 접수하였다. 하지만 신문고는 호소의 내용과 절차, 접근성 등에서 다소 제한적인 측면이 있었다. 먼저 내용 면에서는 종사*와 관계된 억울한 사정이나 목숨과 관련된 범죄에 해당하는 것만 가능하고, 관리의 실정은 고발할 수 없다는 문제가 있었다. 그리고 신문고를 울리기 전에 먼저 지방 관리에게 문제의 해결을 호소하고 확인을 받는 정소의 과정이 필요했기 때문에 소요 시간이 1년 이상이 걸리는 등 절차적인 어려움도 있었다. 또한 지역적 한계로 인해 지방 백성들은 이용하기 어려웠다. 이런 상황 속에서 신문고의 사용 제한은 더욱 엄격해졌고 한양 지역의 양반들이 주로 이용할 뿐 백성들의 이용은 거의 없었다.

　백성들이 억울한 사안을 왕에게 직접 호소할 수 있는 다른 제도에는 ㉠상언과 ㉡격쟁이 있었다. 양반들이 왕에게 올리는 상소가 사회 전반적인 문제를 다루었다면, 상언과 격쟁은 주로 개인적인 사정을 소원하는 제도라는 점에서 차이가 있었다. 상언은 백성이 왕에게 글을 올려서 문제 해결을 호소하는 것으로, 규정에 따르면 상언을 하고자 하는 사람은 왕의 행차길에서 기다리고 있다가 상언별감에게 미리 작성한 글을 제출하였다. 승정원은 이를 왕에게 보고한 후 그 내용에 따라 담당 관청으로 이관하여 사건을 조사하고 결과를 왕에게 보고하였다. 상언은 친제, 친정, 한내현신의 세 가지 원칙을 반드시 지켜야 했다. 친제는 상언 당사자가 직접 문서를 작성해야 하는 것이었고, 친정은 상언 당사자가 직접 문서를 제출해야 하는 것이었다. 그리고 한내현신은 3일 이내에 상언 당사자가 관청으로 나가 친제와 친정 여부를 확인하는 것이었다. 이 원칙들은 상언의 남발을 방지하기 위한 장치로, 하나의 원칙이라도 어길 경우에는 상언이 받아들여지지 않고 즉시 무효화되었다. 상언은 한문으로 작성해야 했기 때문에 한문에 능숙하지 못했던 백성들은 작성에 한계가 있었다. 따라서 상언은 주로 양반과 중인에 의해 이루어졌다. 한편, 문자에 익숙하지 못했던 백성들은 상언보다 격쟁을 더욱 선호하였다. 격쟁은 '징을 친다'라는 뜻으로 문자가 아닌 말로써 왕에게 호소하는 방식이었다. 백성들은 궁궐에 난입하거나 왕의 행차를 가로막고 징이나 꽹과리를 쳐서 이목을 집중시킨 다음 억울한 사정을 왕에게 호소하였다. 이런 이유 때문에 격쟁을 사용한 백성들은 왕의 행차를 소란스럽게 했다는 죄목으로 잡혀가 먼저 처벌을 받은 후에 억울한 사정을 호소할 수 있었다. 하지만 말로써 억울함을 호소할 수 있어서 절차적으로 간편하였기 때문에 하층민들이 선호하였다.

　신문고와 상언, 격쟁은 민의를 직접적으로 왕에게 전달하는 제도였지만 관리들의 반발을 사기도 하였고, 일부 왕들에 의해서는 중단되기도 하였다. 하지만 백성이 나라의 근본이라는 정신에 입각하여 백성들의 소리를 직접 듣고 그들과 소통하려고 했던 노력이라는 점에서 그 의의를 찾을 수 있다.

※**소원**: 억울한 일을 당하여 관에 하소연함.
※**정소**: 소장을 관청에 냄.
※**의송**: 조선 시대에, 백성이 고을 원의 판결에 불복하여 관찰사에게 올리던 민원서류.
※**종사**: 종묘와 사직이라는 뜻으로, '나라'를 이르는 말.

[24901-0013] ○ △ ✕

5 윗글의 내용과 일치하지 <u>않는</u> 것은?

① 백성들이 왕에게 직접 억울함을 호소하는 제도들은 중단되었던 시기도 있었다.

② 관찰사가 의송을 받으면 사건의 공정성을 강화하기 위해 기존의 관리를 항상 배제하였다.

③ 조선이 관료의 비행을 감독하고 규찰하는 감사의 기능을 강화했던 것은 민본 정신을 구현하기 위해서였다.

④ 조선의 민본 정신에는 백성을 대하는 마음가짐과 백성을 위하는 제도가 필요하다는 인식이 모두 포함되어 있었다.

⑤ 조선에서는 성별이나 신분에 관계없이 규정된 제도를 통해 누구나 자신의 억울함을 호소할 수 있는 절차가 보장되어 있었다.

[24901-0014] ○ △ ✕

6 윗글을 바탕으로 〈보기〉의 '어사 제도'를 이해한 내용으로 적절하지 <u>않은</u> 것은?

〈 보기 〉

　조선은 백성의 민원을 직접적으로 해소하기 위한 방법으로 왕이 지역 사회에 관리를 직접 파견하여 백성의 민심을 살피거나 특수한 행정 업무를 담당하게 하는 어사 제도를 운영하였다. 어사 제도는 수령의 행정 업무와는 별개로 운영한 기구이며 지역 사회에 파견된 어사는 관리 감찰, 민의 파악 등의 역할을 수행하였다. 어사는 공개적으로 임명되는 경우도 있었고 비밀리에 선정되기도 하였다. 어사는 임무 후 '서계'와 '별단'을 정리하여 문서로 보고함으로써 추가적인 조치 여부를 왕이 판단할 수 있도록 하였다. '서계'에는 지방 수령들의 통치 상황과 각종 비리를 적었고, '별단'에는 지역 백성들의 호소를 기록하였다.

① '서계'와 '별단'은 각각 상언, 상소와 유사한 역할을 했다고 볼 수 있군.

② 백성들이 어사에게 호소한 억울한 사연은 문서의 형태로 왕에게 전달되었다는 점에서 상언과 유사하군.

③ 백성들은 파견된 어사를 통해 여러 단계의 복잡한 소원 절차를 거치지 않고 억울함을 호소할 수도 있었겠군.

④ 어사 제도는 신문고 제도와는 달리 관리들의 실정을 고발할 수 있었으므로 감사의 기능을 수행했다고 볼 수 있군.

⑤ 어사 제도는 백성의 민원을 직접적으로 해소하려고 했다는 점에서 왕권의 기반이 민심에 있고 민심을 천심으로 받아들여야 한다는 통치 이념에 기반한 것이라고 볼 수 있군.

[24901-0015] ○ △ ✕

7 신문고 제도 에 대한 설명으로 적절한 것은?

① 소원의 과정을 보장하기 위해 조선에서 처음으로 시행했던 제도이다.

② 신문고를 통해 억울한 사연이 접수되면 왕은 수명관을 지정하여 해당 사안을 해결하게 하였다.

③ 백성이 대궐 밖에 있는 북을 치면 왕은 직접 나가서 해당 백성을 만나 억울한 사연을 접수하였다.

④ 신문고를 치기 위해서는 먼저 해당 백성이 살고 있는 고을의 수령에게 정소하는 과정이 필요하였다.

⑤ 백성들의 이용을 더욱 장려하기 위해 절차적 과정이 간소화되거나 호소의 내용이 처음보다 확대되었다.

[24901-0016] ○ △ ✕

8 ㉠, ㉡에 대한 이해로 적절하지 <u>않은</u> 것은?

① ㉠이 이루어지기 위해서는 우선 왕의 행차가 전제되어야 하였다.

② ㉠은 사건 당사자가 직접 문서를 작성하지 않은 것이 밝혀질 경우 호소가 받아들여지지 않았다.

③ ㉡은 절차적으로 간편한 부분이 있었기 때문에 하층민들이 선호하였다.

④ ㉡을 실행하는 백성은 억울함을 해결하기 위해 스스로 죄인이 되는 것을 감수해야만 하였다.

⑤ ㉠과 ㉡은 모두 백성들이 주로 사회 전반적인 문제 상황을 비판하고 제도에 대한 불만을 호소하는 제도였다.

03회 미니모의고사

EBS 수능특강 **Q** 미니모의고사 **국어**

○ 알고 맞힘　/8　　△ 헷갈림　/8　　✕ 모르고 틀림　/8

[1~4] 다음 글을 읽고 물음에 답하시오.

가 **바지랑대**[*] 끝 더는 꼬일 것이 없어서 끝이다 끝 하고
　　다음 날 아침에 나가 보면 **나팔꽃 줄기**는 허공에 두 뼘은 더 자라서
　　꼬여 있는 것이다. 움직이는 것은 아침 구름 두어 점, 이슬 몇 방울
　　더 움직이는 바지랑대는 없을 것이었다
　　ⓐ그런데도 다음 날 아침에 나가 보면 덩굴손까지 흘러나와
　　허공을 감아쥐고 바지랑대를 찾고 있는 것이다
　　이젠 포기하고 되돌아올 때도 되었거니 하고
　　다음 날 아침에 나가 보면 ㉠가냘픈 줄기에 두세 개의 종까지 매어 달고는
　　아침 하늘에다 은은한 종소리를 퍼내고 있는 것이다
　　이젠 더 꼬일 것이 없다 없다고 생각되었을 때
　　㉡우리의 아픔도 더 한 번 길게 꼬여서 푸른 종소리는 나는 법일까.

　　　　　　　　　　　　　　　　　　　　　－ 송수권, 「나팔꽃」

※**바지랑대** : 빨랫줄을 받치는 긴 막대기.

나 이를테면 수양의 늘어진 가지가 담을 넘을 때
　　그건 수양 가지만의 일은 아니었을 것이다
　　얼굴 한번 못 마주친 애먼 뿌리와
　　잠시 살 붙였다 적막히 손을 터는 꽃과 잎이
　　혼연일체 믿어 주지 않았다면
　　가지 혼자서는 **한없이 떨기만** 했을 것이다

　　㉢한 닷새 내리고 내리던 고집 센 비가 아니었으면
　　밤새 정분만 쌓던 도리 없는 폭설이 아니었으면
　　담을 넘는다는 게
　　가지에게는 그리 신명 나는 일이 아니었을 것이다
　　ⓑ무엇보다 **가지의 마음을 머뭇 세우고**
　　담 밖을 가둬 두는
　　저 금단의 담이 아니었으면
　　담의 몸을 가로지르고 담의 정수리를 타 넘어
　　담을 열 수 있다는 걸
　　수양의 늘어진 가지는 꿈도 꾸지 못했을 것이다

　　그러니까 ㉣목련 가지라든가 감나무 가지라든가
　　줄장미 줄기라든가 담쟁이 줄기라든가

　　가지가 담을 넘을 때 가지에게 담은
　　무명에 획을 긋는
　　㉤도박이자 도반[*]이었을 것이다

　　　　　　　　　　　　　　　　　　　　　－ 정끝별, 「가지가 담을 넘을 때」

※**도반(道伴)** : 함께 도를 닦는 벗.

[24901-0017] ○ △ ✕

1 (가)와 (나)의 공통점으로 가장 적절한 것은?

① 동일한 시구의 반복을 통해 시적 상황을 강조하고 있다.
② 공간의 이동에 따라 변화하는 화자의 정서를 제시하고 있다.
③ 단정적 어조를 통해 화자가 지닌 단호한 의지를 드러내고 있다.
④ 의문형 진술로 시상을 마무리하여 회의적 태도를 노출하고 있다.
⑤ 작품의 표면에 드러난 화자가 자신의 정서를 직접적으로 표현하고 있다.

[24901-0018] ○ △ ✕

2 ㉠~㉤에 대한 설명으로 적절하지 <u>않은</u> 것은?

① ㉠: 은유적 표현을 활용하여 '나팔꽃'의 개화를 형상화하고 있다.
② ㉡: '우리의 아픔'에 대한 것으로 확장된 화자의 인식을 공감각적 심상을 활용하여 드러내고 있다.
③ ㉢: '비'를 의인화한 표현을 통해 암울한 분위기를 조성하고 있다.
④ ㉣: '수양 가지' 이외의 존재를 열거함으로써 대상의 범위를 확대하고 있다.
⑤ ㉤: 어형(語形)의 유사성을 이용한 시구를 구성함으로써 '가지'에게 '담'이 지닌 이중적 가치를 부각하고 있다.

[24901-0019]　○ △ ✕

3 ⓐ와 ⓑ에 대한 설명으로 가장 적절한 것은?

① ⓐ는 화자가 인지하는 시간의 경과를 지시하고, ⓑ는 화자가 처한 공간의 이동을 의미한다.
② ⓐ는 의외의 상황이 전개될 것을 예고하고, ⓑ는 동일한 상황이 지속적으로 반복된 것을 회고한다.
③ ⓐ는 화자가 대상에 감정을 이입하는 상황을 제시하고, ⓑ는 화자와 대상의 위치가 뒤바뀐 상황을 형상화한다.
④ ⓐ는 화자의 내면을 응시하는 쪽으로 시상을 전환하고, ⓑ는 화자가 의도한 시상 전개의 방향으로 초점을 유도한다.
⑤ ⓐ는 대상에 대한 화자의 예측이 어긋난 상황을 부각하고, ⓑ는 화자가 특정 대상을 다른 대상들보다 주목하는 상황을 강조한다.

[24901-0020]　○ △ ✕

4 〈보기〉를 참고하여 (가), (나)에 대해 이해한 것으로 적절하지 않은 것은?

― 〈 보기 〉―

　시에서 자연물은 상징적인 의미를 갖는 경우가 많다. 관찰자로서의 화자는 자연물의 조화와 작용, 변화와 성장을 통해 인간의 삶에 적용할 수 있는 교훈을 얻게 되는데, 이때의 교훈 중에는 시련이나 한계 상황을 극복하고 삶을 고양하는 의지, 주변의 지지와 협력에 힘입어 현실의 제약을 이겨 내고 미지의 영역에 도달하는 용기 등과 같이 긍정적인 태도나 가치와 관련이 있는 것들도 있다.

① (가)에서 '바지랑대 끝'은 관찰 대상인 자연물이 봉착한 한계 상황을 환기하는 것으로 볼 수 있겠군.
② (가)에서 '나팔꽃 줄기'의 변화와 성장을 통해 화자는 인간의 삶에 적용 가능한, 의지에 관한 교훈을 떠올린 것이겠군.
③ (가)에서 '이젠 더 꼬일 것이 없다'는 화자의 생각은 시련을 극복하고 삶이 고양되었다는 판단에 해당하겠군.
④ (나)에서 '한없이 떨기만' 한다는 것은 주변의 지지와 협력이 부재하여 미지의 영역에 도달하기 위한 용기를 내지 못하는 상황을 의미한다고 해석할 수 있겠군.
⑤ (나)에서 '가지의 마음을 머뭇 세우'는 것은 자연물이 의지를 발휘해 이겨 내야 하는 현실의 제약에 해당하겠군.

[5~8] 다음 글을 읽고 물음에 답하시오.

　19세기 말 미국에서는 남북 전쟁의 종전 이후 산업이 급속도로 발전하며 자본주의가 발달하였고, 자연 과학, 법학 등 실제 사람들의 삶과 밀접한 학문이 발전하면서 기존의 형이상학적 철학 이론들에 대한 의문이 제기되었다. 이러한 배경 속에서 등장한 프래그머티즘은 당시의 미국 사회를 지배하며 사회에 커다란 영향을 미치게 되었다. 프래그머티즘은 행동, 실행, 실제 등을 의미하는 그리스어인 '프라그마'에서 유래한 것으로 행동과 실천을 중시하는 철학 이론이다.

[A]　　프래그머티즘의 출발점은 다윈의 진화론이었다. 다윈은 자연 안에 절대로 변하지 않는 것이 있다는 기존의 주장을 부정하며, 이 세계는 불확실한 우연성이 지배한다고 하였다. 인간 역시 우연적인 진화의 산물이기 때문에 인간은 불변의 법칙이나 신의 섭리를 탐구하는 일에 열중해야 하는 것이 아니라 끊임없이 변화하는 환경에 적응해서 살아남아야 한다고 말하였다. 이는 서구 사회의 전통적인 기독교적 인간관 및 플라톤 이래의 형이상학적 인간관과 배치되는 것이었다. 이런 맥락에서 프래그머티즘은 지식이란 이성을 바탕으로 한 영원불변의 객관적인 진리가 아니며, 세상의 문제와 환경의 변화에 대처하는 과정에서 달라질 수 있는 것이라고 보았다. 플라톤이 주장한 형이상학적인 진리의 세계는 존재하지 않으며 모든 것은 우리가 경험할 수 있는 범위 내에서만 존재할 수 있다는 것이다. 역사와 시대를 관통하는 궁극적인 원리는 존재하지 않기 때문에 현실적인 문제에 대한 절대적인 해결책은 있을 수 없으며 실천의 결과를 바탕으로 옳은 것을 판단해야 한다는 것이 프래그머티즘의 관점이다.

　여러 학자들의 견해에 나타나는 프래그머티즘의 특성은 약간씩 차이가 있다. 프래그머티즘의 선구자라고 할 수 있는 퍼스는 의미론으로서의 프래그머티즘을 주장하였다. 퍼스가 몰두한 것은 탐구의 방법에 관한 것이었는데 그가 말하는 탐구는 현실 생활에 나타난 회의를 출발점으로 하여 새로운 믿음에 이르고자 하는 행동이다. 퍼스는 탐구는 의심에서 시작되며, 과학적 방법을 거쳐 확고한 믿음에 도달하여 의심이 그칠 때 그 믿음의 진리 여부와 관계없이 만족감을 얻을 수 있다고 주장하였다. 여기서 말하는 믿음은 어떤 상황에서 행동 방식을 어떻게 취해야 하는가를 지시해 주는 것이다. 다시 말해 믿음은 행동의 규칙이나 마음의 습관에 불과한 것이다. 또한 퍼스는 개념의 의미는 믿음의 내용에 불과할 뿐이고 그 개념이 지니고 있는 실제적인 결과를 고려해야 한다는 '프래그머티즘의 격률'을 이야기하였으며, 어떠한 개념을 명료하게 하기 위해서는 실험을 통해 결과를 얻어야 하고 그 결과가 대상에 대한 개념의 전체라고 하였다.

　윌리엄 제임스는 퍼스가 언급한 프래그머티즘의 격률을 대상의 개념적 의미를 말할 수 있게 하는 방법적인 기준에만 머무르게 하는 것이 아니라 프래그머티즘의 진리론으로 발전시켰다. 퍼스는 믿음을 확립하기만 하면 명확한 판단이 가능하다고 생각하였다. 하지만 제임스는 관념이 참인지 거짓인지 판단하려면 그것이 실생활에서 어떤 실천적 차이를 나타내는지를 확인해야 한다고 하였다. 다시 말해 어떤 관념의 진위는 그 자체로 결정될 수 없고 현실에 적용했을 때 그것이 유용한 결과로 검증된다면 참이 될 수 있는 것이다. 제임스는 이를 '현금 가치'라고 표현하였는데, 예를 들면 "바늘 위에서 몇 명의 천사가 춤을 출 수 있는가?"라는 질문에 대한 답은 삶을 개선하는 데 전혀 유용하지 않은 지식이기 때문에 현금 가치가 없는 지식에 해당한다. 두 가지 관념을 비교해서 진리의 여부를 판단한다면 어떤 관념이 사람에게 실질적인 효과를 줄 수 있는지를 따지는 것이다. 즉 구체적 결과가 있어야 의미를 지니게 되고 따라서 진리로 여겨지던 추상적인 관념들은 구체적 사실에 영향을 주지 않는 한 무의미한 것이 된다. 전통적인 철학자들이 추구하던 추상적 관념으로서의 진리는 그 자체로 가치를 지니는 것이 아니라 사람들의 삶을 실제로 향상시키는 역할을 할 때에만 비로소 가치를 가질 수 있다는 것이다. 한편, 제임스는 진리를 무엇인가를 향해 성장해 나가는 것으로 보았다. 그가 제시한 새로운 진리는 새로운 경험과 낡은 진리가 서로 결합하고 수정된 결과다. 이는 제임스가 진리를 동적이고 상대적인 것으로 생각하였음을 나타낸다.

프래그머티즘은 존 듀이의 도구주의에 의해서 행동적 요소가 더욱 강조되었다. 듀이는 퍼스의 주장을 논리화하여 탐구의 논리로 체계화하였는데, 듀이는 사람들의 모든 관념은 현실 생활에서 일어나는 문제 해결을 위한 도구에 지나지 않는다고 보았다. 듀이에 따르면 인간은 다른 생물과 마찬가지로 자연 속에 존재하는 하나의 유기체에 지나지 않기 때문에 환경에 대한 적응을 통해서만 상호 관계가 가능하고, 인간의 모든 문제는 유기체와 환경의 관계를 바탕으로 생각해야 한다. 이러한 상황 속에서 문제가 발생했을 때 그것을 극복하기 위해 사고 작용이 일어난다. 듀이는 이때 일어나는 사고 작용은 지적인 요구에 의해서 나타나는 것이 아니라 당면한 문제를 해결하기 위한 것이므로 추상적인 것이 아니라 구체적인 것이어야 한다고 말했다. 또한 사고의 기능이 문제 해결에 있기 때문에 이를 위해서 탐구가 필요하다고 주장하였다. 탐구는 문제 상황, 즉 불확정한 상황을 확정된 상황으로 바꾸는 것으로 여기서 문제 해결의 수단으로 나오는 것이 관념이다. 따라서 관념은 문제 해결을 위한 도구의 기능을 해야 하며 만약 그러한 역할을 하지 못한다면 관념의 수정이 이루어져야 한다는 것이다. 도구주의에서 진리는 단순히 참된 지식을 일컫는 것이 아니라 '보증된 주장 가능성'을 뜻한다. 이것은 탐구의 과정을 거쳐서 얻은 지식이 실제로 문제 해결에 도움이 된다고 보증한다는 것을 의미한다. 듀이는 이러한 탐구의 방법론을 철학뿐만 아니라 교육, 과학, 정치, 예술 등에 적용하며 프래그머티즘을 통한 사회 개선을 시도하였다.

ⓐ전통적인 철학자들과는 달리 ⓑ프래그머티즘 학자들은 다른 관점에서 진리를 바라보았다. 그들은 추상적인 진리를 추구하는 것이 아니라 실생활에 유용하게 적용될 수 있는 진리를 찾기 위해 노력하였으며, 지식보다는 행동을 중시하는 생활 중심의 철학을 추구하였다. 물론 지향점이 분명하지 않고 가변적이고 유동적인 진리를 추구하였기 때문에 그 본질이 모호하다는 비판도 있다. 하지만 철학적 사고를 바탕으로 구체적인 삶의 문제를 해결하고 사회의 발전을 추구했다는 점에서 프래그머티즘은 의의가 있다고 볼 수 있다.

[24901-0021] ○ △ ✕

5 [A]를 통해 알 수 있는 프래그머티즘의 입장으로 가장 적절한 것은?

① 인간은 본질적으로 형이상학적인 이상을 추구해야 한다.

② 역사와 시대를 관통하는 궁극적인 원리를 바탕으로 하여 현실의 문제를 해결하기 위해 노력해야 한다.

③ 플라톤의 형이상학적 인간관에서 말하는 것과 같은 영원불변한 지식을 실천하여 문제를 해결해야 한다.

④ 인간은 우연한 진화의 산물이기 때문에 삶의 문제에 대한 해결책은 절대적이지 않고 환경에 따라 적절하게 달라질 수 있어야 한다.

⑤ 삶에서 발생하는 문제는 인간이 우연적인 진화의 산물이라는 특성 때문이므로 이성을 바탕으로 한 객관적인 진리를 추구해야 한다.

6 '퍼스'의 입장에서 〈보기〉를 이해한 내용으로 적절하지 <u>않은</u> 것은?

─〈 보기 〉─

'다이아몬드는 가장 단단한 물질이다.'라는 문장의 의미는 무엇인가? '단단하다'의 사전적 의미는 '어떤 힘을 받아도 쉽게 그 모양이 변하거나 부서지지 아니하는 상태에 있다.'이다. 따라서 위의 문장은 '다이아몬드는 다른 물질과 비교했을 때 쉽게 모양이 변하거나 부서지지 않는, 경도가 가장 강한 물질이다.'라는 의미가 된다.

① '다이아몬드는 가장 단단한 물질이다.'라는 문장의 의미에 의문이 생긴다면 새로운 믿음에 도달하기 위한 탐구의 과정을 거쳐야 하겠군.
② 실험의 결과가 문장의 의미와 다르게 나온다면 '다이아몬드는 가장 단단한 물질이다.'라는 문장은 확고한 의미에 도달하지 못한 것으로 판명되겠군.
③ '다이아몬드는 가장 단단한 물질이다.'라는 문장의 의미를 파악하는 과정은 어떠한 개념을 명료하게 하기 위한 실험의 결과를 알아내는 것과 같다고 볼 수 있군.
④ '다이아몬드는 가장 단단한 물질이다.'라는 믿음을 확인하기 위해서는 실제로 다이아몬드의 경도를 파악하고 이를 다른 물질과 비교하는 등의 실험이 필요하겠군.
⑤ 과학적 방법을 거쳐 '다이아몬드는 가장 단단한 물질이다.'라는 문장의 개념적 의미를 파악하고 객관적인 진리에 기반을 둔 믿음에 도달해야 만족감을 얻을 수 있겠군.

7 ㉠, ㉡에 대한 이해로 가장 적절한 것은?

① ㉠은 진리를 통해 현실 문제에 대한 절대적인 해결책을 찾을 수 있다고 보았다.
② ㉠은 이 세계는 불확실한 우연성이 지배한다고 생각하였기 때문에 객관적 진리를 중요시했다.
③ ㉡은 형이상학적 철학의 주장에 근거하여 진리를 실용적으로 발전시키려고 하였다.
④ ㉡은 진리가 불변성을 기반으로 사람들의 삶을 실제적으로 향상시키는 역할을 한다고 보았다.
⑤ ㉡은 진리가 실천의 결과를 바탕으로 하며 개념의 절대적인 의미를 판단하는 기준이 된다고 보았다.

8 윗글을 바탕으로 〈보기〉를 이해한 내용으로 적절하지 <u>않은</u> 것은?

─〈 보기 〉─

인공 지능, 빅 데이터 등 4차 산업 혁명 기술의 발달로 그동안 사람의 역할로 여겨졌던 의료 분야에도 혁신이 일어나고 있다. 이는 기술을 활용하면 더 정확한 의료적 판단과 행위가 가능할 것이라는 믿음에서 출발한 것으로 볼 수 있다. 한 컴퓨터 회사에서는 인공 지능 의사를 발명하여 질병 진단, 유전 정보 분석 등의 역할을 수행하고 빅 데이터를 바탕으로 적절한 치료법을 제시하고 있다. 그뿐만 아니라 로봇에 인공 지능 기술을 적용하여 수술 과정에 직접적으로 참여하도록 하는 등 점차 그 역할을 확대하려는 시도도 하고 있다.

① 프래그머티즘 학자들은 4차 산업 혁명 기술을 활용한 의료 행위에 대해 상황의 변화에 적응하기 위한 자연스러운 현상이라고 생각하겠군.
② 퍼스는 4차 산업 혁명 기술을 의료 분야에 적용하기 위해서는 실제적인 결과가 반드시 필요하다고 생각하겠군.
③ 제임스가 4차 산업 혁명 기술을 활용한 의료 행위에 찬성한다면 기술의 활용이 현재의 상황을 개선하기 위해 '현금 가치'를 더 높이는 시도를 한 것이라고 생각했기 때문이겠군.
④ 듀이가 4차 산업 혁명 기술을 활용한 의료 행위에 찬성한다면 기술의 개발 및 적용 시도가 순수한 지적 요구나 호기심에서 나온 행동이라고 판단했기 때문이겠군.
⑤ 듀이가 4차 산업 혁명 기술을 활용한 의료 행위에 찬성한다면 이를 유기체와 환경의 관계를 바탕으로 인간이 달라진 환경에 적응해 나가는 과정이라고 생각했기 때문이겠군.

04 미니모의고사

○ 알고 맞힘　　/8　△ 헷갈림　　/8　✕ 모르고 틀림　　/8

[1~4] 다음 글을 읽고 물음에 답하시오.

　황거칠 씨는 내처 풀이 죽어 있었다. **정상작량(情狀酌量)**[＊]**도 법을 쥔 사람의 자유다.** 게다가 집달리란 사람들에게는 애당초 눈물도 인정도 없게 마련이다. ㉠마샛등 사람들이 애써 만들어 놓은 다섯 개의 수도용 **우물이 집달리가 데리고 온 인부들**의 괭이에 무참히 헐리고, 대나무로 된 파이프들이 물을 문 채, 그들이 보는 앞에서 이리저리 내던져졌다. / 황거칠 씨는 더 참을 수가 없었다. 그는 거의 발작적으로 일어섰다.

　"이 개 같은 놈들아, 어쩌면 남이 먹는 식수까지 끊으려 하노?"

　그는 미친 듯이 우르르 달려가서 한 인부의 괭이를 억지로 잡아서 저만큼 내동댕이쳤다.

　그것을 계기로 부락민들도 와 몰려갔다. ㉡집달리 일행과의 사이에 벌싸움이 벌어졌다. 경찰이 말려도 듣지 않았다. / 결국 동팔이와 인부 한 사람이 이쪽 청년들의 펀치에 코피가 터졌다.

　경찰은 발포를 ― 다행히 공포였지만 ― 해서 겨우 군중을 해산시키고, 황거칠 씨와 청년 다섯 명을 연행해 갔다. 물론 **강제 집행도 일시 중단되었다.** / 경찰에 끌려간 사람들은 밤에도 풀려나오지 못했다. 공무 집행 방해에다, 산주(山主)의 권리 행사 방해, 그리고 폭행죄까지 뒤집어쓰게 되었던 것이다. 그래서 그 이튿날도 풀려나오질 못했다. 쌍말로 썩어 갔다.

　황거칠 씨는 모든 죄를 자기가 안아 맡아서 처리하려고 했다. 그러나 그것이 뜻대로 되지 않았다. 면회를 오는 가족들의 걱정스런 얼굴을 보자, 황거칠 씨는 가슴이 아팠다. ㉢그는 만부득이 담당 경찰의 타협안에 도장을 찍기로 했다. 석방의 조건으로써, 다시는 강제 집행을 방해하지 않겠다는 각서였다.

　이리하여 황거칠 씨는 애써 만든 **산 수도**를 포기하게 되고, 마샛등은 한때 도로 물 없는 지대가 되고 말았다. / ㉣일행이 구룻간에서 풀려나왔을 때는 산에 있는 황거칠 씨의 수도 시설은 완전히 철거되고, 파괴됐던 다섯 개의 우물은 호동팔 측에 의해서 복구 작업이 시작되고 있었다. 드디어 소원 성취를 한 동팔이가 **마샛등 일대의 수도를 독차지**하겠다는 것이었다. / '죽일 놈!' 하고 황거칠 씨가 이를 악물고 있는 판에 뜻밖에 동팔이 측에서 사람을 하나 보내왔다. 용건이 또 걸작이었다. 마샛등 일대의 배수 시설을 자기에게 팔든가(물론 헐값으로), 정 놓기 싫으면 자기와 공동 경영을 하자는 것이었다. 아니꼽게도 이쪽의 약점을 노린 수작이었다.

　"가거라, 이 개 같은 놈아! 밥을 처먹는 놈이 그따위 심부름을

하고 다녀?"

　황거칠 씨는 벼락같은 소릴 쳤다. 차라리 거저 내버렸음 내버렸지! 동팔에게 시설을 판다든가, 더구나 공동 경영 따위 쓸개 빠진 것은 입에 담기조차 창피한 일이었다. 교섭을 왔던 사람이 코를 싸고 돌아간 뒤에도 그는 내처 주먹을 떨어 댔다.

　'누굴 자기 같은 놈인 줄 알았던가? 뻔뻔스런 놈 같으니!'

　아무리 생각해도 분했다.

　배수 시설의 양도를 거절당한 동팔이는 어디 보자는 듯이 마샛등 일대에 **자기대로의 시설**을 하기 시작했다. 그 바람에 매일같이 많은 물을 쓰지 않으면 안 되는 콩나물 장수, 두부집, 그리고 두꺼비가 그려진 ○○소주의 깃발을 늘어놓고 소주랑 막걸리, 청주까지 만들어서 파는 '두꺼비집' 같은 데서는 만부득이 호동팔의 물이라도 쓰지 않을 수 없었다. 그 밖에도 동팔이와 특별한 관계 ― 가령 그의 목수 허드렛일을 맡아 있다든가, 인척 관계인 몇몇 사람들도 그 물을 쓰기 시작했다.

　한편 **복수라기보다 자기의 권리를 되찾기 위해 여러 날 여러 밤을 골똘히 궁리해 오던 황거칠 씨는** 드디어 호동수의 산이 아닌 다른 산에서 물을 끌어오기로 결심했다.

　― 어디 제 놈들의 산이 아니면 물이 없을까!

　㉤이튿날부터 황거칠 씨는 예의 쇠작대기를 찾아 들고 집을 나섰다. 수정암 훨씬 뒤 굴밤나뭇골이란 데 가서 새 수원을 찾기로 했다. 그곳은 안심할 수 있는 국유 임야였다.

　그러나 그는 굴밤나뭇골을 그냥 스쳐서, 낙동강 하류가 멀리 내려다보이는 산정으로 곧장 올라갔다. 그 산정의 양지바른 곳에 그의 할아버지와 아버지의 무덤이 있었다.

　― 고향이 여기가 아닌데 선인들의 무덤이 어떻게 그곳에 있었느냐? 그러나 그것은 나중 이야기하기로 하자.

　아무튼 그는 길도 또렷하지 않은 산길을 더위잡았다.

　산등성이에 올라서자, 거기서부터는 수목도 거의 없고, 대신 풀이 무릎 위까지 자라 있었다. 억새는 벌써 자줏빛 꽃순을 내밀었고, 마타리랑 뚝깔도 키 겨룸을 하듯 노랑 꼭지, 흰 꼭지들을 바람에 흐늘거려 댔다. 그러한 키다리들 틈에 끼어, 참취, 개쑥부쟁이, 도라지, 둥골나무, 산들깨, 산박하…… 이루 셀 수 없는 조국의 어여쁜 꽃들이 산을 온통 수놓듯 했는가 하면, 찌르르 하는 풀벌레 소리들이 한결 가을을 느끼게 했다. 물컥 꽃향기가 코를 찌른다.

　황거칠 씨는 문득 조국의 향기를 맡는 듯했다. 숫제 어떤 행복감에 젖었다. 그러나 다음 순간 그는 '왜 이러한 **아름다운 산들**

이 몇몇 사람들에게만 독차지돼야 하는가?' 하는 노여움에 다시 사로잡혔다.

　지지리도 못난 백성들이란 생각을 더욱 절실히 가지면서 그는 할아버지와 아버지의 무덤 앞에 나아가 공손히 절을 올렸다. 그러고는 고향 산천이 있을 먼 북녘 하늘을 바라보았다.

(중략)

'저 쬐깐 집들에도 나 같은 소년, 아니 어머니 같은 불쌍한 여인들이 필연코 있으리라…….'

　초라한 집들이 자기의 고향을 연상케 하는 데다, 듣던 대로 이렇다 할 농지도 없고 그저 산이나 뒈져 가며 연명들을 해 가는 것 같아서, 황거칠 씨는 문득 이런 생각도 들었다.

　그는 뭉클한 채 일어섰다. 굴밤나뭇골로 되돌아온 그는 바삐 산으로 싸댔다. 냉큼 물풀이 있는 곳을 찾아야 한다. 그의 경험에 의하면 물이 솟을 만한 자리에는 반드시 특수한 종류의 뎃풀들(가령 개구리갓이니 쇠스랑개비 등속의 습지 생풀들을 그는 통틀어 물풀이라고 불렀다.)이 나 있었다.

　그럴 말한 곳을 한참 쏘다닌 끝에 다행히 그는 그럴싸한 자리를 몇 군데 찾았다. 물풀이 나 있었다. 그는 반색을 하며 쇠작대기로 땅을 쿡쿡 찔러 보았다. 한 곳은 토질도 물러 보였다. 그는 용기를 얻었다.

　용기를 얻은 황거칠 씨는 물풀이 한결 짙어 보이는 곳에 퍼져 앉아서 담배를 연거푸 두 개비나 태웠다. 물풀이 있는 곳을 쉬 찾은 것은 좋았으나 이윽고 일껏 만들었던 수원을 빼앗긴 일, 그러고서 다시 새 우물을 파야 할 일들을 생각하면 새삼 입맛이 쓰기도 했던 것이다.

　그러나 그것도 그에게는 **허덕이는 조국과 더불어 겪어야 될 시련의 하나**려니 생각하면서 발끝에 있는 물풀을 한 움큼 푸짐하게 뜯어 쥔 채, 뚜벅뚜벅 산을 내려왔다.

– 김정한, 「산거족」

＊정상작량: 법률적으로는 특별한 사유가 없더라도 범죄의 정상에 참작할 만한 사유가 있다고 판단되는 경우에, 법원이 그 형을 줄이거나 가볍게 하는 것

[24901-0025] ○ △ ✕

1 이야기의 흐름을 고려할 때, ㉠～㉤에 대한 설명으로 적절하지 <u>않은</u> 것은?

① ㉠은 ㉡이 일어난 원인이다.
② ㉡은 ㉢이 발생하게 된 빌미이다.
③ ㉢은 ㉣을 원활하게 하는 단계이다.
④ ㉣은 ㉤을 미리 방지하기 위한 과정이다.
⑤ ㉤은 ㉠으로 인한 문제 상황을 해결하기 위한 모색이다.

[24901-0026] ○ △ ✕

2 물풀에 대한 이해로 가장 적절한 것은?

① 인물이 삶의 터전을 떠날 가능성을 암시하는 대상이다.
② 인물로 하여금 미래에 대한 희망을 갖도록 하는 대상이다.
③ 인물로 하여금 과거의 잘못에 대한 반성을 유도하는 소재이다.
④ 인물이 현재 상황으로부터 도피하려는 심정을 상징하는 소재이다.
⑤ 인물이 앞날에 대한 부담감을 결국 떨치지 못하도록 만드는 소재이다.

[24901-0027] ○ △ ✕

3 〈보기〉를 바탕으로 윗글을 이해한 내용으로 적절하지 <u>않은</u> 것은?

> ─〈 보기 〉─
>
> 　「산거족」은 광복 이후 국유지 매각 과정의 부당함을 다루고 있다. 김정한의 소설에는 토지 소유 과정의 불합리와 폭력, 몰인정을 고발한 작품이 많은데, 이러한 토지 사유화의 과정은 법적으로 보장된 권리 행사이기는 하나 개인의 이기심에 의해 다수를 희생시키고, 땅에 뿌리를 내리고 살아가는 이들을 그 땅으로부터 소외시키는 결과를 낳는다. 여기에는 지속적인 갈등과 강자의 무자비함에 대항하는 약자의 결속 등이 나타난다. 작가는 현실 자체로서의 토지에 초점을 두고, 삶의 공간이 부정하게 자본화되면서 나타나는 민중의 고통과 투쟁 등을 문학적으로 형상화하고 있다.

① '우물'과 '산 수도'는 마삿등이라는 공간에 뿌리를 내리고 살아가는 사람들의 생존권과 관련이 있군.
② 흐동팔이 '강제 집행'을 통해 우물과 산 수도를 철거하려는 것은 법적으로 보장된 권리를 절차에 따라 행사하는 것이군.
③ 다삿등 사람들이 '집달리가 데리고 온 인부들'과 충돌을 일으킨 것은 강자의 무자비함에 대항하는 약자의 결속이 집단행동으로 나타난 것이군.
④ '마삿등 일대의 수도를 독차지'하여 물을 사유화하려는 호동팔의 계획은 다수의 희생은 아랑곳하지 않은 채 자신의 이기심을 채우려는 것이군.
⑤ 호동팔이 설치한 '자기대로의 시설'의 물을 마삿등 사람들이 쓰게 된 상황은 땅에 뿌리를 내리며 살아가는 이들이 현실 자체로서의 토지를 지키려 투쟁하는 모습을 보여 주는군.

[24901-0028] ○ △ ✕

4 〈보기〉를 활용하여 윗글의 '황거칠 씨'를 이해한 내용으로 적절하지 <u>않은</u> 것은?

〈 보기 〉

김정한의 소설들에는 서사를 이끌어 가는 중심 인물로서, '황거칠 씨'와 같은 노인의 형상이 두드러지게 나타난다. 이들은 순응적이고 보수적인 성격을 지닌 기성세대와는 거리가 멀다. 이들은 사라져 가는 세대나 비극적 운명의 희생자로서가 아니라 다양한 역사 현실의 경험자로서 현실 모순의 원인과 그로 인한 문제 등을 깊이 인식하고 있는 존재이다. 이상적인 사회에 대한 이들의 열망은 경험과 공동체적 시각, 인간애를 바탕으로 하고 있기 때문에 구체성을 지니게 된다.

① '정상작량(情狀酌量)도 법을 쥔 사람의 자유'임을 떠올리며 법을 근거로 자신들의 상황을 유리하게 만들려 한다는 점에서 순응적인 기성세대와는 거리가 먼 인물임을 알 수 있어.

② '복수라기보다 자신의 권리를 되찾기 위해 여러 날 여러 밤을 골똘히 궁리'하는 것을 통해 본인의 열망을 실현하기 위해 노력하는 인물임을 알 수 있어.

③ 조국의 '아름다운 산들이 몇몇 사람들에게만 독차지돼야 하는가?'라며 노여움을 느낀다는 점에서 현실의 모순과 같은 문제 상황을 인식하는 인물임을 알 수 있어.

④ '저 쬐깐 집들에도 나 같은 소년, 아니 어머니 같은 불쌍한 여인들이 필연코' 있을 것이라 생각하는 것을 통해 따뜻한 인간애를 지니고 있는 인물임을 알 수 있어.

⑤ 새로운 우물을 파야 하는 수고로움을 '허덕이는 조국과 더불어 겪어야 될 시련의 하나'라고 생각하는 것을 통해 공동체적 시각에서 생각하고 행동하는 인물임을 알 수 있어.

[5~8] 다음 글을 읽고 물음에 답하시오.

과학 기술의 발달은 인간에게 편리함과 유익함을 제공했지만, 자연 파괴와 비인간화라는 현대적 불안과 공포를 ㉠초래했다. 이러한 현실에 대해 각성하는 목소리가 생겨났고, 이는 예술가들로 하여금 자연과 생명의 근원적인 표현에 관심을 갖게 하여 원시 미술의 단순하고 유기적인 생명감 표현에 눈을 돌리게 했다. 이에 따라 자연에 대한 기계론적인 사고를 거부하고 영혼과 정신 등 형이상학적인 기반을 지지하는 생물 형태주의 예술가들이 나타나게 되었다. 이들은 기계론적 우주관에 맞서 우주는 생명력에 의해 지속적으로 변화한다고 주장한 앙리 베르그송의 생명주의 사상을 철학적 배경으로 삼았다. 베르그송은 형태를 생명, 움직임, 유기적인 것으로 비유하면서 자율적 생명력을 지닌 생명체로 ㉡인식했다. 이러한 베르그송의 생명주의적 사상은 예술 작품의 자율적인 형태에 관한 철학적 관념을 제공해 주었다.

생물 형태주의 예술가들은 자연 속 생물체가 생성, 성장, 진화하는 모습을 조형적 언어로 사용했다. 그들은 자연에서 흔히 볼 수 있는 외관상의 표면적 형태가 아닌 유기적인 생물체의 성장 과정을 느낄 수 있는 형태를 원했고, 그 형태에 자연의 생명감을 부가하기를 원했다. 이들에게 생명 현상의 가시적인 이미지는 새로운 조형 언어이면서 자연의 창조와 예술 창작 사이의 유사성을 제시할 수 있는 또 다른 가능성으로 받아들여졌다. 즉 일반적인 의미의 생물체의 형태라는 통념을 무너뜨리고 예술가들의 상상력을 유발하여 새로운 형상의 생물 형태를 창조할 수 있다는 가능성을 심어 주었다. 이를 바탕으로 자연의 유기적인 생명감의 표현을 살아 있는 생물체의 형상에서 구하고자 하는 경향의 미술이 새롭게 형성되기 시작했는데, 이를 가리켜 '바이오모픽 아트'라고 한다.

'바이오모픽'이라는 용어는 비평가인 로런스 알로웨이가, 기하학적 기반에서 자연을 표현하고자 했던 구성주의와 대비하여 자율적인 형태로 자연의 생명감을 표현하려고 한 예술가들의 작품 경향을 ㉢지칭한 데서 시작되었다. 바이오모픽 아트는 예술가의 상상력 혹은 무의식적인 것에 의해서 형성된 생물 형태의 형상이 생물체를 나타내거나 생명의 신비, 비밀, 놀라움에 대한 의식을 표현하는 미술이라 할 수 있다. 바이오모픽 아트 예술가들은 아메바와 같은 원생생물, 유충과 유사한 근원적인 생물 형태에서부터 동식물의 유기적인 형태를 작품의 조형 요소로 ㉣도입하여 무한정한 생명력과 다양성을 표현하고자 했다.

바이오모픽 아트의 생물 형태는 자연에서 발견되는 현상들에 기초를 둔 불규칙하고 우연한 형태에 근거하기 때문에 구체적인 자연의 생물 형태를 표상하기보다는 모호하며 미완결적인 형상을 띠고 있다. 바이오모픽 아트의 예술가들이 나타내고자 하는 생물체의 근원적인 생명감은 생물이 진화되지 않아 체계화되어 있지 않은 상태, 즉 모든 감각의 분화가 일어나기 전의 원생생물에서만 가능한 것들이다. 이에 따라 모호하고 다의적인 이미지가 필연적으로 뒤따르며 이러한 이미지는 여러 가지로 해석될 수 있는 복합적인 성격을 띠게 되었다. 이런 점에서 바이오모픽 아트는 추상 미술의 추상성, 상징성과 초현실주의 미술의 우연성, 비합리성을 동시에 보여 준다고 할 수 있다.

바이오모픽 아트는 구체적인 대상이 없이 색, 점, 선, 면 등의 순수 조형 요소로만 이미지를 표현한 기하학적 추상과 더불어 대표적인 추상 미술의 한 형식으로 손꼽힌다. 바이오모픽 아트는 엄격한 기하학적 추상을 탈피하여 유기적 아름다움을 재발견하고 그것을 예술로 승화하는 데 기여했다. 또한 건축, 공예, 비디오 아트 등의 분야에도 영향을 끼쳐 새로운 예술 분야 개척에도 ⑩일조하고 있다.

[24901-0029] ○ △ ×

5 윗글에 대한 설명으로 가장 적절한 것은?

① 새로운 예술 경향의 긍정적 측면을 언급하며 그 예술 경향을 대표하는 주요 작가를 소개하고 있다.
② 새로운 예술 경향에 대한 여러 학자의 견해를 논하며 그 예술 경향이 지닌 의의와 한계를 평가하고 있다.
③ 새로운 예술 경향의 핵심 내용을 설명하며 그 예술 경향이 반영된 구체적 작품을 예시로 제시하고 있다.
④ 새로운 예술 경향이 등장하게 된 철학적 배경을 제시하며 그 예술 경향이 나타내는 특징을 설명하고 있다.
⑤ 새로운 예술 경향이 인접 분야에 끼친 영향을 분석하며 그 예술 경향의 발전 양상을 역사적으로 고찰하고 있다.

[24901-0030]  ○ △ ×

6 윗글의 내용과 일치하지 <u>않는</u> 것은?

① 바이오모픽 아트는 생물 형태가 지닌 유기적 아름다움을 예술로 승화하는 데 기여했다.
② 생물 형태주의 예술가들은 원시 미술의 단순하고 유기적인 생명감 표현에 관심을 두었다.
③ 바이오모픽 아트는 예술가들의 상상력을 통한 새로운 생물 형태의 창조 가능성을 바탕으로 형성되기 시작했다.
④ 생물 형태주의 예술가들은 유기적인 생명의 성장 과정을 느낄 수 있는 생명 현상의 가시적인 이미지를 중요하게 생각했다.
⑤ 생물 형태주의 예술가들은 자연의 생물체가 지닌 근원적 생명감을 드러내기 위해 생물체의 외관상 형태를 조형적 요소로 활용했다.

[24901-0031] ○ △ ×

7 윗글을 읽은 학생이 〈보기〉를 읽고 보일 수 있는 반응으로 가장 적절한 것은?

> 〈 보기 〉
>
> 자연 현상이나 생물의 성장에 따라 형성된 형태를 유기적 형태라 부른다. 자연의 모든 유기체는 스스로 조절되는 질서 있는 형태와 구조의 패턴을 지닌 고유한 모습을 하고 있으며, 각기의 유기체들이 보여 주는 형태들은 무한정한 다양성을 내포하고 있다.

① 바이오모픽 아트는 자연에서 발견되는 불규칙한 형태 속에서 나름의 질서를 찾기 위해 추상 미술의 비합리성을 도입한 것이겠군.
② 바이오모픽 아트 작품은 유기체가 지닌 질서 있는 구조와 형태를 의식적으로 파괴하여 영혼과 정신 등의 형이상학적인 주제를 표현하고 있겠군.
③ 바이오모픽 아트에서 모호한 유기적 형태의 이미지를 사용하는 이유는 유기적 형태가 주는 무한정한 생명력과 다양성을 표현하기 위해서이겠군.
④ 바이오모픽 아트 예술가들은 아메바와 같은 원생생물이나 유충과 유사한 근원적인 생물 형태를 통해 기계적이고 질서를 갖춘 자연의 생태를 그리려 했겠군.
⑤ 바이오모픽 아트 예술가들은 상상력을 동원하여 살아 있는 생명체의 형상에서는 볼 수 없는 자연의 유기적 형태를 형상화하여 일정한 패턴을 보여 주려 하겠군.

[24901-0032]  ○ △ ×

8 ㉠~㉤의 사전적 의미로 적절하지 <u>않은</u> 것은?

① ㉠: 일의 결과로서 어떤 현상을 생겨나게 함.
② ㉡: 어떤 내용이나 사실이 옳거나 그러하다고 인정함.
③ ㉢: 어떤 대상을 가리켜 이르는 일.
④ ㉣: 기술, 방법, 물자 따위를 끌어 들임.
⑤ ㉤: 얼마간의 도움이 됨.

05 회 미니모의고사

EBS 수능특강 Q 미니모의고사 **국어**

○ 알고 맞힘　　/8　△ 헷갈림　　/8　✕ 모르고 틀림　　/8

[1~4] 다음 글을 읽고 물음에 답하시오.

　그는 여지없이 그날로 좌천되었다. 좌천지는 그룹에 속한 모든 차량의 교통사고를 처리하는 부서였고, 관할 구역은 특별시 전역이었다.

　이른바 노선 상무(路線常務)가 된 것이었다.

　노선 상무는 또 노상(路上) 상무였다. 다른 것은 몰라도 풍찬 노숙 한 가지는 제도적으로 보장이 된 자리였다.

　남들은 관례로 보아서 그도 당연히 사표를 던지려니 하고 있었다. 업무의 내용이며, 업무의 난이도(難易度)며, 조직에서의 위상이며가 비교도 할 수 없는 거리로 벌어진 것이 사실이기 때문이었다.

　그는 사표를 내지 않았다.

　그는 아무 말 없이 새로운 업무를 캐고 익히고 있었다.

　그가 그러고 있으니 남들은 창자도 없는 인간으로 여기는 눈치였다. 그를 쳐다보는 연민 어린 눈길이 그것이었다.

　　그는 비록 총수의 측근에서 그야말로 하루 식전에 원악도(遠惡島)와 다름없는 말단 부서의 현장 실무자로 유배된 셈이었지만, 공사석을 막론하고 한마디의 불평도 입에 올리지 않았다. 적어도 위선자의 몸을 모시고 다니는 것보다는 떳떳하며, 아울러서 속도 그만큼 편할 터이라고 자위하고 있었다.

　　새로 맡은 자리가 험악한 자리임을 설명하기에는 실로 긴 말이 필요치 않았다.

　　노선 상무에게는 차량의 운행 노선이 여러 갈래인 만큼이나 거래처가 많았다. 대강만 꼽아 보더라도 우선 사고 현장에 뛰어온 교통순경을 첫 거래처로 하여, 경찰서와 검찰청과 법원이 있고, 변호사가 있었다. 노선을 달리하여 병원의 응급실이 있고, 입원실이 있고, 원무실이 있고, 또한 보험 회사가 있었다. 그리고 또 다른 노선에는 병원의 영안실과 장의사와 공원묘지와 화장터가 있었다. 그러나 어떤 기관보다도 상대하기가 까다로운 것은 피해자 측에서 선임한 변호사가 아니라 피해 당사자 내지는 그 유가족들이었다.

　　노선 상무의 업무는 사고 차량이 속한 단위 회사 사장 및 그룹의 총수를 대리하여, 교통사고로 빚어진 모든 복잡하고 사나운 일에 사무적으로, 법률적으로, 경제적으로, 사회적으로, 나아가서 인간적으로 임하는 일이요, 헌신적

으로 뒤치다꺼리를 하는 일이요, 후유증이 일지 않도록 깔끔하게 마무리를 하는 일이었다.

　그러나 그 '모든 복잡하고 사나운 일'의 처리는 앞에 말한 여러 갈래 노선의 거래처를 상식적으로, 논리적으로, 과학적으로, 법률적으로, 경제적으로, 현실적으로, 인간적으로 일단은 이기는 것을 기본으로 하지 않으면 안 되는 것이었다.

　그는 그러나 모든 거래처와 그렇게 겨루어서 이기더라도 이긴 것 자체에만 뜻이 있어 하고 만족할 위인이 아니었다. 그 스스로가 그것을 용납하지 않았다. 이기되 양심적으로 이겨야 하고 정서적으로도 이겨야만 하였다.

　그가 인간적으로, 양심적으로, 정서적으로 이기는 일은 그리 어려운 일이 아니었다. 사필귀정의 원칙과 진실에 대한 신뢰에 흔들림이 없는 이상은 어려운 일이 아니었다.

　그는 자신의 양심과 정서를 바탕으로 하고 거래처의 인성(人性)을 짝으로 삼아 주어진 소임을 다하고자 노력하였다. 그는 가해자(총수 혹은 그룹의 동료 운전수)에게나 피해자에게나 부정한 승리, 부당한 패배가 있을 수 없도록 하는 일이 자신의 진정한 역할이라고 스스로 다짐하기를 변함없이 하고 있었다.

[A]　그러한 소신을 관철하기 위해서는 남다른 수고와 오해를 감수하지 않으면 아니 되었다.

　사고 현장에 나가서 원인 유발의 동기와 환경을 과학적으로 증명하기 위해서는 정직한 실험과 논리의 개발에 부지런하지 않으면 아니 되었다. 그런 까닭에 법의학에 대하여, 인체 생리학에 대하여, 정신 신경과에 대하여, 심리학에 대하여, 보험법에 대하여, 도로 교통법에 대하여, 도로 관리법이니, 교통 관리법이니 무슨 시행령이니, 무슨 지침이니 조례니 하는 것들에 대하여, 무엇 한 가지도 설익거나 어설프거나 소홀히 해서는 아니 되었다.

　그는 남다른 노력으로 그것을 극복하였다. 아니 통달하였다. 도사였다.

　그는 소설에 도움이 되도록 하고자 이 만년 수리문맹(數理文盲)인 나에게 호프만식 계산법을 비롯하여 보험금 계산법에 이르기까지 자신의 실무 경험과 선례, 판례, 사례를 들어 가며 사건별로 누누이 강의를 되풀이하였으나, 일개 백면서생에 불과한 나에게는 이렇다 할 도움이 된 적이 별로 없었다.

　나는 그가 줄줄 외워 대는 법령이나 조문 해석이 하도 복

잡하여, 대개는 듣는 도중에 앞에서 말한 것들을 말해 준 순
서대로 잊어 가다가, 그가 결론에 다다른 연후에야 겨우 결
과가 어떻게 되었다는 말꼬리 부분에만 건성으로 고개를 끄
덕이며, 그가 보기보다는 훨씬 악바리란 사실만을 번번이 재
확인하고 말았을 뿐이었다.

그는 깎아서 말하자면 보기 드문 악바리였다. 하지만 가해자
나 피해자 편으로는 오히려 인간미가 넘치는 든든한 해결사였
고, 그를 세상에서 다시없는 악바리로 치부함 직한 곳은 오직 한
군데, 즉 자동차 보험 회사뿐이었던 것이다.

(중략)

그가 다루는 사건도 태반이 가해자의 운전 윤리 마비증이 자
아낸 것이었다. 그렇지만 가해자가 그룹 내의 동료 운전수라 하
여 팔이 들이굽는다는 식의 적당주의를 취한 적은 거의 없었다.

다만 사건 처리에 필요한 서류를 갖추기 위해 신상 기록 대장
에 있는 주소를 찾아가 보면 일쑤 비탈진 산꼭대기에 더뎅이진
무허가 주택에서 근근이 셋방살이를 하는 축이 많았고, 더욱이
인건비를 줄이느라고 임시로 쓰던 스페어 운전수들이 사는 꼴이
말이 아닐 때는, 그 운전자의 자질 여부를 떠나서 현실적인 딱한
사정에 괴로워하지 않을 수가 없었던 것이다.

스페어 운전수는 대체로 벌이가 시답지 않아 결혼도 못 한 채
늙고 병든 홀어미와 단칸 셋방에 살고 있거나, 여편네가 집을 나
가 버려 어린것들만 있는 경우가 적지 않았고, 들여다보면 방구
석에 먹던 봉지 쌀이 남은 대신 연탄이 떨어지고, 연탄이 있으면
쌀이 없거나 밀가루 포대가 비어 있어, 한심해서 들여다볼 수가
없고 심란해서 돌아설 수가 없는 집이 허다한 것이었다.

그는 결국 ⑤주머니를 털었다. 스페어 운전수의 사고에는 업
무 추진비 명색도 차례가 가지 않아 자신의 용돈을 털게 되는 것
이었다. 식구가 단출하면 쌀을 한 말 팔아 주고, 식구가 많은 집
은 밀가루를 두 포대 팔아 주고, 그리고 연탄을 백 장씩 들여놓
아 주는 것이 그가 용돈에서 여툴 수 있는 한계였다.

그는 쌀가게에서 쌀이나 밀가루를 배달하고, 연탄 가게에서
연탄 백 장을 지게로 져 올려 비에 안 젖게 쌓아 주기를 마칠
때까지 그 집을 떠나지 않았다. 그리고 그 집을 나와서 골목을
빠져나오다 보면 늘 무엇인가를 빠뜨리고 오는 것처럼 개운치
가 않았다.

그는 비탈길을 다 내려와서야 그것이 무엇이라는 것을 깨닫곤
하였다. 산동네 초입의 반찬 가게를 보고서야 아까 그 집의 부엌
에 간장밖에 없었던 것이 뒤늦게 떠오른 것이었다.

그러면 다시 ⑥주머니를 뒤졌다.

그가 반찬 가게에서 집어 드는 것은 만날 얼간하여 엮어 놓은
새끼 굴비 두름이었다. 바다와 연하여 사는 탓에 밥상에 비린 것
이 없으면 먹어도 먹은 것 같지 않아 하는 대천 사람의 속성이
그런 데서까지도 드티었던 것이다.

도로 산비탈을 기어 올라가서 굴비 두름을 개 안 닿게 고양이
안 닿게 야무지게 매달아 주면서,

"뵈에 제우 지랑*빽이 읂으니 뱁이구 수제비구 건건이가 있으
야 넘어가지유. 탄불에 궈 자시던지 뱁솥에 쪄 자시던지 하면,
생긴 건 오죽잖어두 뇌인네 입맛에 그냥저냥 자셔 볼 만헐규."
쌀이나 연탄을 들여 줄 때는 회사에서 으레 그렇게 돌봐 주는
것이거니 하고 멀건 눈으로 쳐다만 보던 노파도, 그렇게 반찬거
리까지 챙겨 주는 자상함에는 그가 골목을 빠져나갈 때까지 눈
시울을 적시고 있는 것이 보통이었다.

– 이문구, 「유자소전」

※**지랑**: 간장.

---

1 [A]에 대한 설명으로 가장 적절한 것은?

① 외양 묘사를 통해 인물들의 처지를 상징적으로 드러내고 있다.
② 인물들 간의 외적 갈등이 심화되는 과정을 요약적으로 서술
하고 있다.
③ 회상 장면을 부각하기 위해 과거와 현재의 상반된 공간의
분위기를 제시하고 있다.
④ 작품 속 등장인물이 주목하는 또 다른 인물의 행위에 대한
평가를 서술하고 있다.
⑤ 인과적 관계없이 발생하는 인물의 욕망을 의식의 흐름에 따
라 표현하고 있다.

---

2 ⑤과 ⑥에 대한 이해로 적절하지 <u>않은</u> 것은?

① ⑤과 ⑥은 '그'가 억울한 상황에 빠진 직장 동료들을 위해
계획적으로 수행한 일이다.
② ⑤과 ⑥으로 야기되는 경제적 손실을 '그'는 감수하려 한다.
③ ⑤과 ⑥은 '그'의 내적 갈등을 해결하기 위한 행위이다.
④ ⑤과 ⑥은 '가해자'의 처지에 관심을 기울이는 '그'의 태도를
드러낸다.
⑤ ⑤과 ⑥은 업무를 처리하는 과정에 일어난 '그'의 행위들이다.

[24901-0035] ○ △ ✕

3 윗글의 내용에 대한 이해로 가장 적절한 것은?

① '그'의 거래처는 운행 노선을 중심으로 세워지는 관공서에 따라 늘어난다.

② '그'는 해결사의 면모를 보이는 피해자 측 변호사를 상대하기 까다롭게 여겼다.

③ '그'는 자동차 보험 회사 측과의 업무 처리 과정에서 자신이 익힌 해박한 지식을 활용한다.

④ '나'는 소설에 도움을 주고자 해 주는 '그'의 강의에 점차 흥미를 갖는다.

⑤ '그'가 반찬 가게에서 새끼 굴비를 집어 들게 된 것은 스페어 운전수 고향의 생활 환경을 감안하였기 때문이다.

[24901-0036] ○ △ ✕

4 〈보기〉를 바탕으로 윗글을 이해한 내용으로 적절하지 <u>않은</u> 것은?

> ── 〈 보기 〉 ──
>
> 인물의 성격을 드러내는 행동은 환경의 변화와 같은 자극에 의해 개성적으로 나타난다. 특히 의지적 인물의 경우 타인의 관점에 의존하거나 주어진 역할에 만족하기보다는 자신이 맡은 역할이 지닌 본연의 의미를 찾을 뿐만 아니라 나아가 그 의미를 실현하려는 의지를 보인다. 상황의 변화에 따라 다양한 행동 양상을 보이지만, 다양한 행동 양상의 바탕에는 자신의 판단에 기준이 되는 자율적 준거가 존재하기 때문이다. 따라서 의지적 인물은 삶의 의미에 대한 고유한 도덕적 관점을 제시하고, 이를 실천하는 인물이라 할 수 있다.

① 노선 상무로 좌천된 상황에서 남들의 시선을 의식하지 않고 말없이 새로운 업무를 캐고 익히는 행동에서, '그'가 지닌 의지적 인물의 면모를 파악할 수 있겠군.

② 가해자와 피해자에게 부당함이 없도록 하는 것을 자신의 진정한 역할이라고 다짐하는 데에서, '그'가 자신의 역할이 지닌 본연의 의미를 찾는 인물임을 알 수 있겠군.

③ 거래처와 겨루며 사필귀정의 원칙과 진실에 대해 신뢰하는 태도에서, '그'가 중시하는 자율적 판단 준거를 찾을 수 있겠군.

④ 정직한 실험과 논리의 개발에 대한 남다른 노력으로 도사의 경지에 도달했다는 점에서, 스스로 설정한 삶의 의미를 실천하려는 '그'의 노력이 이룬 결실을 찾을 수 있겠군.

⑤ 상황에 따라 주어진 업무를 다양하게 해결해 나가는 '그'의 행동에서, 스스로 설정한 도덕적 관점이 그때그때의 상황에 따라 변화되고 있음을 알 수 있겠군.

[5~8] 다음 글을 읽고 물음에 답하시오.

가 18세기 유럽 사회에서는 데카르트와 뉴턴이 쌓아 올린 합리주의적 사고와 과학적 경험주의가 사회의 새로운 주류로 자리를 잡기 시작했다. 프랑스의 작곡가이자 음악 이론가인 라모는 이러한 분위기 속에서 과학적 방법론을 음악에도 적용하여 '음악계의 뉴턴'으로 추앙받았다. 그는 화성(harmony)이 음악을 생성시키는 근원이라고 보고, 자연 과학적 법칙으로 화성을 설명하기 위해 이전까지의 논의들을 정리하고 새로운 관점을 제시했다.

라모가 음악의 핵심으로 본 화성 개념은 협화음과 불협화음에 대한 피타고라스의 논의에서 시작되었다. 피타고라스는 같은 힘으로 당겨진 동일한 재질과 굵기의 두 현의 길이의 비가 1 : 2(옥타브), 2 : 3(5도), 3 : 4(4도), 1 : 4(두 옥타브)일 때 듣기 좋은 협화음이 발생한다고 했다. 피타고라스는 1, 2, 3, 4 네 수를 모두 더하면 10이 된다는 의미에서 이를 특별하게 '테트락티스(tetractys)'라고 부르며 우주의 완전성과 같은 형이상학적 의미를 부여했다. 그리고 협화음과 불협화음의 구분은 절대적인 것으로 보았다.

[A]
16세기 후반부터는 소리에 대한 과학적 접근도 시작되었는데, 베네데티는 음이 일정한 주기를 가진 파동이며 높은 음일수록 진동수가 크다는 것을 발견했다. 이후 메르센은 실험을 통해 현의 진동수가 현의 길이에 반비례하고, 장력의 제곱근에 비례하며 선밀도*의 제곱근에 반비례한다는 수학적 관계를 수립하여 베네데티의 견해를 뒷받침했다. 소뵈르는 17세기 말에 어떤 악기의 소리가 f의 진동수를 가지는 음으로 들리면, 그 안에는 f, 2f, 3f, 4f, 5f, …… 등과 같은 자연수 배의 진동수를 가지는 음들이 함께 들어 있다는 것을 발견했다. 이때 f의 진동수를 가지는 음을 기본음, 나머지 음들을 배음이라고 부르며, 기본음과 배음을 통칭해서 부분음이라고 했다.

라모는 이러한 음향학적 성과들과 자연의 법칙을 끌어들여 화성에 대한 이론을 체계화하려고 했다. 그는 다성 음악에서 성부*들 모두를 총괄하는 것이 화성이라고 보고 선율에 대한 화성의 우위를 주장하며 이를 과학적으로 뒷받침하는 원리를 구축하고자 했다. 그는 협화음과 불협화음이 일어나는 원리를 소뵈르가 발견했던 기본음과 그 배음들의 진동수가 이루는 수열, 즉 배음렬에서 찾아냈다. 그는 음들의 진동수 비가 1 : 2(옥타브), 2 : 3(5도), 3 : 4(4도), 4 : 5(장3도), 5 : 6(단3도) 등일 때 사람의 귀에는 아름답고 조화롭게 들린다고 했다. 피타고라스가 현의 길이를 분할해서 음을 만들고 길이의 비에서 협화음을 파악한 것과 달리 라모는 진동수의 비를 통해 협화음을 설명한 것이다.

라모는 이를 토대로 화성의 기초가 되는 기본 3화음을 설명했다. 그는 기본 3화음이 기저 저음이라 불리는 가장 아래 음 위에 음을 쌓아 올린 것이라고 보았다. 으뜸화음(도-미-솔)은 '도'를 기저 저음으로 하여 3도 위의 '미', 5도 위의 '솔'로 구성되는 화음인데 '도-미' 사이 음정은 진동수 비로 4 : 5를 이루고 '도-솔' 사이의 음정은 2 : 3이 된다. 으뜸화음에서 형성되는 또 다른 음정은 '미-솔'인데 이것은 5 : 6이 된다. 으뜸화음 속에 형성된 음정은 4 : 5 : 6의 비로 이루어져 있으므로 협화음이 잘 형성된다고 보았다. 이와 같은 원리로 '파'를 기저 저음으로 하는 버금딸림화음(파-라-도'*), '솔'을 기저 저음으로 하는 딸림화음(솔-시-레')의 진동수 비도 4 : 5 : 6으로 같은 협화도를 가진다고 보았다.

이렇게 라모는 화음의 협화도를 바탕으로 협화음과 불협화음을 규정하고, 조성 음악*도 역학의 원리를 이용하여 설명했다. 그는 협화음은 역학적 평형 상태로 안정 상태에 대응되며, 불협화음은 안정 상태를 바꾸려는 힘으로 작용한다고 보았다. 이러한 견해는 음정의 단계적인 변화를 중시하는 선율 중심에서 화성 중심으로 음악의 문법을 바꾼 것이라고 할 수 있다. 이를 통해 라모는 조성 음악이 가지는 음악적 구조에 맞게 작곡하는 방법을 제시할 수 있었고 당시 대위법*이 주를 이루던 작곡 교육에서도 큰 반향을 불러일으켰다.

> *선밀도: 실이나 철사 따위의 가늘고 긴 물체가 지니는 단위 길이의 질량.
> *성부: 다성 음악을 구성하는 각 부분. 소프라노 · 알토 · 테너 · 베이스 또는 고음부 · 저음부 등으로 나누어짐.
> *': 한 옥타브 높은 음임을 의미하는 표시.
> *조성 음악: 화성이나 선율이 하나의 음 또는 화음을 중심으로 하여 일정한 관계를 가지고 있는 음악.
> *대위법: 둘 이상의 독립된 선율이나 성부를 동시에 결합시켜 곡을 만드는 복음악(複音樂)의 작곡법.

나 19세기 말엽부터 산업화와 도시화가 급격하게 진행되면서 대중문화의 확산, 과학 문명의 발전에 따른 인간 소외 현상이 대두되기 시작했다. 예술가들은 급격한 사회 문화적 변화 속에서 기존의 예술관에 얽매이지 않고 새로운 시대를 표현하기 위한 방법을 모색했다. 이 시기에는 과학적 사고나 사물에 대한 객관적 묘사보다 인간의 내면 깊숙이 억압된 것들을 그대로 드러내는 것을 중시했던 표현주의 예술 사조가 등장했는데, 무조 음악은 표현주의의 경향을 음악 분야에서 실천한 것이었다.

무조 음악은 조성 음악의 전통을 해체하려고 한 것이다. 조성 음악에서는 모든 음이나 화음은 중심음과의 관계에서 의미가 부여되지만 무조 음악에서는 그러한 관계를 부정하고, 각 음은 독자적인 의미를 가지도록 구성된다. 무조 음악을 대표하는 인물인 쇤베르크는 전통적인 7음 기법이 아닌 12음 기법을 사용하면서 1옥타브 안의 12개 음에 모두 동등한 자격을 주어 이를 일정한 산술적 규칙에 따라 배열했다. 화음 구성도 3도의 누적을 사용하지 않고 4도의 누적을 사용했으며, 2도, 7도 음정을 많이 사용하여 조성감을 약화시켰다. 쇤베르크가 그러한 방법을 사용한 이유는 특정 음을 중심으로 구성되는 조성 음악을 통해서는 자유로운 표현에 한계가 있었기 때문이다.

무조 음악은 일반 감상자들에게는 귀에 거슬리는 불협화음들로 가득 차 있어서 매우 당혹스럽고 난해한 느낌으로 다가온다. 이러한 반응은 표현주의 미술에 대한 반응과도 유사한 면이 있다. 표현주의 미술에서는 예술의 진정한 목적이 사물의 겉모습을 재현하는 것이 아니라 감정과 감각을 직접적으로 표현하는 것이라고 생각했다. 표현주의 미술을 대표하는 작가 칸딘스키는 선, 면, 색의 다양한 조합으로 자신의 생각과 감정을 표현하려고 했으며, 그 결과 그의 작품 세계는 점차 추상화되는 경향을 보였다. 이러한 경향이 일정한 형체에서 구상적 미를 생각하던 사람들에게는 당혹스럽고 난해하게 느껴졌던 것은 당연한 일이다. 무조 음악 역시 전통적인 미의 관념을 해체하고 현대 사회의 모습을 새로운 방식으로 반영하려 했기 때문에 사람들에게는 생소하게 느껴진 것이다.

[24901-0037] ○ △ ×

5 (가)에 나타난 '라모'의 생각과 일치하는 것은?

① 사람의 귀에 아름답게 들리는 특정 진동수의 음이 있다.
② 작곡을 할 때는 불협화음이 나타나지 않도록 해야 한다.
③ 기본음을 기저 저음으로 사용하지 않으면 불협화음이 생긴다.
④ 으뜸화음은 딸림화음의 역학적 안정 상태를 바꾸려는 힘으로 작용한다.
⑤ 버금딸림화음은 으뜸화음뿐만 아니라 딸림화음과도 같은 협화도를 가지고 있다.

[24901-0038] ○ △ ×

6 〈보기〉는 진동수 f의 배음렬을 나타낸 것이다. [A]를 바탕으로 〈보기〉를 이해한 것으로 적절하지 <u>않은</u> 것은?

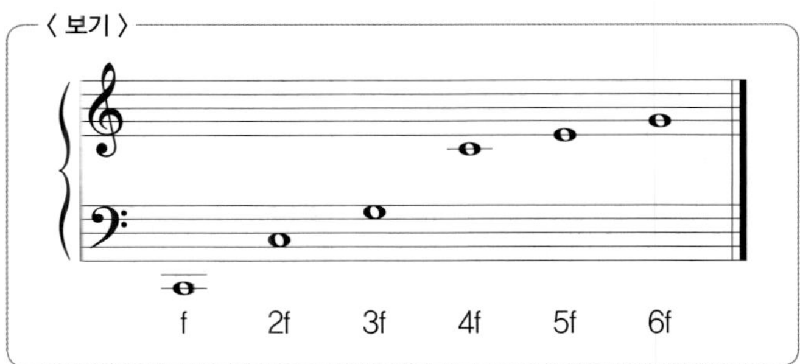

① 2f와 3f뿐만 아니라 4f와 6f 사이의 음정도 5도이다.
② f와 2f뿐만 아니라 3f와 6f 사이의 음정도 옥타브이다.
③ 2f로 들리는 음이 있을 때 3f와 4f도 배음으로 들어 있다.
④ f의 소리가 나는 현을 반으로 잘랐을 때 장력이 이전과 같다면 2f의 소리가 난다.
⑤ 6f의 소리가 나는 현에서 현의 길이를 그대로 둔 채 더 높은 음을 내기 위해서는 현의 장력을 높여야 한다.

[24901-0039] ○ △ ✕

7 (가)를 바탕으로 〈보기〉에 대해 보인 반응으로 적절하지 <u>않은 것은?</u>

〈 보기 〉

16세기의 음악 이론가인 차를리노는 협화음을 구성하는 현의 길이의 비에 사용할 수 있는 숫자에 피타고라스가 제시한 네 개 외에 5와 6을 추가하여 '누메로 세나리오(numero senario)'라고 불렀다. 그는 숫자 6에 신비주의적 의미를 부여했는데, 그에 따르면 하늘의 행성은 6개이고, 창조에는 6일이 걸렸으며 가장 안정한 입체 도형은 정6면체이고, 처음 세 자연수의 합(1+2+3)이나 곱(1×2×3)은 모두 6이라는 것이다. 차를리노의 기준에 따르면 장3도(4 : 5), 단3도(5 : 6), 장6도(3 : 5)도 모두 협화음의 범주에 들게 되었다. 차를리노는 새로운 다성 음악에서 5도나 6도가 널리 활용되던 시기에 5도와 6도를 어떻게 피타고라스의 이론과 조화시킬 것인가를 고민한 결과 '누메로 세나리오' 개념을 도입한 것이다.

① 차를리노는 피타고라스와 마찬가지로 협화음을 구성하는 수에 형이상학적 의미를 부여했군.

② '누메로 세나리오'는 '테트락티스'를 부정하지 않으면서 협화음의 범주를 넓히기 위한 노력에서 나온 것이군.

③ 차를리노는 라모와 마찬가지로 으뜸화음에서 기저 저음과 다른 음들의 진동수 비가 협화음에 해당한다고 보았겠군.

④ 모든 조건이 같고 길이만 각각 3cm, 6cm인 두 현에서 나는 소리에 대해 피타고라스, 차를리노 모두 협화음으로 보았군.

⑤ 차를리노는 라모와 마찬가지로 협화음과 불협화음의 구분은 상대적인 관계이며 협화도에 따라 달라질 수 있는 것으로 보았군.

[24901-0040] ○ △ ✕

8 다음은 작곡가를 희망하는 학생의 독서 활동 과정이다. ㉮~㉱의 과정에서 학생이 할 수 있는 사고 내용으로 적절하지 않은 것은?

문제 확인	독서를 통해 해결하고자 하는 문제가 무엇인지 확인
탐색하기	문제 해결에 적합한 글 찾기
㉮ 분석적 읽기	글을 읽으면서 관점, 내용, 주제 등을 분석하고 비교하기
㉯ 비판적 수용	자신의 경험과 배경지식에 비추어 내용 평가 및 비판적 수용
㉱ 대안 찾기	글의 내용을 보완할 수 있는 독서 계획 수립

① ㉮: 라모는 작곡을 할 때 화성을 중시했지만, 쇤베르크는 조성에 얽매이지 않는 자유로운 표현을 중시했군.

② ㉮: 기저 저음에서 3도씩 음을 쌓아 올렸을 때가 4도씩 음을 쌓아 올렸을 때보다 협화음이 잘 형성되겠군.

③ ㉯: 작곡가들 중에는 즉흥적으로 생각나는 선율을 중심으로 작곡을 하는 사람들이 있던데, 그런 사람들의 작곡법은 라모가 제시한 방법과는 다르겠군.

④ ㉯: 배음들은 사람의 귀에는 들리지 않는 소리라고 알고 있는데, 들리지 않는 배음들에서 협화음이 발생한다는 라모의 의견은 모순이 있는 것이라고 볼 수 있군.

⑤ ㉱: 무조 음악의 12음 기법에 사용하는 산술적 규칙에 대한 설명이 부족하므로 이에 대해 자세히 설명한 글을 찾아봐야겠군.

06회 미니모의고사

EBS 수능특강 **Q** 미니모의고사 **국어**

○ 알고 맞힘 ___/8   △ 헷갈림 ___/8   ✕ 모르고 틀림 ___/8

[1~4] 다음 글을 읽고 물음에 답하시오.

가 "그래 너 이 병원은 어떻게 알았니?"

"접때 아버지하구 돈 꾸러 왔댔어요." / "돈 꾸러? 여길?"

"네, 아버지가 엄마하구 무슨 얘기하다가 울었어요. 그리구 나 데리구 여기까지 왔댔어요."

"그래서 돈은 꾸어 갔니?"

"아니요. 나보구 길거리에 서서 기다리라구 해서 한참이나 이 앞에서 기다리구 있었는데, 아버지가 나와서 그냥 돌아가라구 했어요. 그러면서 저녁에 돈을 마련해 갖구 돌아갈 테니 집에 가서 엄마보구 조금만 더 참구 기다리라구 했어요."

만기는 지그시 눈을 감았다. 마음이 복잡하거나 괴로울 때 하는 버릇이었다. 옷이라고는 언제나 탈색한 서지 군복 바지에 퇴색한 해군 작업복 상의만을 걸치고 다니는 초라한 익준의 몰골이 감은 눈앞을 스치고 지나갔다. 그러면서도 익준은 병원에 와서 돈을 꾸어 달라고 한 번도 손을 내밀어 본 일이 없었다. 뿐만 아니라 그는 단 한마디도 딱한 집안 사정을 입 밖에 비쳐 본 일조차 없었다. 만기도 그의 가정 형편이 그렇게까지 말이 아닌 줄은 모르고 있었다.

"너 몇 학년이니?" / "학교 그만뒀어요."

"그럼 놀고 있어?" / "신문 장사해요."

만기는 그런 말까지 캐물은 것을 도리어 후회했다. 그는 ㉮소년을 위로해서 돌려보내고 나서도 마음이 무거웠다. 남의 일 같지 않았다. 남의 시설을 빌려서나마 개업을 하고 있다고는 하지만 **만기 자신 생활에는 극도로 시달리고** 있었기 때문이다. 자그마치 열 식구에 버는 사람이라곤 만기뿐이니 당할 도리가 없었다. 대가족이 먹고 입는 일만도 숨이 가쁠 지경인데 동생들의 학비까지 당해 내야만 했다. 대학이 하나, 고등학교가 둘, 거기에 초등학교 다니는 자기 장남까지 합친다면 그야말로 무서운 지출이었다. 피를 짜내듯 해서 거의 기적적으로 감당해 오고 있었다. 그 밖에 늙은 장모와 어린 처남 처제들만이 아득바득하고 있는 처가에도 다달이 쌀말 값이라도 보태 주지 않아서는 안 되었다. 하기는 그런대로 개업을 하고 있는 만기에게는 다소라도 수입이 있었다. 그러나 동란 이래 직업을 갖지 못하고 있는 익준네 생활이 그만치라도 지탱되어 왔다는 것은 한편 수수께끼 같은 일이기도 했다. 익준은 취직을 단념하고 있었다. 왜정 때 겨우 중학을 나왔을 뿐 특수한 기술도 빽도 없는 데다가 나이마저 삼십 고개를 반이나 넘었고 보니 취직이란 말 그대로 별따기였다. 게

다가 남달리 정의감과 결벽성이 세기 때문에 사소한 부정이나 불의를 보고도 참지 못하는 그는 설사 어떤 직장이 얻어걸렸다 해도 오래 붙어 있지 못했을 것이다. 사변 전에도 직장다운 직장을 오래 가져 보지 못했던 것은 오로지 그러한 그의 성격 탓이었다. 그렇다고 장사를 하자니 밑천도 없었거니와 이 또한 고지식한 그에게 될 일이 아니었다. 언젠가는 생각다 못해 노동판에도 섞여 보았다. 그 역시 해 보지 않던 일이라 한몫을 감당할 수도 없었거니와 사무실에서 **인부들의 임금을 속여 먹는** 줄 알게 되자 대뜸 쫓아가서 시비 끝에 주먹다짐까지 벌어졌던 것이다. 그러기 최근 일 년 동안은 양심적이고 동지적인 자본주를 얻어, 먹고살 수도 있고 동시에 국가 사회에도 이익할 수 있는 사업을 스스로 일으켜야 하겠다고 하며 그는 날마다 거리를 휘젓고 다녔다. 그가 말하는 국가 사회에도 보익(補益)하며 먹고살 수도 있는 사업이란 한국에 와 있는 외국인 상대의 일용 잡화 및 식료품 상회였다. 그의 친지 가운데 외국인 선교사들과 교섭이 잦은 기독교인이 있었다. 그 친지 말에 의하면 현재 한국에 와 있는 외국 민간인들의 대부분이 식료품이나 일용품 같은 것을 거의 '도쿄'나 '홍콩'에서 주문해다 쓰고 있다는 것이다. 그것은 외국인 자신들에게 있어서도 시간적으로나 경제적으로 상당한 손실일 뿐 아니라 불편하기 이를 데 없는 일이지만 **한국 상인의 물품은 그 가격이나 질에 있어서 도무지 신용을 할 수가 없으니** 부득이한 일이라는 것이다. 그렇기 때문에 외국인을 상대로 식료품과 일용품을 공급해 줄 만한 양심적인 한국 상점의 출현을 누구보다도 외국인 자신들이 절실히 요망하고 있다는 것이다. 친구에게서 그 말을 들은 익준은 단박 얼굴이 벌게 가지고 병원으로 달려와서 이게 얼마나 수치스럽고 손실을 자초하는 일이냐고 탄식했던 것이다.

– 손창섭, 「잉여 인간」

나 "빌려준 돈이 얼마나 돼요?"

진영은 처음으로 입을 열었다. / "오십만 환이야."

진영은 속으로 놀랐다. ㉠계를 해서 빚만 뒤집어쓴 줄 알았는데 그런 대금의 비밀 거래를 하고 있었다는 것은 무엇을 의미하는 것일까?

진영은 차갑게 아주머니를 쳐다본다.

아주머니는 눈물을 글썽거리며,

"자식도, 남편도 없는 내겐 그것만이 남겨진 것이었어. 낸들 얼마나 돈을 떼였었니? 설마 내가 잘되면 빚이야 갚고 살겠지

만 그때 그 돈마저 내주게 되면 난 아주 영영 파멸이지."

ⓛ진영은 어디 밑천 든 장사였더냐고 오금을 박아 주고 싶었다. 아주머니는 한참 만에 눈물을 닦고 일의 경위를 설명하기 시작한다. 그 내용인즉 죽은 사람은 돈을 쓴 회사의 전무였으며 5월달에 빌려 간 오십만 환의 이자라고는 한 푼도 받아 본 일이 없었다는 것이다. 불안해진 아주머니는 전무에게 원금을 뽑아 달라고 졸랐으나 영 내놓지 않아서 생각다 못해 같은 신자에게 의논을 했더니 그의 남편인 김 씨가 일을 봐주겠노라 하기에 일을 맡겼다는 것이다. ⓒ그 김 씨란 사람이 수단이 비상하여 마침내 사장 명의로 된 약속 어음을 받게 되고 그 며칠 후에 전무는 교통사고로 죽은 것이라 한다. 사장 명의로 된 약속 어음을 받은 것은 무엇보다도 다행한 일이었으나 웬 까닭인지 김 씨란 사람이 약속 어음을 도무지 주지 않고 **무슨 협잡을 하는지 알 수 없다**는 것이다. 그렇다고 해서 그를 의심한다거나 비위를 거슬러 놓는다면 돈 준 사람도 없는 지금, 여자인 내가 어떻게 사장이란 사람에게 받아 낼 수도 없고, 이렇게 속이 탄다고 하면서 아주머니는 가슴을 치는 것이었다. / 이야기를 다 들은 진영은,

"대관절 그 전무란 사람을 어떻게 알고서 그런 대금을 주었어요?"

"저…… 저 왜 그 상배 있잖아, 그 상배 아버지야."

"뭐예요? 영세받았다던 상배 학생 말이에요?"

아주머니는 얼굴이 빨개진다. 진영은 기가 딱 막혔다. 그러고 보니 사업 때문에 상배 아버지가 서울로 오게 될 거라고 하던 말이 생각났다.

"감쪽같이 종교를 이용했군요."

아주머니는 진영의 눈길이 부신 듯이 눈을 내리깐다.

"글쎄 지금 생각하니 모두가 계획적이었어. 영세 받은 것만 해도……."

"ⓔ신용 보증으론 종교보다 더 실한 게 있어요?"

아주머니는 비꼬는 진영의 말에 풀이 죽는다. 진영은 풀이 죽는 아주머니로부터 눈을 돌렸다.

영세를 받았기 때문에 믿고 돈을 준 아주머니, 신자이기 때문에 믿고 일을 맡긴 아주머니, 단순했다고 할 수밖에 없다. 그런 생각을 하면서 진영은 다시 아주머니를 쳐다보았다. 그의 약점을 추궁할 마음은 이미 사라지고 없었다.

"그래서 어떡허실 작정이에요?"

"글쎄 말이다. 그래서 의논이지."

"제 생각 같아서는 ⓜ김 씨가 일은 봐주되 어음은 아주머니가 가지시는 것이 좋을 것 같아요."

"그렇지만 어음을 찾아간다고 일을 안 봐주면?"

"그땐 벌써 그이에게 딴 야심이 있었다고 봐야지요."

"그런 김 씨가 일 안 봐줄 적에 네가 좀 협조해 줄 수 없을까? 여자 혼자니 아무래도 호락호락해 보일 것 같아……."

아주머니의 말투는 애원이었다. / "글쎄……."

그런 일에는 아주 딱 질색이었다. 그러나 진영은 약점을 안 뒤에 거절을 해 버리는 것이 무슨 악마 취미 같아서 아무렇지 않은 얼굴로, / "같이 저도 가지요."

그러자 아무것도 모르는 어머니가 점심을 차려 왔다. 점심을 먹으면서 아주머니는 한결 마음이 후련해졌는지 여러 가지 잡담을 꺼냈다.

"글쎄 돈이 있어도 문제야. 이젠 영 겁이 나서 남 줄 생각이 없어." / 진영은 무표정하게 밥을 삼키고,

"아무 말씀 마시고 돈 찾거든 장사하세요. 체면이고 뭐고…… 저도 자본이나 장만해서 장사할래요."

"너야 뭐 취직하면 되지."

"취직이 그리 쉬운가요? 하다 안 되면 거리서 빵이라도 구워 팔아야지요."

"너야 공부 많이 했으니까 할려면 취직 못 할 것 없잖아. 난 정작 장사라도 해야겠어. 그러나 돈 벌기론 계가 제일이야. 힘 안 들고……."

아주머니는 숟갈을 놓고 성냥 가지로 이빨을 쑤시면서 말한 것이었다.

진영은 아무렴 그렇겠지, 그런 배짱이면…… 하다 말고 아주머니의 눈을 들여다본다. 아무런 악(惡)의 그늘도 없는 맑은 눈이었다.

"아무튼 돈을 벌어야 해. **돈이 제일이야. 세상이 그런걸**……."

– 박경리, 「불신 시대」

[24901-0041]　○　△　✕

1 (가)와 (나)에 등장하는 인물에 대한 설명으로 가장 적절한 것은?

① (가)의 익준과 (나)의 아주머니는 각각 만기와 진영에게 심적으로 의지하며 도움을 요청하고 있다.

② (가)의 만기와 (나)의 진영은 직업이 있다는 점에서 각각 익준과 아주머니보다 경제적 여유가 있다.

③ (가)의 만기는 익준에게 연민을 느끼는 데 비해, (나)의 진영은 아주머니에 대해 반감과 연민을 동시에 느끼고 있다.

④ (가)의 익준은 부정이나 불의를 참지 못하는 성격임에 비해, (나)의 진영은 부정이나 불의한 상황에 무감각한 성격이다.

⑤ (가)의 만기는 돈을 벌어 가족을 부양하는 일을 버겁게 생각하지만, (나)의 아주머니는 가족을 부양하기 위해 돈을 버는 것에 즐거움을 느끼고 있다.

2 ㉮에 대한 이해로 가장 적절한 것은? [24901-0042]

① 만기가 익준을 오해했던 자신을 반성하게 한다.
② 만기가 익준 가정의 경제적 상황을 짐작할 수 있게 한다.
③ 만기가 익준이 하려던 사업이 무엇인지 알 수 있게 한다.
④ 만기가 익준이 자신에게 사회를 비판했던 이유를 알 수 있게 한다.
⑤ 만기가 익준이 왜 가족들에게 소홀한 채 밖으로 도는지를 짐작하게 한다.

3 ㉠~㉤을 바탕으로 (나)를 이해한 내용으로 적절하지 <u>않은</u> 것은? [24901-0043]

① ㉠을 보면 진영은 아주머니가 돈을 빌려주고 받지 못했다는 말을 믿지 못하고 있음을 알 수 있다.
② ㉡을 보면 진영은 아주머니가 곗돈을 유용하여 이득을 취하려 했다고 생각하고 있음을 알 수 있다.
③ ㉢을 보면 아주머니가 상배 아버지에게 빌려준 돈에 대한 어음을 김 씨가 받아 내었음을 알 수 있다.
④ ㉣을 보면 상배가 영세를 받은 것은 아주머니가 상배 아버지에게 돈을 빌려준 근거가 됨을 알 수 있다.
⑤ ㉤을 보면 진영은 김 씨가 아주머니의 일을 봐준 이유가 어음 때문일 수 있다는 의심을 가지고 있음을 알 수 있다.

4 〈보기〉를 바탕으로 (가)와 (나)를 감상한 내용으로 적절하지 <u>않은</u> 것은? [24901-0044]

> 〈 보기 〉
>
> 6·25 전쟁이 끝난 직후의 1950년대는 사회적으로 극도로 혼탁한 시대였다. 모든 것이 파괴된 극한의 환경에서 생존을 위해 도덕과 윤리를 내팽개치는 타락한 인간상이 나타났다. 생존이 지상 과제였던 사회 환경 속에서 물질 만능주의의 사회 풍조가 만연하였고, 사람들은 서로가 서로를 불신하였다. 이런 부조리한 현실 속에서 도덕과 정의를 앞세우는 사람은 그렇지 못한 사람에 비해 상대적으로 경제적으로 무능하고 현실에 무기력한 사람으로 치부되기 쉬웠다. 손창섭의 「잉여 인간」과 박경리의 「불신 시대」는 이와 같은 전후의 시대 현실을 적나라하고 사실적으로 그려 낸 작품이다.

① (가)는 '자신 생활에는 극도로 시달리고' 있는 만기의 모습을 통해 경제적으로 무능력하고 현실에 무기력한 인간의 모습을 형상화하고 있군.
② (가)는 가난한 노동판의 '인부들의 임금을 속여 먹는' 사무실 사람들의 모습을 통해 타락한 인간상을 보여 주는군.
③ (가)는 '한국 상인의 물품은 그 가격이나 질에 있어서 도무지 신용을 할 수가 없'다는 외국인들의 반응을 통해 부조리한 당시 사회의 모습을 짐작할 수 있군.
④ (나)는 '무슨 협잡을 하는지 알 수 없'다는 말을 통해 서로에 대해 불신하는 사회의 분위기를 보여 주고 있군.
⑤ (나)는 '돈이 제일이야. 세상이 그런걸'이라는 아주머니의 말을 통해 물질 만능주의의 사회 풍조를 읽을 수 있군.

[5~8] 다음 글을 읽고 물음에 답하시오.

한 가지 상품의 경우 수요와 공급이 균형을 이루는 지점에서 가격과 균형 거래량이 결정된다. 이것을 나라 전체의 모든 상품으로 확대해 보면 총수요는 모든 경제 주체들이 사려는 재화와 용역의 합이고, 총공급은 모든 경제 주체들이 팔려고 하는 재화와 용역의 합이 된다. 총공급이 총수요를 초과하면 재고의 증가로 생산이 둔화되지만, 총수요가 총공급을 초과하면 초과된 수요를 충족하기 위해 생산이 활발해지게 된다. 그 결과 국민 소득도 총수요와 총공급이 균형을 이루는 지점에서 결정된다.

외부와 무역을 하지 않는 폐쇄된 생산물 시장을 가정하면, 총수요는 소비와 투자, 정부 지출로 이루어진다. 거시 경제학에서 말하는 투자란 기업이 생산 능력을 향상시키기 위해 생산 설비 등의 자본재를 구입하는 것을 의미한다. 기업이 투자를 하는 이유는 장래에 일정한 수익이 나올 것으로 기대되기 때문이다. 그래서 예상 수익과 투자 비용을 비교하여, 투자 여부와 투자 규모를 결정한다. 기업이 투자를 결정할 때 큰 영향을 미치는 것이 바로 이자율이다. 기업이 은행에서 차입하여 투자를 하는 경우 이자율이 높아지면 이자 부담이 커지므로 투자 비용이 증가하게 되고, 이는 투자의 감소로 이어지기 때문이다.

한편 이자율은 투자로부터 발생하는 예상 수익의 현재 가치에도 영향을 미친다. 예를 들어 1년 뒤에 100만 원의 수익을 낳는 투자 안이 있다고 하자. 이때 이자율이 연 10%라면 현재의 100만 원은 1년 뒤의 110만 원과 같다. 즉 이것을 현재 가치로 환산하면 90.9만 원(100만 원/1.1)이다. 이자율이 연 20%로 상승하였다면 현재 가치는 83.3만 원(100만 원/1.2)으로 작아진다. 기업에서는 현재 가치가 큰 안을 택하는 것이 합리적이므로, 기업이 은행으로부터 차입을 하지 않더라도 이자율이 높아지면 예상 수익의 현재 가치가 작아지므로 투자를 줄이게 된다.

이자율이 내려가면 투자가 증가하기 때문에 소비와 정부 지출이 일정하다면 투자의 증가는 총수요의 증가로 이어지게 된다. 총수요가 증가하면 국민 소득도 증가하게 되므로 ㉮생산물 시장의 균형을 가져오는 국민 소득(Y)과 이자율(r)의 조합 (Y, r)를 평면에 나타내면 우하향하는 그래프가 만들어지게 된다. 한편 이자율이 일정한 상황에서 소비나 정부 지출이 늘어난다면 이 역시 총수요의 증가로 이어진다. 그러면 국민 소득이 증가하므로 그래프는 오른쪽으로 이동을 하게 된다.

그런데 이자율의 변화에도 기업들의 반응은 다를 수가 있다. 어떤 기업은 이자율을 내리면 민감하게 반응하여 투자를 큰 폭으로 증가시키기도 하지만, 다른 기업은 그러지 않고 관망할 수 있다. 이자율에 민감하게 반응하는 경우 그래프의 기울기는 완만하여, 이자율 인하가 국민 소득 증가에 기여하는 효과가 크다는 것을 의미한다. 이자율의 민감도에 대해서는 고전학파와 케인스학파의 견해가 상반된다. ㉠고전학파는 투자가 이자율에 따라 탄력적으로 이루어지는 것이므로 완만한 기울기를 갖는다고 주장한 반면, ㉡케인스학파는 기업의 투자가 합리적인 원칙보다는 기업가의 야성적 충동에 의해 결정되는 부분이 크기 때문에 가파른 기울기를 가진다고 보았다. 이자율을 내리는 것은 물가 상승을 야기할 수 있으므로 이 그래프의 기울기는 국민 소득을 늘리기 위한 재정 정책과 금융 정책의 적절성을 판단하는 데 중요한 근거가 된다.

[24901-0045] 　○　△　✕

5 윗글을 읽고 이해한 내용으로 적절하지 <u>않은</u> 것은?

① 총공급량을 늘릴수록 생산이 활발해져 국민 소득이 증대된다.
② 이자율이 상승하면 기업의 투자 감소로 총수요가 줄어들 수 있다.
③ 총수요가 총공급을 초과하게 되면 초과된 수요를 충족시키기 위해 생산이 증가하게 된다.
④ 이자율이 하락하면 은행에서 차입을 하여 투자를 하는 기업의 투자 비용은 감소하게 된다.
⑤ 폐쇄된 생산물 시장에서 투자와 정부 지출이 일정할 때, 소비가 감소하면 총수요는 감소한다.

[24901-0046] ○ △ ×

6 윗글을 바탕으로 〈보기〉의 사례에 대해 보인 반응으로 적절하지 <u>않은</u> 것은?

〈 보기 〉

○○ 기업은 은행으로부터 20억 원을 차입하여 수명이 10년인 생산 설비를 구매하려고 한다. A 설비에 투자했을 때는(1안) 첫해에 10억 원의 수익이 나지만 매년 수익이 1억 원씩 줄어 10년 차에는 1억 원의 수익이 날 것으로 예상되는 반면, B 설비에 투자했을 때는(2안) 첫해에 1억 원의 수익이 나지만 매년 수익이 1억 원씩 늘어 10년 차에는 10억 원의 수익이 날 것으로 예상된다.

(단, 현재 이자율은 연 10%이다.)

① 이자율이 현재보다 높다면 '1안'과 '2안' 모두 투자 비용이 증가하게 되겠군.
② ○○ 기업에서는 시간이 지날수록 수익이 커지는 '2안'을 선택하는 것이 합리적이겠군.
③ 현재의 이자율이 유지될 때, '1안'의 첫해 수익은 '2안'의 10년 차 수익보다 현재 가치가 크겠군.
④ 이자율이 높아져 예상 수익보다 투자 비용이 커지면 ○○ 기업에서는 생산 설비 구매 계획을 철회할 수도 있겠군.
⑤ ○○ 기업에서 수익금으로 차입한 금액을 상환해 간다는 계획을 세웠다면 투자 비용은 '1안'이 '2안'에 비해 적게 들겠군.

[24901-0047] ○ △ ×

7 ㉠과 ㉡을 비교한 내용으로 가장 적절한 것은?

① ㉠은 이자율 인하가 물가 상승을 유발한다고 본 반면, ㉡은 영향이 없다고 보았다.
② ㉠은 기업가들이 비합리적으로 투자한다고 본 반면, ㉡은 합리적으로 투자한다고 보았다.
③ ㉠은 정부가 이자율을 조정할 때 기업에서 관망을 한다고 본 반면, ㉡은 즉각적으로 반응한다고 보았다.
④ ㉠은 국민 소득을 늘리기 위해 정부 지출을 늘리는 것이 효과적이라고 본 반면, ㉡은 효과가 없다고 생각했다.
⑤ ㉠은 국민 소득을 늘리는 데 이자율 인하 정책이 효과가 크다고 본 반면, ㉡은 효과가 크지 않을 수 있다고 보았다.

[24901-0048] ○ △ ×

8 〈보기〉는 ㉮를 나타낸 것이다. 이에 대한 설명으로 적절하지 <u>않은</u> 것은?

〈 보기 〉

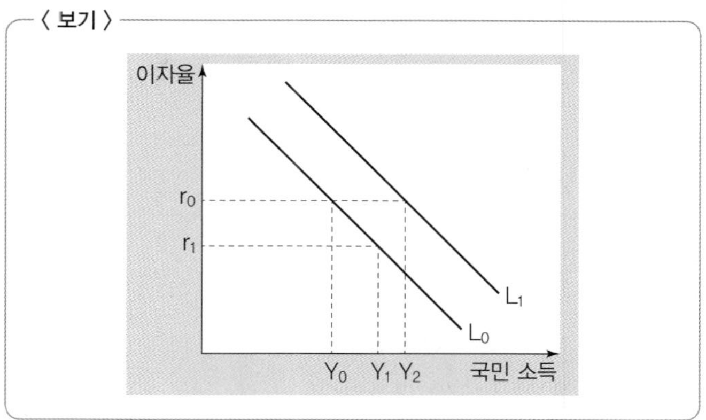

① L_0과 L_1이 우하향하는 이유는 이자율이 내려가면 투자가 증가하기 때문이다.
② L_0은 이자율이 r_0에서 r_1로 하락하면 국민 소득이 Y_0에서 Y_1로 증가함을 보여 준다.
③ L_0에서 L_1로 이동하는 이유는 총공급이 늘어나면서 새로운 총수요를 만들어 내기 때문이다.
④ L_0의 기울기가 급할수록 이자율 하락에 따른 국민 소득의 증가분 $Y_1 - Y_0$의 크기는 줄어든다.
⑤ L_0에서 L_1로 이동하는 것은 이자율이 일정할 때도 정부 지출이나 소비의 증가로 국민 소득이 증가할 수 있음을 보여 준다.

07회 미니모의고사

EBS 수능특강 Q 미니모의고사 **국어**

○ 알고 맞힘 ___/8   △ 헷갈림 ___/8   ✕ 모르고 틀림 ___/8

[1~4] 다음 글을 읽고 물음에 답하시오.

가 전강(前腔)   둘하 노피곰 도두샤
　　　　　　　어긔야 머리곰 **비취오시라**
　　　　　　　어긔야 어강됴리
　소엽(小葉)   아으 다롱디리
　후강(後腔)   ㉠**젼(全) 져재** 녀러신고요
　　　　　　　어긔야 즌 뒤룰 **드듸욜셰라**
　　　　　　　어긔야 어강됴리
　과편(過編)   어느이다 노코시라
　금선조(金善調) 어긔야 ㉡**내 가논 뒤 졈그룰셰라**
　　　　　　　어긔야 어강됴리
　소엽(小葉)   아으 다롱디리

－ 어느 행상인의 아내, 「정읍사」

나 가시리 **가시리잇고** 나는
　　ᄇ리고 가시리잇고 나는
　　위 증즐가 대평셩되(大平盛代)

　　날러는 **엇디 살라 ᄒ고**
　　ᄇ리고 가시리잇고 나는
　　위 증즐가 대평셩되(大平盛代)

　　잡ᄉ와 두어리마ᄂᆞᆫ
　　선ᄒ면 아니 올셰라
　　위 증즐가 대평셩되(大平盛代)

　　㉢셜온 님 보내ᅌᅩ노니 나는
　　가시ᄂᆞᆫ 듯 **도셔 오쇼셔** 나는
　　위 증즐가 대평셩되(大平盛代)

－ 작자 미상, 「가시리」

다 월하노인을 통하여 저승에 하소연해
　　내세에는 내가 아내 되고 **그대가** 남편 되어,
　　나는 죽고 그대는 **천 리 밖**에 살아서,
　　그대에게 이 슬픔 **알게 했으면**.

聊將月老訴冥府(요장월로소명부)
來世夫妻易地爲(내세부처역지위)
我死君生千里外(아사군생천리외)
使君知有此心悲(사군지유차심비)

－ 김정희, 「배소만처상」

[24901-0049] ○ △ ✕

1 (가)~(다)에 대한 설명으로 가장 적절한 것은?

① (가)의 '비취오시라'는 떠나가는 임의 빠른 귀환을 바라는, (나)의 '도셔 오쇼셔'는 임과의 기나긴 이별을 감내하는 화자의 태도를 드러내고 있다.

② (가)의 '드듸욜셰라'는 임에 대한 화자의 염려를, (나)의 '엇디 살라 ᄒ고'는 임에 대한 화자의 원망을 담고 있다.

③ (가)의 '둘'과 (다)의 '그대'는 모두 화자가 자신의 소망을 이루어 줄 것으로 기대하는 신성한 대상이다.

④ (가)의 '져재'와 (다)의 '천 리 밖'은 모두 화자가 임과의 재회를 기약하는 공간이다.

⑤ (나)의 '가시리잇고'와 (다)의 '알게 했으면'은 모두 미래 상황에 대한 화자의 의혹을 나타내고 있다.

[24901-0050] ○ △ ✕

2 〈보기〉를 참고하여 (가)~(다)를 감상한 내용으로 적절하지 <u>않은</u> 것은?

〈 보기 〉

　고전 시가에서 일정한 간격을 두고 반복되어 나타나며 조흥(助興), 강조, 감탄 등의 기능을 하는 말이나 소리를 여음(餘音)이라 하고, 여음 중에서 노래 곡조 끝에 붙여서 같은 가락으로 되풀이하여 부르는 구절을 후렴구(後斂句)라 한다. 후렴구 중에는 해석이 가능한 것도 있지만, 작품의 주제나 분위기와 일치하지 않는 경우도 있다. 이를 통해 해당 작품이 구전되다가 궁중의 악곡으로 수용되었다고 추정되기도 한다. 한시에서는 음악적 미감을 살리기 위해 일정한 자리에 규칙적으로 운자를 넣는 압운법(押韻法)을 사용하는데, (다)에서도 운율을 고려하여 압운을 사용하였다.

① (가)의 후렴구는 해석이 가능한 특별한 의미를 찾기가 어렵군.
② (나)의 후렴구를 통해 (나)가 궁중의 악곡으로 수용되었다고 추정해 볼 수 있겠군.
③ (가)와 (나)는 모두 후렴구를 제외한 부분에는 여음이 나타나지 않는군.
④ (가)와 (나)는 모두 후렴구에 감탄의 기능을 담당하는 말이나 소리가 나타나 있군.
⑤ (가), (나), (다)는 모두 작품의 형식적인 측면에서 음악적 요소를 고려하고 있다고 볼 수 있겠군.

[24901-0051] ○ △ ✕

3 〈보기〉의 선생님의 안내에 따라 ㉠~㉢을 감상한 내용 중 적절하지 <u>않은</u> 것은?

〈 보기 〉

선생님: (가)와 (나)는 시어의 의미나 행위의 주체를 어떻게 보느냐에 따라 특정한 시구나 시행에 대한 해석을 다르게 할 수 있습니다. 작품을 감상할 때 어느 해석이 더 자연스러운지 생각해 봅시다. 예를 들어 ㉠은 정읍이 전주(全州)의 속현이기 때문에 전주로 보는 견해도 있고, 특정한 지명이 아니라 '모든'으로 보는 견해도 있습니다.

① ㉠을 특정한 지명으로 보지 않고 '모든'으로 본다면 화자의 그리움과 기다림의 정서가 미치는 지역이 보다 확장된다고 볼 수 있습니다.
② ㉡을 발화하는 주체를 남편으로 본다면 행상을 다니는 길이 저물까 불안해하는 남편의 심리를 드러낸 것으로 볼 수 있습니다.
③ ㉡을 발화하는 주체를 화자로 본다면 남편이 위험한 일을 하여 화자 자신을 염려하게 만드는 것에 대해 불만을 토로하는 상황으로 볼 수 있습니다.
④ ㉢의 '셜온 님'을 '서러워하는 임'으로 본다면 임에게 어떤 사정이 생겨 화자가 어쩔 수 없이 임을 보내는 상황으로 볼 수 있습니다.
⑤ ㉢의 '셜온 님'을 '나를 서럽게 하는 임'으로 본다면 이별을 부정적으로 인식하는 화자가 이별의 고통을 부각하기 위해 표현한 것으로 볼 수 있습니다.

[24901-0052] ○ △ ✕

4 (다)의 화자에 대한 이해로 가장 적절한 것은?

① 상대가 자신에게 끼친 부정적 영향을 열거하며 상대를 비판하고 있다.
② 상대와 서로 처지를 바꾸는 상황을 가정하여 슬픔을 부각하고 있다.
③ 자연물이 지닌 속성을 인간의 삶에 빗대어 깨달음을 전하고 있다.
④ 공간의 이동을 제시하여 이상과 현실의 괴리를 보여 주고 있다.
⑤ 지난날 상대에게 저지른 잘못을 떠올리며 반성하고 있다.

[5~8] 다음 글을 읽고 물음에 답하시오.

제4차 산업 혁명의 본격적인 도래와 함께 사회 변화가 가속화됨에 따라 복잡하고 다양한 공공 문제를 해결하려는 정부의 노력도 점점 한계에 봉착하고 있다. 이는 정부의 능력 자체가 무능해졌다기보다는 문제의 성격 자체가 정부가 감당하기에는 점점 더 어려워지고 있다는 것을 의미한다. 이에 시민들은 자신들이 직면한 문제를 정부에 의존하기보다는 스스로 해결하려는 시도를 더 많이 하고 있다. 이러한 움직임의 하나로 '시빅 테크'가 최근 부상하고 있다. 시빅 테크는 '시민' 혹은 '시민의'라는 뜻을 가진 'Civic'과 '기술'이라는 뜻을 가진 'Tech'가 결합된 말이다. 자발적으로 모인 시민이 정보 통신 기술을 활용하여 공공 문제나 사회 문제의 해결책을 직접 모색하는 시민운동 또는 시민 참여를 의미한다.

시빅 테크의 등장은 정보 통신 기술의 발전과 함께하는 디지털 환경의 형성, 행정 기관 및 공적 기관을 중심으로 한 보유 데이터(공공 데이터)의 개방 움직임을 배경으로 한다. 공공 데이터는 공공 기관에서 생성, 취득하여 관리하고 있는 정보를 전자적 방식으로 처리하여 누구나 이용할 수 있도록 제공한 것을 말한다. 정보 통신망의 구축에 따라 사회 각 부분에서 발생하는 다양한 사건 및 공공 데이터가 시민들에게 상시적으로 노출되면서 사회 문제에 대한 시민들의 관심과 문제의식이 높아지고 있다. 이러한 현상은 정부가 독점하며 진행하던 일방적·하향식 정책 관리 방법이 시민 주도의 자발적·상향식 방법으로 전환되는 것을 의미한다. 즉 시빅 테크는 '시민들이 정부가 제공하는 공공 데이터를 활용하여 직접 또는 주도적으로 공공 문제를 해결하려는 행위'이다.

새로운 시민 참여로서의 시빅 테크는 전통적인 시민 참여와 달리, 시민 단체 및 지역 공동체 등과 같은 전통적인 매개 집단이나 조직의 틀에 얽매이지 않는다. 대신 수많은 개인이 서로 직접 연결되어 사회 문제를 해결하기 위한 다양한 지식과 대안을 함께 만들고 공유할 수 있게 한다. 즉 시민들이 자율적으로 사회 문제를 인식하고, 참여 의제를 설정하며, 자발적으로 모여들고, 적극적으로 문제 해결을 도모함으로써 공익을 실현하고자 한다. 이 과정에서 핵심적으로 사용되는 수단이 인공 지능, 빅 데이터, IoT 등의 ㉠지능 정보 기술이다. 인공 지능 기술은 특정 분야 및 목적에 대하여 추론 능력, 인지 능력, 학습 능력 등 사람의 지능을 정보 통신 기술을 통해 일부 구현한 기술이다. 인공 지능 기술은 전문가가 아니어도 누구나 원하는 정보를 쉽게 활용할 수 있도록 데이터 및 콘텐츠를 사용자 맞춤형으로 가공하여 제공한다. 이를 통해 시민들은 시·공간에 구애받지 않고 정보에 손쉽게 접근할 수 있다. 빅 데이터란 기존의 데이터베이스로는 처리하기 어려울 정도로 방대한 양의 데이터로부터 가치를 추출하고 결과를 분석하는 기술이다. 이를 바탕으로 발생 가능한 문제를

사전에 파악하고 그에 대한 해결 방안을 모색해 봄으로써 선제적 대응을 통한 문제 해결이 가능하다. IoT는 사람, 사물, 서비스 등의 분산된 환경 요소가 상호 협력적으로 정보를 처리하는 사물 공간 연결 인프라로써 사람의 개입 없이 다양한 정보를 지속적으로 수집할 수 있게 한다. 이를 통해 시민들이 정보를 손쉽게 제공받음으로써, 시민들이 보다 다양한 의사 결정 과정에 참여하는 것이 용이해져 커뮤니티의 확대도 촉진된다. 이처럼 지능 정보 기술은 전문 지식과 정보 접근에 대한 진입 장벽을 낮춤으로써 시민이 사회 참여를 위한 효과적 도구를 제작하고 올바른 의견을 제시하는 데 도움을 준다.

현재 시빅 테크는 정부를 효과적으로 감시하고 혁신을 촉진하려는 '열린 정부 운동'과 지역 사회 활동이나 문제의 해결과 관련된 분야로서의 '커뮤니티 활동'으로 발현되고 있다. 열린 정부 운동은 공공 데이터를 더 활용하기 좋은 형식으로 공개하는 작업이나 바람직한 공공 데이터 개발을 유도하기 위한 공공 기관 컨설팅 등이 있다. 커뮤니티 활동은 시민들이 지역의 문제를 해결하기 위해서 정보 통신 기술을 활용한 자금 모금, 정보 공유, 시민운동 조직, 자원 공유, 토론 및 포럼 개최 등이 있다.

시빅 테크는 정보 통신 기술을 적극적으로 사용함으로써 사회의 공공 가치 회복에 기여하고, 시민이 사회의 중심 주체로 부상한다는 점에서 우리 사회의 민주주의에 크게 기여한다. 또한 시민의 요구를 좀 더 쉽고 신속하게 파악할 수 있으며, 시민과 소통할 수 있는 창구가 확장된다는 점에서 시민과 정부 간 소통에도 기여하고 있다. 그러나 시빅 테크가 정착되려면 아직 넘어야 할 산이 많다. 특히나 정보 통신 기술 접근에 어려움을 느끼는 특정 계층이나 집단이 존재한다는 문제점은 참여자의 다양성을 제한한다는 점에서 시급히 해결해야 한다. 정보 통신 기술을 활용할 수 있는 기기를 보유하지 못하거나 활용 능력이 미흡한 사람들은 시빅 테크 참여에 현실적인 어려움을 느끼거나 무관심할 가능성이 크기 때문이다. 따라서 시빅 테크가 공익 실현에 긍정적으로 기여할 수 있는 가능성을 현실화하려면 이러한 한계를 분석하여 다양한 지원 방안에 대한 고민이 함께 이루어져야 한다.

[24901-0053] 

5 윗글에 대한 설명으로 가장 적절한 것은?

① 중심 화제에 대한 통념을 소개하고 이에 대한 문제점을 지적하고 있다.

② 중심 화제의 장단점을 분석하고 이에 대한 전문가의 견해를 인용하고 있다.

③ 중심 화제를 설명하는 두 가지 입장을 비교하고 각각의 구체적 사례를 들고 있다.

④ 중심 화제와 관련한 주요 용어의 개념을 정의하고 중심 화제의 변천 과정을 나열하고 있다.

⑤ 중심 화제의 등장 배경을 제시하고 중심 화제와 관련한 핵심 수단의 특징을 설명하고 있다.

[24901-0054] 

6 윗글을 읽고 알 수 있는 내용으로 적절하지 <u>않은</u> 것은?

① 공공 데이터 개방은 사회 문제 해결을 위한 정부의 정책을 시민들이 일방적으로 수용하도록 만들고 있다.

② 공공 문제의 성격이 정부가 감당하기 어려운 방향으로 변화한 이유는 급격한 사회 변화로 문제의 복잡성이 증가했기 때문이다.

③ 시빅 테크는 바람직한 공공 데이터 개발을 위한 공공 기관 컨설팅을 통해 정부를 효과적으로 감시하고 혁신을 촉진하기도 한다.

④ 행정 기관 및 공적 기관은 자신들이 취득하거나 관리하고 있는 정보를 전자적 방식으로 처리하여 국민들이 자유롭게 이용할 수 있도록 제공하고 있다.

⑤ 시빅 테크는 기술적으로 사회 연결망을 형성하여 지역 공동체 등과 같은 조직의 매개 없이 개인 간의 직접 연결을 확대하여 사회 문제를 해결하기 위한 다양한 대안을 공유하게 한다.

[24901-0055] 

7 ㉠에 대한 이해로 적절하지 <u>않은</u> 것은?

① 시민들이 사회적 의제에 대한 문제 의식을 시·공간에 구애받지 않고 공유할 수 있게 하는 수단이다.

② 전문 지식에 대한 시민의 진입 장벽을 낮춤으로써 사회 참여를 위한 효과적 도구 제작에 도움을 준다.

③ 발생 가능한 공공 문제 및 사회 문제에 대하여 선제적인 대응을 할 수 있도록 다양한 정보를 제공한다.

④ 지속적으로 수집된 정보를 사람, 사물 등의 환경 요소로 분산하여 처리함으로써 시민들이 다양한 정보에 접근하도록 한다.

⑤ 데이터 및 콘텐츠를 사용자 맞춤형으로 가공하여 제공함으로써 누구나 원하는 정보를 쉽게 활용할 수 있는 환경을 구축한다.

[24901-0056]

8 윗글을 바탕으로 〈보기〉를 이해한 내용으로 적절하지 <u>않은</u> 것은?

〈 보기 〉

　20××년 11월 말, 기습 폭설이 ○○시를 덮쳤다. 눈보라 때문에 전신주가 쓰러지는 바람에 화재가 많이 발생했다. 하지만 폭설로 소방관이 출동하기 어려웠으며, 높이 쌓인 눈 속에 마을 곳곳의 소화전이 파묻혀 소화전을 찾지 못해 불을 신속하게 끄지 못하는 어려움을 겪었다. 마을의 몇몇 사람이 이 문제를 보고 누리 소통망[SNS]에 마을이 처해 있는 문제 상황을 알리고, 마을 지도 위에 소화전 위치를 표시한 '소화전 입양하기' 앱을 만들어 게시했다. '소화전 입양하기' 앱에 필요한 소화전의 위치 정보는 ○○시 누리집에 게시된 데이터를 기반으로 만들어졌다. 마을 주민들은 누리 소통망을 통해 마을의 문제 상황을 파악하고 마을의 다른 주민들에게도 정보를 공유했다. 앱을 통해 소화전을 입양한 마을 주민들은 주인 의식을 갖고 소화전 위에 쌓인 눈을 치우며 집 주변 소화전을 직접 관리했다. 이 덕분에 폭설로 인해 소방관이 출동하기 어려운 상황에서도 주민들이 재빨리 소화전을 찾아 이용할 수 있게 되어 화재에 신속히 대응할 수 있게 되었다.

① 〈보기〉의 마을 주민들은 '소화전 입양하기' 앱을 활용하여 마을 공동체의 문제에 자발적으로 참여하고 있군.

② 〈보기〉의 마을 사람들이 앱을 제작하여 소화전의 위치 정보를 공유한 활동은 시빅 테크 분야 중에서 '커뮤니티 활동'에 해당되는군.

③ 〈보기〉에서 마을의 문제 상황과 '소화전 입양하기' 앱을 누리 소통망에 게시한 것은 바람직한 공공 데이터 개발의 유도에 따른 결과이군.

④ 〈보기〉의 마을 주민들이 소화전을 입양하여 직접 소화전을 관리하는 모습은 시빅 테크가 사회의 공공 가치 회복에 기여할 수 있다는 것을 보여 주는군.

⑤ 〈보기〉의 '소화전 입양하기' 앱에서 마을 지도 위에 표시된 소화전의 위치는 정부 기관이 공공 데이터로서 시민들에게 제공한 정보를 활용하여 표시한 것이군.

08 회 미니모의고사

EBS 수능특강 **Q** 미니모의고사 **국어**

○ 알고 맞힘 /8 △ 헷갈림 /8 ✕ 모르고 틀림 /8

[1~4] 다음 글을 읽고 물음에 답하시오.

가 사랑이 거짓말이 임 날 사랑 거짓말이
꿈에 와 뵌단 말이 긔 더욱 거짓말이
날같이 **잠 아니 오면** 어느 꿈에 뵈리오

― 김상용

나 임이 혜오시매 나는 전혀 믿었더니
날 사랑하던 정(情)을 **누구에게 옮기신고**
처음에 믜시던 것이면 이다지도 설우랴

― 송시열

다 남은 다 자는 밤에 내 어이 홀로 앉아
전전불매(輾轉不寐)하고 **임 둔 임을 생각**는고
차라리 내 먼저 싀어서 제 그리게 하리라

― 송이

라 어이 못 오더냐 무슨 일로 못 오더냐
　너 오는 길 위에 무쇠로 **성(城)**을 쌓고 성 안에 **담** 쌓고 담 안
에 **집**을 짓고 집 안에 **뒤주*** 놓고 뒤주 안에 **궤**를 놓고 궤 안에
너를 결박하여 놓고 **쌍배목*** 외걸새에 용거북 자물쇠로 깊이
깊이 잠갔더냐 네 어이 그리 **아니 오더냐**
　한 달이 서른 날이어니 날 보러 올 하루 없으랴

― 작자 미상

＊**뒤주**: 쌀 따위의 곡식을 담아 두는 세간의 하나.
＊**쌍배목**: 쌍으로 된 문고리를 거는 쇠.

[24901-0057] ○ △ ✕

1 (가)~(라)의 공통점으로 가장 적절한 것은?

① 다양한 경험에서 화자가 얻게 된 윤리적 교훈이 드러나 있다.
② 대상과의 관계에서 결핍을 느끼는 화자의 감정이 드러나
있다.
③ 자신의 과거 행적으로 인해 화자가 갖게 된 회한이 드러나
있다.
④ 범접할 수 없는 대상에 대해 화자가 느끼는 경외감이 드러
나 있다.
⑤ 이상과 현실의 괴리에 당혹감을 느꼈던 화자의 경험이 드러
나 있다.

[24901-0058] ○ △ ✕

2 (가)~(라)의 표현상 특징에 대한 설명으로 적절한 것은?

① (가)와 (나)는 설의적 표현을 통해 화자의 생각을 강조하고
있다.
② (가)와 (라)는 연쇄법을 활용하여 시상을 전개하고 있다.
③ (나)와 (다)는 반어적 표현을 통해 주제를 부각하고 있다.
④ (나)와 (라)는 시구의 반복을 통해 리듬감을 형성하고 있다.
⑤ (다)와 (라)는 점층법을 사용하여 고조되는 정서를 표현하
고 있다.

[24901-0059] ○ △ ✕

3 〈보기〉를 참고하여 (가)~(다)를 감상한 의견으로 적절하지 <u>않은</u> 것은?

〈 보기 〉

　조선 시대의 시조에서 사랑은 매우 중요한 소재 가운데 하나였다. 그중 남성 사대부들이 사랑의 정감을 노래한 시조들은 당대의 정치 현실과 관련된 맥락에서 임금에 대한 태도를 읊은 것으로 해석되기도 한다. 그 예로 이조 판서, 우의정 등 요직을 역임하고 병자호란 때 왕족이 피란한 성의 함락을 막기 위해 화약에 불을 질러 순절한 김상용이 지은 (가), 그리고 조선 후기 노론(老論) 세력의 거두로 정치적 부침(浮沈)이 심했던 인물인 송시열이 지은 (나)와 같은 작품을 들 수 있다. 한편 (다)에서 알 수 있듯 조선 시대에는 기녀들도 사랑의 정한을 서정성 짙은 시조에 담곤 했는데, 여기에는 기녀들의 사랑이 현실적으로 지속되기 어려웠던 사회적 조건도 영향을 주었을 것으로 짐작된다.

① (가)에서 '잠 아니 오'는 것이 임에 대한 그리움 때문이라고 본다면 이를 나라와 임금에 대한 충절을 한시도 잊지 않는 작가의 태도와 관련지을 수도 있겠군.

② (나)의 '누구에게 옮기신고'를 통해 작가와 노론 세력이 정치적으로 쇠한 상황을 이 작품의 창작 배경으로 추정해 볼 수도 있겠군.

③ (나)에서 '처음에 믜시던' 것은 애초에 임금이 노론 세력에게 강력한 권한을 부여했던 일을 가리킨다고 할 수 있겠군.

④ (다)에서 '임 둔 임을 생각'한다는 것은 기녀들의 사랑이 현실적으로 지속되기 어려웠던 상황과 관련이 있을 수 있겠군.

⑤ (다)의 '차라리 내 먼저 싀어서'에는 극한의 상황을 언급할 정도로 애절한 사랑의 정한이 드러난다고 할 수 있겠군.

[24901-0060] ○ △ ✕

4 〈보기〉를 바탕으로 (라)를 이해한 내용으로 적절하지 <u>않은</u> 것은?

〈 보기 〉

　평시조의 초·중·종장은 각각 네 개의 마디가 운율의 기본 단위를 이루고, 의미상으로는 대체로 두 개의 마디가 하나의 구(句)를 이루기 때문에 각 장은 두 개의 구로 구성된다. 그래서 시조의 형식을 3장 6구라고 한다. 전체적으로 글자 수를 엄격하게 제한하지는 않는 편이지만, 종장의 첫째 마디를 3음절로 고정하는 것은 형식상의 규칙적 특성이다.

　한편 이러한 평시조와 차이를 보이는 양식으로서 사설시조가 지닌 형식적 특성은 파격의 자유로움이라 할 수 있다. 평시조의 규칙을 따르는 부분도 있긴 하지만, 종장의 첫째 마디를 3음절로 한다는 일반적인 규칙 외에는 특별한 제약이 없기 때문이다. 형식상의 파격적 자유는 조선 후기에 다양한 주제의 사설시조가 창작 및 향유되는 데에 영향을 끼쳤으며, 시적 상황을 해학적으로 제시하는 사설시조 중에서 그 수단으로 장황한 열거를 사용한 작품의 경우에는 특히 이러한 형식적 파격이라는 특성과 밀접한 관계가 있다고 할 수 있다.

① 초장은 '어이', '못 오더냐', '무슨 일로', '못 오더냐'라는 네 개의 마디로 구성되어 평시조의 형식을 유지하고 있다.

② '너 오는'으로 시작해 '아니 오더냐'로 끝나는 중장이 평시조와 달리 길어졌기 때문에 이 작품은 3장 6구라는 형식적 틀을 벗어나 있다.

③ '성', '담', '집'을 축조하고 '뒤주' 속의 '궤'에 '너'를 놓은 뒤 단단히 잠근다는 내용의 장황한 열거는 형식상의 파격적 자유와의 밀접한 관련성 속에서 시적 상황을 해학적으로 제시한 예로 볼 수도 있다.

④ '한 달이'는 이 작품이 다른 사설시조들과 공유하는 형식적 규칙성을 준수하고 있음을 보여 주고 있다.

⑤ '한 달이 서른 날이어니 날 보러 올 하루 없으랴'라는 종장은 평시조와 달리 두 개가 넘는 구(句)로 구성되어 있어 형식상의 파격을 보여 주고 있다.

[5~8] 다음 글을 읽고 물음에 답하시오.

이민은 자기 나라를 떠나 다른 나라로 이주하는 것을 말한다. 많은 나라에서 이민자와 관련된 문제가 첨예한 사회적·정치적 쟁점이 되곤 하지만, 이러한 쟁점의 근본적인 이유는 종종 경제적인 데서 찾을 수 있다. 경제적으로 가장 대표적인 논리는 이민자들이 노동 시장에서 노동 공급을 늘리면 그 결과 임금이 하락하여 기존에 거주하고 있던 사람들의 경제적 상황이 악화될 것이라는 추론이다.

임금이 하락할 것이라는 추론의 근거는 이론적으로 노동 수요 측면에서 찾을 수 있다. 노동의 공급이 늘 때 사업장의 수요가 없다면 고용으로 이어지지 않는다. 사업주의 입장에서는 고용되기를 희망하는 인원이 많아지면 그들을 더 낮은 임금으로 고용하고자 할 것이다. 고용이 늘어날수록 추가되는 노동력이 생산에 기여하는 정도가 감소하는 경향이 있는 것도 사업주가 고용을 늘릴 때 더 낮은 임금을 제시하는 배경이 된다. 노동력의 생산 기여 정도가 임금에 영향을 미치기 때문이다. 이러한 점들을 고려하면 이민자가 유입된 지역의 임금이 하락할 것이라는 주장은 설득력이 있다. 그러나 현실에서는 반대의 현상이 관찰되기도 한다. 이민자가 유입되는 지역의 임금이 오히려 상승하는 것이다. 이는 이민자가 유입돼 임금이 상승한 것이 아니라, 임금이 상승하는 지역에 이민자가 유입된 결과로 보는 것이 타당하다. 따라서 이민자 유입이 임금을 하락시키는지의 인과 관계는 이민자 유입 정도와 임금 추세에 상관관계가 나타나는지 보는 것만으로는 밝혀낼 수 없다.

[가]
　　이민자 유입과 임금 변화의 인과 관계를 알아보기 위한 한 가지 방법은 이중차분법 사용이다. 이중차분법은 이민자 유입이라는 사건이 발생하지 않았더라도 나타났을 임금 변화(A)와 이민자 유입 전후의 실제 임금 변화(B)를 비교한다. B에서 A를 빼는 것인데, 각 임금 변화인 A, B 역시 뒤 시점의 임금에서 앞 시점의 임금을 빼서 구하는 것이기 때문에 빼는 방법이 중첩되었다고 하여 이중차분법이라 부른다. A를 통해 이민자 유입 외에 임금에 영향을 미치는 요인들의 효과가 측정되기 때문에 이민자 유입 전후의 임금 변화인 B에서 A를 빼면 이민자 유입이 임금에 미친 순 효과를 가려낼 수 있다는 발상이다. 이중차분법을 사용하는 데 어려운 점은 A를 구하는 것이다. 이민자 유입이 없을 경우라는 가상 상황에서의 임금 변화이기 때문이다. 많은 학자들이 이중차분법을 이용하여 대규모 이민자 유입 사례를 대상으로 실증 연구를 수행했는데, A를 구하기 위해 대체로 두 가지 방법 중 하나를 택해 왔다. 첫째는 이민자 유입 지역과 특성이 비슷하지만 이민자가 유입하지 않은 지역의 임금 변화를 이용하는 방법이고, 둘째는 이민자 유입 지역에서 유입 전후 기간에 상응하는 가까운 과거의 기간 전후 임금 변화를 이용하는 방법이다. 둘째 방법의 경우, 예컨대 이민자 유입 직전인 기준 시점 X가 있고, X의 1년 전을 Y, X의 1년 후를 Z라 하면, A는 Y에서 X로의 임금 변화로 측정하고 B는 X에서 Z로의 임금 변화를 계산하는 것이다.

이중차분법을 사용한 연구들의 결과는 완전히 일치하지는 않는다. 이 중 2021년 노벨 경제학상을 수상한 데이비드 카드 등이 쿠바의 정치 변혁에 따른 미국으로의 대규모 이민에 대해 수행한 연구에 따르면 이민자 유입이 현지인의 임금에 미치는 영향은 전반적으로 매우 작았다. 이런 결과가 나타난 원인은 세 가지로 볼 수 있다. 첫째, 이민자가 유입된 지역에서 노동 공급만 늘어나는 것이 아니라 인구가 늘고 소비 규모가 커지면서 노동 수요도 증가할 수 있다. 즉 소비 증가에 따라 노동이 필요한 일자리도 늘어나기 때문에 노동 공급 증가로 인한 임금 하락 압력이 어느 정도 상쇄되는 것이다. 둘째, 이민자가 유입하면 대체로 저임금 노동 공급이 증가하는데, 이 경우 노동을 대체하는 기계의 도입이 지연되어 노동 수요가 안정적으로 증가할 수도 있다. 임금이 상대적으로 높은 지역에서 기계화가 더 일찍, 더 빨리 진행되는 것은 역사적으로도 종종 발견되는 현상이다. 셋째, 의사소통이 원활하지 않은 이민자 노동 공급이 증가하면 일부 현지인은 이들을 관리하는 직책으로 승진하여 저임금 노동에서 벗어나는 등 업무 방식이 재조직되면서 현지인의 평균적 임금 수준은 오히려 향상될 수 있다. 즉 ㉠이민자와 현지인 간이 노동 공급에서 대체 관계가 아니라 보완 관계가 될 수 있는 것이다.

[24901-0061] ◯ △ ✕

5 윗글에 대한 이해로 적절하지 <u>않은</u> 것은?

① 이민자 유입 시 노동력의 생산 기여 정도가 감소하면 임금이 하락할 수 있다.

② 이민자 유입 시 노동 수요 상황은 노동 시장에서 결정되는 임금에 영향을 미친다.

③ 현실에서는 이민자의 유입이 원인이 되어 해당 지역 노동 시장의 임금이 상승하게 된다.

④ 이민자 유입으로 인해 현지인의 임금이 하락할 것이라는 추론이 이민에 관한 경제적 쟁점의 대표적인 배경이다.

⑤ 이민자 유입과 임금 변화의 인과 관계는 이민자 유입 전후의 임금 변화를 단순 비교하는 것만으로는 파악할 수 없다.

[24901-0062] ○ △ ✕

6 윗글을 읽고 답을 찾을 수 있는 질문에 해당하지 <u>않는</u> 것은?

① 이민자와 관련된 문제는 어떤 이유로 첨예한 쟁점이 되는가?

② 이민자 유입이 임금을 하락시킨다는 추론의 근거는 무엇인가?

③ 이민자 유입과 임금의 인과 관계를 알아보기 위한 방법이 존재하는가?

④ 이민자 유입이 현지인의 임금에 미치는 영향에 대한 연구 결과의 공통점은 무엇인가?

⑤ 이민자 유입으로 노동 공급과 노동 수요가 동시에 증가하면 임금 하락이 크게 발생하는가?

[24901-0063] ○ △ ✕

7 [가]를 적용하여 〈보기〉를 이해한 내용으로 적절하지 <u>않은</u> 것은?

〈 보기 〉

연구자 M은 이중차분법을 이용하여 이민자 유입이 임금에 미치는 영향을 알아보기 위해 갑 도시를 연구 대상으로 선정했다. 갑 도시는 을국과 인접해 있는데, 을국에 2020년 3월 초 내전이 발생하여 을국에서 갑 도시로의 대규모 이민이 발생했다. 이민자 대규모 유입 직전인 2020년 2월 갑 도시의 평균 임금은 주당 $1,000이었으나, 대규모 이민이 발생한 후 2021년 2월 집계한 주당 평균 임금은 $950이었다. M이 갑 도시의 임금 변화를 연구하며 다음의 두 가지 방법을 모두 활용하였다.

㉮: 갑 도시와 같은 국가 내의 병 도시의 임금 변화와 비교. 병 도시는 갑 도시와 특성이 비슷하지만 같은 기간에 이민자 유입은 전혀 없었으며, 병 도시의 주당 평균 임금은 2020년 2월에 $1,000, 2021년 2월에 $930이었음.

㉯: 갑 도시의 직전 1년간의 임금 변화와 비교. 갑 도시의 2019년 2월 주당 평균 임금은 $980이었음.

① 갑 도시의 B는 $950에서 $1,000를 빼서 계산한다.

② M이 이중차분법에 ㉮를 이용한다면 A는 −$70이다.

③ M이 이중차분법에 ㉮를 이용한다면, 이민자 유입이 갑 도시의 임금을 하락시켰다고 결론 내리지 않을 것이다.

④ M이 이중차분법에 ㉯를 이용하면 ㉮를 이용할 때보다 A의 값이 크다.

⑤ M이 이중차분법에 ㉮, ㉯ 중 어느 경우를 이용하든 이민자 유입이 갑 도시의 임금을 하락시켰는지에 대해 같은 결론에 도달한다.

[24901-0064] ○ △ ✕

8 윗글의 ㉠에 대한 이해로 적절하지 <u>않은</u> 것은?

① 이민자 유입으로 기계의 도입이 지연되면 ㉠이 약할 수 있다.

② 현지인의 임금 수준이 향상되는 것은 ㉠의 증거로 볼 수 없다.

③ 다른 지역보다 기계화가 더 활발한 곳은 ㉠이 발생한 것으로 볼 수 있다.

④ 이민자가 유입된 지역에서 노동에 대한 수요가 증가하지 않으면 ㉠이 발생할 수 있다.

⑤ 의사소통이 원활하지 않은 이민자의 유입은 원활한 이민자 유입보다 ㉠이 약할 수 있다.

09 회 미니모의고사

EBS 수능특강 Q 미니모의고사 **국어**

○ 알고 맞힘 ______ /8   △ 헷갈림 ______ /8   ✕ 모르고 틀림 ______ /8

[1~4] 다음 글을 읽고 물음에 답하시오.

아들 형제 진사 급제 **가문도 혁혁하다**
딸을 길러 출가하니 혼수범절 치행이야 다시 일러 어떠하리
춘하추동 사철 의복 너의 생전 유족하다
바느질에 침선(針線)채며 대마구종(大馬驅從) 춘득이요 전갈
(傳喝)하님 영매로다*
남녀노비 갖았으니 전답인들 아니 주랴
대한불갈(大旱不渴)* 좋은 전답 삼백 석 받는 추수(秋收)
동도지(東賭地) 오천 냥은 요용소치(要用所致) 유여(有餘)
하다
나의 신행(新行)* 올 때가 도리어 생각난다
저 건너 괴똥어미 시집살이 하던 말을
너도 들어 알거니와 대강 일러 경계하마
제일 처음 시집올 제 가산(家産)이 만금(萬金)이라
마당에 노적(露積)이요 너른 광에 금은이라
신행하여 오는 날에 가마문을 나서면서
눈을 들어 사방 살펴 기침을 크게 하니 신부 행실 바이없다
다담상(茶啖床)의 허다 음식 생률 먹기 괴이하다
무슨 배가 그리 고파 국 마시고 떡을 먹고
좌중부녀(座中婦女) 어이 알아 떡 조각을 집어 들고
이도 주고 저도 주고 새댁 행실 전혀 없다
입구녁에 침이 흘러 연지분도 간데없고
아까울사 대단(大緞)치마 얼룽덜룽 흉악하다
신부 행동 그러하니 뉘 아니 외면하리   [A]
삼일을 지낸 후에 형용도 기괴하다
백주에 낮잠 자기 혼자 앉아 군소리며
둘이 앉아 흉보기와 문틈으로 손 보기며 담에 올라 시비
구경
어른 말씀 토 달기와 금강산 어찌 알고 구경한 이 둘째로다
기역니은 모르거든 어찌 책을 들고 앉노
앉음앉음 용렬하고 걸음걸음 망측하다
달음박질하는 때에 너털웃음 무슨 일고
치마꼬리 해어지고 비녀 빠져 개가 문다
허리띠 얻다 두고 붉은 허리 드러내노
어른 걱정 하올 적에 쪽박 함박 드던지며
성내어 솥 때 닦기 독살 부려 그릇 깨기
등잔 뒤에 넘보기며 가만가만 말뜻 세워

아니 한 말 지어내어 일가 간에 이간질과
좋은 물건 잠깐 보면 도적(盜賊)하기 예사로다
그중에 행실 보소 악한 사람 부동(符同)하여* 착한 사람 흉
보기와
제 처신 그러하니 남편인들 귀할쏘냐
금슬 좋자 살풀이며 무병(無病)하라 푸닥거리
의복 주고 금전 주어 아들 낳고 부귀하기
정성껏 빌어 보소 산에 올라 산제(山祭)하고 절에 가서 공양
(供養)한들
제 인심이 그러하니 귀신인들 도울쏘냐
우환이 연접하니 사망인들 없을쏘냐
딸아 딸아 아기 딸아, 복선화음(福善禍淫)* 하는 법이 이 ┐
를 보니 분명하다
저 건너 괴똥어미 너도 흉연 안 보았나   [B]
허다 세간 포진천물(暴殄天物)* 남용남식(濫用濫食)* 하 │
고 나서 그 모양이 되었구나   ┘
딸아 딸아 고명딸아 괴똥어미 경계하고
너의 어미 살을 받아 세금 결시 이른 말은 부디 각골(刻骨)
명심하라
딸아 딸아 울지 말고 부디부디 잘 가거라   ┐
효봉구고(孝奉舅姑)* 순승군자(順承君子)* 동기우애(同 │
氣友愛) 지친화목(至親和睦)*   │[C]
기쁜 소식 들기오면 **명년 삼월 화류시***에 모녀상봉 하느 │
니라   ┘

– 작자 미상, 「복선화음가」

---

*대마구종 춘득이요 전갈하님 영매로다: 큰 말의 고삐를 잡고 가는 하인은 춘득
  이요, 소식을 전해 주는 계집종은 영매로다. 화자의 딸이 시집갈 때 넉넉한 재
  산을 가지고 여러 하인들과 함께 가는 모습을 표현한 것임.
*대한불갈: 큰 가뭄에도 마르지 않는.
*신행: 혼인할 때, 신랑이 신부 집으로 가거나 신부가 신랑 집으로 감.
*부동하여: 그른 일에 어울려 한통속이 되어.
*복선화음: 선한 사람에게는 복을 주고, 악한 사람에게는 재앙을 내림.
*포진천물: 물건을 함부로 쓰고도 아까운 줄 모름.
*남용남식: 지나치게 쓰고 먹음.
*효봉구고: 시부모를 효성으로 섬김.
*순승군자: 남편을 순순히 따름.
*지친화목: 가까운 가족끼리 화목하게 지냄.
*화류시: 화전놀이 할 때.

[24901-0065] ○ △ ×

1 괴똥어미 시집살이 에 대한 이해로 적절하지 **않은** 것은?

① 남의 물건에 욕심을 내어 도적질하기를 예사로 했다.
② 몸가짐과 옷매무새가 단정하지 않아 사람들에게 외면을 받았다.
③ 먹을 것에 욕심이 많아 음식을 이웃과 나누어 먹는 일이 없었다.
④ 악한 사람들과 어울려 남을 흉보고 일가 사람들 사이를 이간질했다.
⑤ 굿을 하고 절에 공양하며 정성껏 기원했지만 궂은일이 계속 일어났다.

[24901-0066] ○ △ ×

2 〈보기〉의 관점에서 [A]를 이해한 내용으로 적절하지 **않은** 것은?

〈 보기 〉

　희화적 표현은 대상을 해학적으로 묘사해 웃음거리로 만드는 방법으로, 주로 화자가 부정적으로 인식하는 인물을 대상으로 하며 독자들이 그 대상에 대해 비판적 태도를 갖게 한다. 대상 인물에 대한 부정적 인식은 평가적 진술이나 반어, 의문과 같은 수사적 표현을 통해 제시된다. 희화적 표현은 어리석은 행동을 하는 대상 인물과 비교해 자신이 상대적 우위에 있다는 느낌을 갖게 하여 독자들의 웃음을 유발하기도 한다. 한편 대상 인물이 억압받는 계층일 경우 그가 보여 주는 엉뚱하고 거침없는 행동은 규범에 얽매여 살아야 했던 이들에게는 대리 만족의 쾌감을 주기도 했을 것이다.

① '뉘 아니 외면하리', '무슨 일고' 같은 의문문 형식으로 진술된 괴똥어미의 행실은 괴똥어미에 대한 화자의 인식을 부각할 수 있겠군.
② '기역니은 모르거든 어찌 책을 들고 앉노' 같은 표현으로 진술된 괴똥어미의 어리석은 모습은 괴똥어미를 자신보다 열등한 인물로 생각하는 독자들에게 웃음을 줄 수 있겠군.
③ '기괴하다', '용렬하고', '망측하다' 등의 평가적 진술을 활용해 괴똥어미의 언행을 묘사한 이유는 괴똥어미에 대한 화자의 부정적 인식을 드러내기 위한 것이라고 할 수 있겠군.
④ '신부 행실', '새댁 행실'과 거리가 먼 괴똥어미의 행동을 화자가 해학적으로 묘사한 이유는 이제 신부가 될 자신의 딸이 괴똥어미에 대해 비판적 태도를 갖기를 바랐기 때문이라고 할 수 있겠군.
⑤ '백주에 낮잠 자기', '어른 말씀 토 달기' 같은 거침없는 행동을 통해 괴똥어미의 모습을 묘사한 이유는 규범에 얽매인 여성의 현실에 비판적인 화자가 대리 만족의 쾌감을 얻기 위한 것이라고 할 수 있겠군.

[24901-0067] ○ △ ×

3 [B]와 [C]에 대한 설명으로 가장 적절한 것은?

① [3]와 [C] 모두 같은 인물의 행적에 관해 언급하고 있다.
② [3]와 [C] 모두 당대의 세태에 대한 비판적 태도를 드러내그 있다.
③ [B]에는 화자가 당면한 문제가, [C]에는 당면한 문제를 해결하기 위한 방안이 제시되어 있다.
④ [B]에는 물질적인 면에서 경계해야 할 태도가, [C]에는 지향해야 할 바람직한 태도가 나타나 있다.
⑤ [B]에는 화자가 기대하는 미래의 긍정적 상황이, [C]에는 화자가 겪은 과거의 부정적 경험이 제시되어 있다.

[24901-0068] ○ △ ✕

4 〈보기〉를 참고하여 윗글을 감상한 내용으로 적절하지 <u>않은</u> 것은?

〈 보기 〉

「복선화음가」는 조선 말기의 규방 가사로 '계녀가' 유형에 속하는 작품이다. 부모가 혼인하는 딸에게 주는 부녀자의 덕목에 대한 애정 어린 충고를 암송하기 편한 가사의 형식에 담아낸 노래가 계녀가이다. 「복선화음가」는 어머니가 딸에게 이야기를 건네는 언술 구조 안에 '괴똥어미' 이야기가 삽입되어 있는 점, 그리고 교훈이 추상적 관념이 아닌 구체적 인물 형상을 통해 제시되는 점에서 계녀가 유형에 속하는 일반적인 작품과 구분된다. 다음은 「복선화음가」의 구조를 도식화한 것이다.

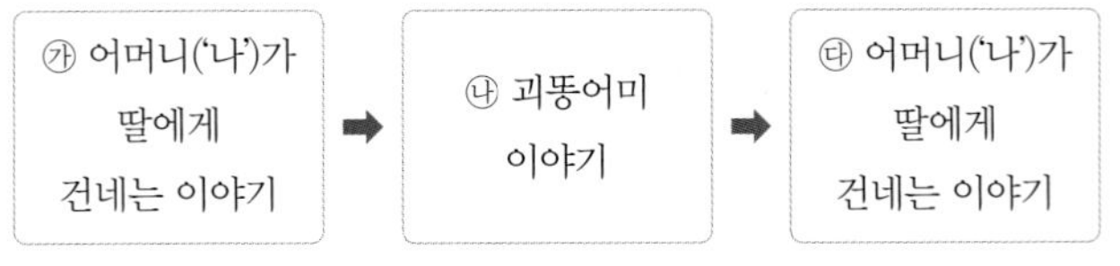

① ㉮의 '가문도 혁혁하다', '혼수범절 치행이야 다시 일러 어떠하리'에서 드러나는 가문의 위의는 ㉯의 '우환이 연접하니 사망인들 없을쏘냐'에 나타난 괴똥어미 집안의 상황과 대비되어 ㉰에서 '괴똥어미 경계하고 / 너의 어미 살을 받아'라고 말하는 근거가 되고 있군.

② 어머니가 자신의 딸과 가문에 대해 이야기하는 ㉮는 '저 건너'라는 말을 기점으로 하여 괴똥어미에 대해 이야기하는 ㉯로 전환되고 있군.

③ ㉯의 '제일 처음 시집올 제 가산이 만금이라'에 나타난 괴똥어미의 모습은 혼인할 때 넉넉한 재산을 갖추었다는 점에서 ㉮에 제시된 딸의 모습과 비슷한 점이 있어 ㉮와 ㉯를 연결하는 매개가 되고 있군.

④ '딸아 딸아 고명딸아' 하고 딸을 부르는 말을 시작으로 이야기가 ㉯에서 ㉰로 전환되면서 딸에게 가르치려는 부녀자의 덕목이 구체적 인물 형상을 통해 제시되고 있군.

⑤ ㉰의 '명년 삼월 화류시에 모녀상봉 하느니라'에는, ㉮의 '딸을 길러 출가하니'로 제시되는 상황에서 딸이 느끼게 될 감정을 헤아려 딸을 위로해 주려는 어머니의 마음이 드러나고 있군.

[5~8] 다음 글을 읽고 물음에 답하시오.

㉠ 인간이 외계 지적 생명체에 대해 관심을 가진 것은 아주 오래된 일이었으며, 과학적인 관점에서 접근하기 시작한 것도 몇 세기 전의 일이다. 18세기 말 유럽에는 외계 지적 생명체의 문제를 다룬 과학 서적이 다수 있었고 19세기 초 유럽인들은 혹시 있을지도 모를 외계 지적 생명체와의 교신을 시도했다. 20세기 중반에 들어서 전파 망원경이라는 혁신적 도구를 통해 우주 공간 속 외계 지적 생명체를 체계적으로 탐색하는 작업이 시작되었다.

우주에는 은하가 약 1천억 개 정도 존재한다고 하며, 각 은하에는 평균 1천억 개의 별이 있다고 알려져 있다. 그렇다면 우주에는 약 10^{22}개의 별이 있는 것이다. 이것은 태양처럼 스스로 빛을 내는 항성의 개수이고, 그 속에 존재하는 지구와 같은 행성의 수는 상상을 초월할 정도로 많을 것이다. 이렇게 많은 행성 중 지구 외에도 지적 생명체가 존재하는 행성이 있을 것이라는 믿음에서 외계 문명에 대한 탐색은 출발했다고 볼 수 있다.

외계 지적 생명체를 탐색하는 프로젝트의 대표적인 사례로 SETI(Search for Extra-Terrestrial Intelligence)를 들 수 있다. SETI 프로젝트는 우주 어딘가에서 외계 생명체가 보내는 전파 신호를 지구에서 수신하여 간접적으로 외계 생명체의 존재를 확인하는 것이 목적이다. 특히 전파 신호를 발신하는 외계 생명체의 경우 인간과 비슷하거나 혹은 더 발전된 지적 수준을 갖고 있을 것으로 예상되므로 SETI 프로젝트는 혹시라도 존재할 수 있는 매우 많은 외계 생명체 중에서 극히 일부만을 대상으로 한다.

SETI 프로젝트는 아직까지 외계 지성의 흔적을 찾지 못하고 있지만, 일반 대중까지 동참하는 가장 대중적인 탐사 프로젝트로 확장되었다. 전 세계에서 17만여 명의 일반 대중이 참여하고 있는 사상 최대 규모의 '세티 앳 홈(SETI@home)'이 그것이다. 이 프로젝트는 일반인들이 사용하는 PC를 전파 망원경이 수신한 전파 신호의 분석에 활용하는 것이다. 네티즌들이 이 프로젝트 누리집에서 소프트웨어를 내려받아 PC에 설치하면, 주인이 잠자는 시간 등 PC를 사용하지 않는 시간에 PC가 자동으로 분석 프로그램을 수행한다. 전파 망원경이 수신한 전파 신호 속에는 온갖 자연의 전파가 포함되어 있다. 여기서 인공의 전파를 찾아내려면 엄청난 정보 처리 용량의 슈퍼컴퓨터가 필요한데, 전 세계의 PC를 연결하는 네트워크가 슈퍼컴퓨터 역할을 하는 것이다.

하지만 이러한 노력의 밑바닥에 깔린 근본적인 의문은 '정말 그들이 있는 것일까?' 하는 것이다. SETI 프로젝트를 발기한 미국의 전파 천문학자 프랭크 드레이크는 이 질문에 대한 나름대로의 해답을 찾기 위해 '드레이크 방정식'을 고안했다. 이 방정식은 통신 기술을 갖고 있는 고등 문명의 존속 기간과 우리 은하 내에서 생명체 탄생에 적합한 항성의 생성률의 곱에 항성이 행성을 가질 확률, 생명체가 살 수 있는 행성의 수, 행성에 생명이 탄생할 확률, 지적 생명체로 진화할 확률, 존재를 알릴 통신 기술을 가질 확률 등의 인자들을 곱한 것이다. 드레이크 자신조차 이 방정식에 포함되는 인자들 중 그 어느 것도 정확히 알지 못한다고 인정할 정도로 불확실성이 큰 것이 사실이다. 하지만 '아무것도 하지 않으면 가능성은 제로(0)이다.'라는 말이 있듯이 끊임없는 시도와 탐구를 통해 우주에 관한 지식이 늘어나면 우리와 통신이 가능한 외계 지적 생명체가 이룬 문명을 발견할 수도 있을 것이다.

🟦 외계 지적 생명체를 포함한 외계 생명체를 찾기 위한 노력은 바로 인간은 어떤 존재인가를 탐구해 가는 철학적 문제라 할 수 있다. '인간은 어떤 존재인가'라는 질문에 대한 가장 적절한 해답을 찾는 방법은 인간이 아닌 다른 어떤 존재를 통해 인간을 되돌아보고 인간이 그 존재를 어떻게 바라보고 있느냐를 돌이켜 보는 것이다. 인간이란 존재의 근원과 본질에 한 걸음 더 다가가기 위한 노력의 일환으로 외계 행성에 대한 탐사와 생명체의 단서를 찾기 위한 시도가 계속되고 있다고 볼 수 있다.

그런데 우주에서 생명의 근원을 찾고자 한다면 생명에 대한 정의를 내려야 한다. 외계 행성에서 우리로서는 상상도 할 수 없는 구조의 생명체를 발견했을 때, 발견하고도 지나칠 가능성이 있기 때문이다. 이 점을 반영하여 미국 우주 탐사와 관련한 한 위원회 보고서는 '미국의 우주 탐사에서 외계 생명과 조우하고도 알아보지 못하는 것보다 더 최악의 상황은 없다.'라고 주의를 환기하고 있다. 따라서 외계 생명체를 탐사한다면 무엇을 찾는지를 명확히 할 필요가 있다.

흔히 과학적 이론에 근거하여 생물학적 관점에서의 생명체에 대한 정의를 일반적으로 사용한다. 세포로 구성되어 있고, 물질대사를 하고, 자극에 반응하고 항상성을 유지하며, 발생, 생장, 생식, 유전, 적응과 진화를 하는 개체를 생명체로 정의한다. 그러나 최근 생명체가 살기 어려운 환경으로 보이던 지역에서 생명체가 발견되기 시작했다. 높은 온도나 낮은 온도, 강한 압력, 강한 산성이나 알칼리성, 매우 건조한 지역, 강한 방사선 따위에서 생존하는 미생물들이다. ㉠결국 이것은 지구 이외의 행성에도 생명체가 존재할 가능성이 높다는 것을 보여 주는 증거라 할 수 있다.

이에 따라 외계 생명체 탐사를 위해서는 생명체에 대한 새로운 정의의 필요성이 제기되고 있다. 생물학적 관점에서의 정의는 지구 생명체에 한정된 특성을 바탕으로 내려진 정의이기 때문에 외계 생명체 탐사를 위해 생명체에 대한 보편적 정의를 다시 하려는 시도가 이루어지고 있다. 오스트리아의 물리학자 슈뢰딩거는 우주의 보편 법칙인 '엔트로피 증가 법칙'을 통해 생명체를 설명하고자 했다. '엔트로피 증가 법칙'은 자연 물질이 질서 정연한 상태에서 자발적으로 무질서한 상태로 점점 변화하게 되는 현상을 말한다. 이때 엔트로피가 증가한다는 것은 무질서도가 증가하여 궁극적으로 안정된 상태에 이르게 되는 것을 의미

한다. 그런데 슈뢰딩거는 생명체가 '엔트로피 증가 법칙'을 무시한다고 보았다. 이러한 생각을 바탕으로 그는 생명체를 외부에서 얻은 에너지를 이용하여 자신의 질서 상태를 유지하는 개체라고 정의했다. 이는 생명체가 에너지와 물질의 유출입이 있는 세계에 존재한다는 것을 의미한다. 생명체에 대한 일관된 정의를 내리는 것은 쉽지 않은 일이다. 슈뢰딩거의 정의가 지구뿐만 아니라 광활한 우주에 존재하는 생명체를 모두 포괄할 수 있다고 단정하기는 어렵다. 하지만 우주 속의 생명체에 대한 지속적인 탐사와 연구를 통해 '생명이란 무엇인가'에 대한 우리의 이해를 높여 갈 수 있을 것이다.

[24901-0069] ○ △ ✕

5 (가)와 (나)의 서술 방식으로 가장 적절한 것은?

① (가)는 (나)와 달리 특정 대상을 탐사하는 방법의 주요 사례를 소개하고 있다.

② (나)는 (가)와 달리 유추를 활용하여 특정 대상의 존재 가치를 강조하고 있다.

③ (가)는 수학적 방법으로, (나)는 철학적 방법을 통해 특정 대상의 유형을 구분하고 있다.

④ (가)와 (나)는 모두 특정 대상에 대한 관심이 사회에 미친 영향을 통시적으로 서술하고 있다.

⑤ (가)와 (나)는 모두 특정 대상의 존재를 분석하는 공통된 과학 이론을 제시하며 특정 대상에 대한 연구의 가치를 밝히고 있다.

[24901-0070] ○ △ ×

6 다음은 (가)와 (나)를 읽은 후, 천문 우주 동아리 학생들이 나눈 대화의 일부이다. 대화의 내용으로 적절하지 <u>않은</u> 것은?

─〈 보기 〉─

학생 1: 외계 생명체의 탐사를 위해 화성으로 우주선을 보냈다는 기사를 본 적이 있어. 오랜 시간 동안 외계 생명체의 단서를 찾기 위한 수많은 시도가 성과 없이 끝났음에도 불구하고 외계 생명체를 찾기 위한 노력을 계속하는 이유가 있을까?

학생 2: 항성과 행성이 상상을 초월할 정도로 많이 존재한다는 사실은 외계 생명체의 존재 가능성이 높다는 믿음을 주기 때문에 외계 생명체의 존재나 그 단서를 찾기 위해 노력하는 것이라고 생각해. ··· ⓐ

학생 3: 인간이란 존재의 근원과 본질을 탐구하기 위한 철학적인 노력의 일환으로 외계 생명체의 단서를 찾기 위한 노력이 계속되고 있다고 보는 견해도 있어. ····················· ⓑ

학생 1: 외계 생명체 탐사를 위해서는 생명체에 대한 새로운 정의가 있어야 할 것 같아. 외계 생명체는 지구 생명체와는 다른 특성이 있을 수도 있으니까. 또한 우주선을 직접 보내 외계 생명체를 확인하려는 탐사 방법은 시간과 비용적 측면에서 한계가 있으니, 직접 탐사 이외에 외계 생명체 탐사를 위한 방법을 모색하는 것도 필요하다고 생각해.

학생 3: 그래, 우주의 어떤 행성들에는 지구와 달리 고온, 고압, 강한 방사선 속에서도 살고 있는 생명체가 있을 것이라고 생각해. ·· ⓒ

학생 2: 지적 수준이 높은 외계 생명체는 우리처럼 우주 공간 속 또 다른 생명체를 찾기 위한 신호를 보내고 있을 수 있으니, 외계 생명체의 탐사를 위해 우주선을 직접 보내는 것 이외에도 외계 생명체가 우리에게 보내는 신호를 수신하기 위한 노력도 외계 생명체의 존재를 확인하는 방법이 될 수 있어. ··· ⓓ

학생 1: 그런데 우주에는 수많은 전파 신호가 뒤섞여 있다고 하던데. 수많은 전파 신호 중에서 지적 생명체가 발신한 전파 신호를 찾기 위해서는 자연적으로 발생한 전파 신호와는 다른 패턴을 보이는 전파 신호를 찾기 위한 방법이 필요하겠네. ··· ⓔ

① ⓐ 　② ⓑ　 ③ ⓒ　 ④ ⓓ　 ⑤ ⓔ

[24901-0071] ○ △ ×

7 (나)의 '슈뢰딩거'와 〈보기〉의 '쇤하이머'를 비교하여 이해한 내용으로 가장 적절한 것은?

─〈 보기 〉─

　루돌프 쇤하이머는 생명체의 모든 조직과 세포의 내부는 분해와 합성의 순환 과정을 통해 변화하며 새로워진다고 생각했다. 생명체를 구성하고 있는 분자는 빠른 속도로 분해되며 외부에서 유입된 분자로 대체된다. 외부에서 유입되어 대체된 분자는 다시 분해의 과정을 거쳐 환경으로 돌아간다. 이러한 과정의 흐름 속에서 생명체는 일정한 형태를 유지하며 살아가게 되는데, 이를 '동적 평형' 상태라 한다. 동적 평형은 생명체 내부에서 끊임없이 진행되는 분해와 합성 사이의 정교한 균형을 말한다. 쇤하이머는 이러한 균형을 유지하기 위해 생명체는 외부로부터 에너지를 요구한다고 보았다.

① 슈뢰딩거와 쇤하이머 모두 생명체는 '엔트로피 증가 법칙'이 적용되는 개체라고 생각했겠군.

② 슈뢰딩거와 마찬가지로 쇤하이머는 생명체에서 에너지와 물질의 유출입이 있다고 보았겠군.

③ 슈뢰딩거와 쇤하이머 모두 생명체 내부의 끊임없는 순환 과정에 초점을 두고 생명 현상을 정의하려 했겠군.

④ 슈뢰딩거는 쇤하이머와 달리 생물학적 관점에서의 생명체에 대한 정의는 우주에 보편적으로 적용될 수 있는 설명이라고 보았겠군.

⑤ 슈뢰딩거와 달리 쇤하이머는 생명체의 엔트로피가 증가한 상태일지라도 외부 에너지의 유입을 통해 다시 원래의 상태로 환원할 수 있다고 생각했겠군.

[24901-0072] ○ △ ×

8 ㉠의 전제로 가장 적절한 것은?

① 생명체의 서식 환경의 범위는 외계 행성의 가혹한 환경까지 포함할 정도로 넓다.

② 외계 행성에서 지구상에 존재하는 생명체와는 다른 형태를 지닌 생명체가 발견되었다.

③ 지구와 외계 행성에 존재하는 생명체를 포괄할 수 있는 일관된 정의를 제시하는 것은 어렵다.

④ 지구 생명체가 보이는 발생, 생장, 생식, 유전, 적응과 진화 등의 특징은 외계 행성의 환경에서는 소멸된다.

⑤ 미생물과 같은 생명체가 살아가기에는 지구 이외의 행성들의 생명체 서식 환경이 지구의 생명체 서식 환경보다 유리하다.

10회 미니모의고사

EBS 수능특강 Q 미니모의고사 **국어**

○ 알고 맞힘 　　/8　　△ 헷갈림 　　/8　　✕ 모르고 틀림 　　/8

[1~4] 다음 글을 읽고 물음에 답하시오.

가 배가 곡도(鵠島)에 닿으니 풍랑이 크게 일어났으므로 열흘 이상이나 묵게 되었다. 양패공(良貝公)은 이를 근심하여 사람을 시켜 이 일을 점치게 했다.

"섬에 신지(神池)가 있으니 그곳에 제사 지내는 것이 좋겠습니다."

이에 못 위에서 제물을 차려 놓으니 못물이 한 길 남짓이나 높이 치솟았다. 그날 밤 꿈에 한 노인이 나타나 공에게 말했다.

"㉠활 잘 쏘는 사람 하나를 이 섬 안에 남겨 두면 순풍을 얻을 수 있을 것입니다."

공은 꿈을 깨어 그 일을 좌우 사람들에게 물었다.

"누구를 남겨 두면 좋겠는가?"

여러 사람들이 대답했다.

"나뭇조각 50쪽에 저희 궁수들 이름을 각각 써서 물속에 가라앉게 함으로써 제비를 뽑아야 할 것입니다."

공은 그 말에 따랐다. 궁수 중에 거타지란 사람이 있었는데, 그의 이름이 물속에 가라앉았다. 그를 남겨 두니 순풍이 문득 일어나 배는 지체 없이 잘 갔다.

거타지가 근심에 잠겨 섬에 서 있으니 갑자기 한 노인이 못 속으로부터 나와 말했다.

"나는 서쪽 바다의 신이오. ㉡매양 한 중이 해 뜰 때면 하늘에서 내려와 다라니 주문을 외우고 이 못을 세 번 돌면 우리 부부와 자손들이 모두 물 위에 뜨게 되는데, 중은 내 자손의 간장을 빼 먹곤 하오. 이제 우리 부부와 딸 하나만 남았소. 내일 아침에 또 반드시 올 것이니 그대는 중을 활로 쏘아 주시오."

"활 쏘는 일은 저의 장기(長技)니 명령을 받들겠습니다."

노인은 그에게 고맙다 하고는 물속으로 들어갔다. 거타지는 숨어서 기다렸다. 이튿날 동쪽에서 해가 뜨니 과연 중이 와서 그 전처럼 주문을 외우면서 늙은 용의 간을 빼려 했다. 이때 거타지가 활을 쏘아 중을 맞히니 중은 즉시 늙은 여우가 되어 땅에 떨어져 죽었다. 이에 노인이 물속에서 나와 치사했다.

"공의 덕택으로 생명을 보전하게 되었으니 내 딸을 공에게 아내로 드리겠소."

"저에게 따님을 주시고 저버리지 않으시니 원하던 바입니다."

노인은 그 딸을 한 송이 꽃으로 변하게 하여 거타지의 품속에 넣어 주고 이내 두 용을 시켜 거타지를 받들고 사신의 배를 따라가서 그 배를 호위하여 당나라 지경에 들어가게 했다. 당나라 사람은 신라의 배를 두 용이 받들고 있음을 보고 사실대로 황제에게 다뢰었다. 황제는 말했다.

"신라의 사신은 정녕코 비상한 사람이다."

그리고 잔치를 베풀어 여러 신하들의 윗자리에 앉히고 금과 비단을 후히 주었다. 고국에 돌아오자 거타지는 꽃가지를 내어 여자로 변하게 한 다음 함께 살았다.

– 작자 미상, 「거타지 설화」

나 이튿날 과연 요망한 여우가 많은 군졸을 거느리고 와서 싸움을 걸었다. 노인은 수재에게 거듭 부탁을 하고는 싸움을 하러 바다로 나섰는데, 바다 위를 마치 평지 밟듯이 다녔다. 수재는 화살을 메기고 시위를 잔뜩 당겨 부인을 쏘려 했지만, 부인의 얼굴이 너무도 아름다운 것을 보고는 차마 활을 쏠 수가 없었다. 수재는 속으로 이렇게 생각했다.

'저건 사람이다. 여우가 둔갑을 한다고 어찌 저리될 수 있겠나? 사람이 사람을 쏴 죽여서야 되겠는가?'

결국 활을 쏘지 못한 채 시위를 당기고 있던 손을 풀었다. 곧이어 노인과 부인은 한바탕 큰 싸움을 끝낸 뒤 각자 자기 진영으로 돌아갔다. 노인은 수재를 보고 몹시 화를 내며 이렇게 말했다.

"내 말을 듣지 않고 끝내 활을 쏘지 않다니, 수재는 대체 무슨 마음으로 그런 거요?"

수재가 말했다.

"그 얼굴을 보니 이는 사람이지 결코 여우가 아니었습니다. 그래서 차마 죽일 수가 없었습니다."

노인이 말했다.

"수재가 만일 이 늙은이의 말을 들어주지 않는다면 모셔 온 뜻이 없지 않겠소. 내 말을 들어주지 않으면 살아 돌아가지 못할 거요. 내게는 늦게 본 딸이 하나 있는데, 지금 나이가 열여섯이지만 아직 배필을 정하지 못했소. 수재가 내 말대로 요망한 여우를 활로 쏴 죽여 준다면 내 딸을 아내로 삼게 해 주겠소."

㉢수재는 이곳에 올 때 보았던 처녀의 아리따운 자태를 가슴속 깊이 흠모하여 잊지 못하고 있었기에 이 말을 듣고 내심 기뻐하지 않을 수 없었다. 그러나 노인의 말에 의심되는 바가 있으므로 무릎을 꿇고 이렇게 말했다.

"저는 속세의 천한 사람이고 따님은 용궁의 귀인이신데, 어찌 감히 부부의 연을 맺을 수 있겠습니까? 또 물속 세계와 땅 위 세계가 다르고 사람과 용은 서로 다른 세계에 사는 존재이니, 비록 선생의 허락이 있다 한들 제 생각엔 인연을 이룰 수 없을 것 같습니다.”
노인이 말했다.
“수재는 그런 걱정 말고 우선 내 골칫거리부터 없애 주시오. 베풀어 준 은혜에 대해서는 반드시 보답하겠소.”

[A]
    닷새 뒤에 요망한 여우가 또 와서 싸움을 걸었다. 노인은 튼튼한 활과 독화살을 수재에게 내주며 다시 신신당부를 하고 싸움을 하러 바다 위로 나섰다. 이윽고 먹구름이 가득 끼고 광풍이 불며, 천둥소리가 울리고 번갯불이 번뜩였다. 천지가 암흑 속에 휩싸여 지척을 분간할 수 없는데, 용과 여우가 쟁패를 벌여 엎치락뒤치락하며 승부를 가리지 못하고 있었다. 수재는 정신을 하나로 모아 화살을 메기고 시위를 당긴 채 여우 부인의 얼굴이 드러나기를 기다렸다. 그때 까마귀가 울며 보름달이 떠올랐다. 갑자기 활시위 소리가 나더니 화살이 유성처럼 날아가 여우 부인의 얼굴에 정통으로 맞았다. 여우는 한바탕 소리를 지르며 고통스러워하다가 파도 위에 쓰러져 죽었다. 아홉 개의 꼬리를 가진 늙은 여우였다. 어여쁘게 단장하고 분을 바른 나머지 무리들은 모두 새끼 여우로 변했다. 그러자 구름이 사라지고 바람이 그치며 천지가 환해졌고 파도도 멈추었다. 노인이 덩실덩실 춤을 추며 돌아와 수재에게 감사 인사를 했다.

“㉢수재의 신묘한 활 솜씨 덕분에 이 늙은이의 큰 골칫거리가 사라졌으니, 산처럼 높고 바다처럼 깊은 은혜에 보답할 길이 없소이다. 내가 백 살 노인이긴 하나 어찌 감히 식언을 할 수 있겠소?”
그러고는 수재의 손을 잡고 안방으로 들어가 딸에게 말했다.
“이 수재는 내게 큰 은혜를 베풀어 준 분이시다. 너와 평생의 짝으로 백년가약을 맺고 부부간의 즐거움을 누렸으면 한다.”

[중략 부분 줄거리] 용녀(龍女)와 부부의 인연을 맺은 왕수재는 노인이 끌고 온 소를 타고 아내와 육지로 이동한다. 송악산 아래 집을 짓고 자리를 잡은 왕수재는 큰 부자가 된다.

그러던 어느 날, 칡베로 만든 두건에 베옷을 입은 도사 한 사람이 손에 육환장을 들고 어깨에 바랑을 메고 와서는 왕생에게 절을 했다. 왕생이 물었다.
“뉘시오?”
도사가 대답했다.
“저는 산인*입니다. 산수를 좋아해서, 기러기가 남북으로 오가고 뜬구름이 동서로 흘러가는 것처럼 사방을 유유히 다니고 있지요. 그러다 이곳에 이르러 댁의 집터를 보니 참으로 천하의 명승지가 아닐 수 없습니다. 1년 안에 성인이 태어나시어 이 나라의 주인이 되실 것이 틀림없습니다. 주인장께서는 소중히 잘 기르시기 바랍니다. 저는 3년 뒤에 다시 찾아뵙겠습니다.”
왕생이 말했.

“참으로 위험천만한 소리군요. 부디 그 말을 입 밖에 내지 말기 바라오. 그런데 그대의 성명을 알 수 있겠소?”
도사가 대답했다.
“제 이름은 도선*으로, 중국 사람 일행(一行)의 제자입니다.”
도사가 절하고 물러갔다. 왕생은 도사의 말을 듣고 혼자 속으로 기뻐하며 큰 자부심을 가졌다.
이달부터 문득 아내에게 태기가 있더니 열 달 만에 아들을 낳았다. ㉣콧대가 우뚝 솟고 용과 같은 제왕의 상에 이마가 훤하고 눈은 샛별처럼 빛났으며, 상서로운 광채가 은은히 비치고 기상이 엄숙했다. 왕생은 속으로 매우 기뻐했다.
3년 뒤 과연 도사가 다시 찾아와 왕생에게 축하 인사를 올렸다.
“주인장께서 성인을 낳으신 것을 축하드립니다! 잘 기르시면, 흉악한 무리들을 모조리 평정하고 삼한(三韓)을 통일하여 도탄에 빠진 만백성을 구하고 후세에 큰 이름을 남길 분이 되실 것입니다.”

        – 작자 미상, 「왕수재취득용녀설(王秀才娶得龍女說)」

＊산인: 산속에 사는 사람이라는 뜻으로, 승려나 도사를 이르는 말.
＊도선: 통일 신라 말기의 승려. 풍수지리설의 대가. 일찍이 고려 태조 왕건의 탄생과 그의 건국을 예언했다고 함.

[24901-0073]　　◯　△　✕

1 (가)와 (나)의 내용에 대한 이해로 적절하지 <u>않은</u> 것은?

① (가)의 노인이 양패공의 꿈속에 나타난 것은 자신과 가족을 보호하려 했기 때문이다.
② (가)의 거타지가 섬에 남은 것은 양패공이 꿈에서 만난 노인의 말을 믿었기 때문이다.
③ (나)의 왕수재가 처음에 활을 쏘지 못한 것은 여우의 외모를 보고 사람이라고 생각했기 때문이다.
④ (나)의 여우가 노인에게 계속 싸움을 건 것은 왕수재가 노인을 돕지 않을 것이라고 판단했기 때문이다.
⑤ (나)의 왕수재가 도선에게 자신에게 한 예언을 입 밖에 내지 말라고 당부한 것은 가족이 해를 입을까 염려했기 때문이다.

[24901-0074] ○ △ ×

2 ㉠~㉤에 대한 설명으로 적절하지 <u>않은</u> 것은?

① ㉠: 노인이 자기의 요구 사항과 그것을 수용할 경우의 혜택을 밝히고 있다.

② ㉡: 노인이 늙은 여우의 행동과 그로 인한 피해를 요약적으로 언급하고 있다.

③ ㉢: 왕수재가 노인의 딸에게 반한 계기와 그녀와의 재회를 확신하는 이유를 나타내고 있다.

④ ㉣: 노인이 왕수재의 공을 인정하며 그와의 약속을 지키겠다는 의지를 드러내고 있다.

⑤ ㉤: 태어난 아기의 외양을 묘사하여 왕수재의 아들이 비범한 존재임을 나타내고 있다.

[24901-0075] ○ △ ×

3 [A]에 대한 이해로 가장 적절한 것은?

① 주인공을 돕는 천상계의 조력자를 등장시켜 주인공의 고귀함을 강조하고 있다.

② 주인공의 이율배반적인 태도를 나타내어 주인공의 복잡한 심리를 부각하고 있다.

③ 주인공의 곤란한 처지에 대한 서술자의 주관적인 판단을 드러내어 긴장감을 조성하고 있다.

④ 주인공이 문제를 해결한 후 이와 조응하는 자연적 배경을 묘사하여 상황의 변화를 나타내고 있다.

⑤ 주인공과 주변 인물에게 일어난 사건의 발생 원인과 진행 과정을 역전적으로 제시하여 장면을 입체적으로 구성하고 있다.

[24901-0076] ○ △ ×

4 〈보기〉와 같은 선생님의 안내에 따라 학생들이 (나)를 감상한 내용으로 적절하지 <u>않은</u> 것은?

〈 보기 〉

선생님: 우리 문학사를 살펴보면 특정한 근원 설화에 영향을 받아 만들어진 후대의 설화나 고전 소설들을 찾을 수 있습니다. 이러한 작품들은 서사의 원천이 되는 근원 설화의 골격을 유지하면서 부분적으로 내용을 바꾸거나 추가하여 완성됩니다. (가)는 『삼국유사』에 실린 「거타지 설화」로 이후 『고려사』의 「작제건 설화」의 원형이 됩니다. 「작제건 설화」는 고려 태조 왕건의 할아버지인 작제건이 주인공인데, 그는 당나라 상선을 타고 항해하다가 풍랑을 만나 섬에 남게 되고, 서해 용왕의 부탁으로 늙은 여우를 화살로 쏘아 죽이고 용녀(龍女)를 취하여 아내로 맞이합니다. 이러한 연관성을 바탕으로 (가)는 고려 왕실의 조상을 신성시하는 작품들의 근원 설화로 간주되고 있습니다. 그러면 근원 설화인 (가)와 이를 바탕으로 왕수재의 비범한 능력과 왕건의 탄생을 다룬 고전 소설인 (나)를 비교하면서, (나)에서 (가)의 내용이 유지된 것과 (가)의 내용이 바뀌거나 새로운 내용이 추가된 것을 살펴봅시다.

(가)의 내용 유지	(가)의 내용 변경
학생 1: 주인공의 탁월한 능력을 드러내기 위해 사악한 요괴를 퇴치하는 내용은 유지했어요. ┄┄┄┄ ⓐ 학생 2: 인간인 주인공과 용녀의 결연(結緣) 이유를 제시하기 위해 노인이 은혜를 갚으려고 주인공을 사위로 맞아들이는 내용은 유지했어요. ┄┄┄┄ ⓑ	학생 3: 건국의 시조 탄생을 알리기 위해 특정한 인물의 예언과, 그가 시조 탄생 후에 경하의 말을 건네는 내용을 추가했어요. ┄┄┄┄ ⓒ 학생 4: 작품의 주제를 강조하기 위해 중국과의 화합 대신에 민족적 자존 의식을 높여야 한다는 내용으로 바꿨어요. ┄┄┄┄ ⓓ 학생 5: 주인공이 노인의 부탁대로 활을 쏘게 된 구체적 이유를 나타내기 위해 노인이 주인공을 위협하는 내용과 보상을 약속하는 내용을 추가했어요. ┄┄┄┄ ⓔ

① ⓐ   ② ⓑ   ③ ⓒ   ④ ⓓ   ⑤ ⓔ

[5~8] 다음 글을 읽고 물음에 답하시오.

태풍은 폭우와 강풍을 동반해 큰 피해를 초래한다. 태풍은 열대 저기압이 발전한 것으로 그 중심은 바깥보다 기압이 낮아 주변의 공기를 빨아들인다. 이때 발생해 작용하는 힘은 저기압의 중심을 향하기 때문에 뉴턴의 운동 법칙에 따르면 바람이 태풍의 중심으로 곧바로 향해야 한다. 그런데 태풍의 바람 방향을 알려 주는 소용돌이의 무늬를 보면 태풍 주변의 바람이 태풍 중심을 향해 곧장 들어가지 않고 돌고 있음을 알 수 있다. ㉠지구 북반구에서 발생하는 태풍의 바람은 시계 반대 방향으로 돌아서 태풍의 중심으로 들어간다. 이 방향은 기압 차이에 의한 힘의 방향과 일치하지 않는 것이다. 이와 같은 현상은 어떤 과학적 원리와 관련이 있을까?

태풍의 바람 방향을 설명하기 위해서는 태풍 안팎의 기압 차이에 의한 압력 외에 '코리올리 힘'이라고 부르는 '가상의 힘'이 추가로 필요하다. 이 힘을 '가상의 힘'이라고 부르는 이유는 뉴턴의 운동 법칙에서 가속도와 힘의 관계를 정할 때 설정한 전제 조건과 관련이 있다. 뉴턴은 제1 법칙을 통해 외부의 힘이 가해지지 않으면 정지해 있던 물체는 계속 정지해 있고 운동하는 물체는 계속 등속 직선 운동을 하는 관성을 나타낸다고 제시했다. 이러한 관성의 법칙이 성립하는 계를 관성 기준계라고 한다. 관성의 법칙은 '외부의 힘이 가해지지 않으면 물체의 속도는 일정하다.'라는 명제로 바꿔 말할 수 있다. 또한 이 명제는 어떤 물체에 가해지는 힘과 그 물체의 가속도는 비례하고 질량과 가속도는 반비례한다는 뉴턴의 제2 법칙과 관련하여 가속도가 0인 경우에 해당된다고 해석할 수도 있다.

뉴턴의 제1 법칙에는 모든 운동을 관측하고 이해하는 기준틀에 대한 개념이 담겨 있다고 할 수 있다. '관성 기준계'라고 정의한 이 기준틀은 뉴턴의 운동 법칙에서 정한 힘이 어디까지 유효한지 그 범위를 정해 준다. 뉴턴은 관측자를 물체의 위치와 운동을 재는 기준으로 설정했다. 가령 관측자 A는 기차역에 서 있고, B는 막 출발해 속도를 높이는 기차에 올라탔다고 하자. A의 관측에 따르면 기차역은 정지해 있고 기차는 일정하게 가속하고 있다. A의 기준계에서 보면 기차역의 가속도는 0, 즉 기차역에 작용하는 힘은 없다. 하지만 기차에는 가속도에 비례하는 힘이 작용한다. A의 기준계에서 바라본 기차역과 기차의 운동은 뉴턴의 운동 법칙과 정확히 일치한다. 반면 B의 기준계에서 관측하면, 기차는 정지해 있고 대신 기차역이 가속을 하며 멀어진다. B의 기준계에서 정지해 있는 기차에는 아무런 힘이 작용하지 않고 기차역에는 제2 법칙에 따른 힘이 작용해야 한다. 그런데 A가 관측한 기차의 가속도와 B가 관측한 기차역의 가속도가 방향은 반대인데 크기가 서로 같다. 기차와 기차역이 주고받는 힘은 일정한데, B의 기준계에서는 기차에 비해 아주 무거운 기차역이 똑같은 가속을 하고 있다. 뉴턴의 운동 제2 법칙이 관측자에 따라 다르게 적용되는 모순이 있는 것이다. 뉴턴은 '관성 기준계에서 측정했을 때'라는 전제 조건을 제1 법칙에서 설정했는데, 그렇게 한 이유는 이 모순을 해결하기 위해서였다. A는 관성 기준계의 관측자인 반면, B는 비관성 기준계의 관측자이다. ㉡비관성 기준계에서는 뉴턴의 제2 법칙의 가속도와 힘의 관계가 성립하지 않는다.

지구는 남극과 북극을 잇는 자전축을 중심으로 회전한다. 프랑스의 물리학자 레옹 푸코는 거대한 진자를 이용해 지구가 자전을 하고 지표면은 회전 기준계라는 것을 입증했다. 이에 따르면, 지표면의 각 지점에서는 회전이 일어난다. 진자의 진동면은 북극에서는 시계 방향으로, 남극에서는 시계 반대 방향으로 하루에 한 번 회전하며, 위도 30도 위에 있는 지점에서는 이틀에 한 번 회전한다. 반면에 위도 0도인 적도 위의 지점에서는 진자의 회전이 이루어지지 않는다. 지구 지표면의 기준계는 회전하고 있는 회전 기준계라고 할 수 있다. 이와 같은 회전 기준계는 회전 기준계 밖에서 정지해 있는 관측자의 입장에서 보면 원운동을 하고 있다. 원운동을 하는 물체는 매 순간마다 원의 중심을 향해 운동 방향을 바꾸는 가속 운동을 하고 있다. 이는 회전 기준계가 비관성 기준계임을 나타낸다. 회전 기준계의 관측자가 회전 기준계 내의 대상을 관측하면 그 대상은 정지해 있다. 뉴턴의 운동 법칙에 따르면 가속도는 0이고 대상에 작용하는 힘의 합력도 0이다. 그런데 이때 회전 기준계에는 대상을 중심으로 당기는 힘인 구심력이 작용하고 있다. 회전 기준계의 대상이 뉴턴의 운동 법칙을 따르려면, 회전 기준계의 합력을 0으로 만들어 주는 가상의 힘이 있어야 한다. 원운동에 필요한 구심력과 크기는 같고 방향이 반대인 힘인 원심력이 있으면 뉴턴의 제2 법칙은 유효하게 된다.

회전 기준계에서 정지해 있는 물체에 대해 관성의 법칙이 성립하려면 원심력이 있어야 한다. 그렇다면 회전 기준계에서 일정한 운동 상태를 계속해서 유지하려는 관성은 어떤 양상으로 나타날까? 시계 반대 방향으로 회전하고 있는 회전판 중심에 있는 모형 대포에서 대포알을 쏘았고 모형 대포를 떠난 대포알에는 중력 외에는 외부에서 어떤 힘도 작용하지 않는다고 하자. 회전판 위에 있는 관측자가 본 대포알의 운동은 항상 운동 방향의 오른쪽으로 치우친다. 대포알이 직진하는 동안 회전판이 그만큼 회전해서 시계 반대 방향으로 향하기 때문이다. 이와 같은 변화는 대포알에 작용하는 가상의 힘이 영향을 미친 결과이고 이 힘을 '코리올리 힘'이라고 한다. 이 힘은 비관성 기준계인 회전 기준계에만 존재하며, 관성 기준계에는 존재하지 않는다. 이 힘은 회전 운동을 하는 물체가 관성을 지니는 데 영향을 준다. 코리올리 힘은 회전판의 회전 속력과 움직이는 물체의 속력에 비례한다. 이에 따라 자전하고 있는 지구에서 먼 거리를 빠르게 움직이는 태풍에서는 코리올리 힘이 크게 나타난다.

[24901-0077]　○　△　×

5　윗글을 통해 알 수 있는 내용으로 적절하지 <u>않은</u> 것은?

① 뉴턴의 제1 법칙은 가속도가 0인 상태와 관련지어 설명하는 것이 가능하다.
② 코리올리 힘은 회전 운동을 하는 물체가 관성을 지니는 요인으로 작용한다.
③ 관성 기준계에서 관측되는 물체의 운동 양상은 뉴턴의 운동 법칙에 부합한다.
④ 원심력은 회전 기준계의 운동에 뉴턴의 운동 법칙을 적용할 수 있게 해 준다.
⑤ 적도보다 위도 30도에서 로켓을 발사하는 것이 코리올리 힘의 영향을 덜 받는다.

[24901-0078]　○　△　×

6　윗글을 바탕으로 〈보기〉에 대해 설명한 내용으로 적절하지 <u>않은</u> 것은?

〈 보기 〉

시계 방향으로 회전하고 있는 장치의 양 끝에 ㉮, ㉯가 앉아 서로에게 공을 던지고 있다. 이 장치가 멈춰 있거나 느린 속력으로 회전할 때는 공이 상대방에게 정확히 도달했으나, 이 장치의 속력이 빨라지면 공이 한 방향으로 휘어 나가기 때문에 상대방에게 도달하지 못했다. ㉰는 가만히 서서 이 상황을 관측하고 있다.

① ㉮, ㉯에게 각각 작용하는 구심력과 동일한 크기의 원심력이 ㉮, ㉯에게 각각 작용하고 있다.
② 회전 장치가 빠른 속력으로 등속 회전을 하고 있을 때 ㉮가 ㉯만을 바라본다면 이때 ㉮에게 ㉯는 정지해 있는 것으로 보인다.
③ ㉰가 회전하고 있는 ㉮, ㉯를 바라볼 때 원운동을 하고 있는 ㉮, ㉯는 매 순간마다 원 중심을 향해 운동 방향을 바꾸는 가속 운동을 하고 있다.
④ 회전 장치의 회전으로 코리올리 힘이 작용할 때 ㉮가 ㉯를 향해 공을 던지면 공이 운동하는 방향의 왼쪽으로 휘어 ㉯가 공을 잡지 못하게 된다.
⑤ 회전 속도가 변하지 않는 상태에서 ㉮가 ㉯에게 공을 던진 후 동일한 공을 ㉯가 ㉮에게 더 빠른 속력으로 운동하게 던지면 이전보다 공에 작용하는 코리올리 힘이 작아진다.

[24901-0079]　○　△　×

7　윗글을 바탕으로 ㉠의 이유를 추론할 때, 가장 적절한 것은?

① 태풍이 먼 거리를 빠른 속도로 이동할 수 있지만 지구 자전의 영향으로 그 거리가 제한을 받기 때문이겠군.
② 태풍이 회전 운동을 하는 영역에는 뉴턴의 운동 법칙이 유효한 범위와 그렇지 않은 범위가 혼재하기 때문이겠군.
③ 태풍 안팎의 기압 차로 발생하는 힘의 크기가 태풍의 진행 방향에 따라 커지기도 하고 작아지기도 하기 때문이겠군.
④ 태풍의 바람에는 외부의 힘이 가해지지 않으면 물체의 속도는 일정하다는 뉴턴의 운동 법칙이 어떤 경우에도 적용되지 않기 때문이겠군.
⑤ 태풍 안팎의 기압 차로 발생하는 힘의 작용 방향이 회전 기준계에만 존재하는 가상의 힘의 영향으로 본래의 작용 방향에서 오른쪽으로 휘어지기 때문이겠군.

[24901-0080]　○　△　×

8　㉡의 적용이 가능한 사례로 가장 적절한 것은?

① 보트의 프로펠러가 돌아 물을 뒤로 밀어내자 그 힘에 물이 반응하여 보트를 앞으로 밀어 올림으로써 보트가 물 위를 빠른 속도로 질주했다.
② 마찰이 일어나지 않는 평면 위에 있는 수박과 호두에 동일한 크기의 힘을 가해 밀자 질량이 작은 호두가 수박보다 더 많은 거리를 이동했다.
③ 야구 경기 관람을 하고 있던 서진이 쪽으로 타자가 친 야구공이 날아오는데 야구공이 서진이에게 가까워질수록 야구공이 서진이에게 점점 크게 보였다.
④ 자전거를 타고 가던 민수가 장애물을 발견하고 급하게 브레이크를 잡았는데 자전거는 바로 멈추었으나 진행하던 방향으로 민수의 몸이 쏠려 넘어질 뻔했다.
⑤ 버스를 타고 학원에 가던 수호는 건널목에 가만히 서 있는 영희를 보았다. 수호는 영희를 계속 바라보았는데, 영희는 수호로부터 일정한 가속도로 멀어져 갔다.

11_회 미니모의고사

EBS 수능특강 **Q** 미니모의고사 **국어**

○ 알고 맞힘 　/8　△ 헷갈림 　/8　✕ 모르고 틀림 　/8

[1~4] 다음 글을 읽고 물음에 답하시오.

가 이때가 대업 29년 이른 봄이었다. 임금이 각 도의 제후와 문무백관을 모아 조회할 때에 신하들에게 말하였다.

"청주후 정수정이 아직 부인을 맞지 않았고, 짐에게 한 공주가 있으니 수정을 **부마**로 삼고자 한다. 경들의 뜻은 어떠한가?"

신하들이 일시에 분부가 지당하다 아뢰었다. 이에 임금이 정수정을 불러 이 사연을 말하였다. 정수정은 꿈에도 생각지 못한 분부를 들으니 혼비백산하여 한참을 아무 말도 하지 못하다가 엎드려 아뢰었다.

"신이 미천한 몸으로 어찌 금지옥엽의 배필이 되겠습니까? 만만 불가하오니 폐하는 살피어 분부를 거두시어 신의 마음을 편하게 하시기 바랍니다."

임금이 웃으며 말하였다.

"공주를 경에게 시집보내려 함은 짐의 두터운 뜻이다. 이렇게 사양함은 짐의 뜻을 저버리는 것이니 다시 고집하지 말라."

그리고 장연을 불러 말하였다.

"짐에게 누이가 있는데 나이 열여덟 살이다. 경이 비록 취처(娶妻)하였지만 벼슬로 보면 족히 두 아내를 둘 만하니 사양하지 말라."

장연이 황공하여 사은하고 물러났다. 임금이 조회를 파하자 정수정이 장연과 함께 예부 상서 맹동현의 집에 와서 술을 먹으며 한담을 나누었다. 맹 공이 말했다.

"두 형이 공주의 배필이 되어 부귀를 누리게 되었으니 축하를 드리지 않을 수 없습니다."

정수정은 아무 말도 하지 않고 장연은 허허 웃으며 말했다.

"재상으로 다시 부마가 되는 것이 부끄러운 일이지, 어찌 축하를 받을 일입니까?"

장연이 정수정을 돌아보며 말했다.

"군후는 장차 어찌하려 하시오?"

정수정이 마지못해 대답했다.

"처자가 있는 자도 오히려 면치 못하는데, 나 같은 홀아비가 어찌 피하겠습니까?"

나 정수정이 [표]를 지어 올렸다.

'이부 상서 겸 병마도 총독 청주후 정수정은 머리를 조아려 백 번 절한 후에 표를 올립니다. 신의 나이 열한 살에 아비가 절

강의 유배지에서 죽으니 혈혈한 아녀자의 몸으로 의탁할 곳이 없어 스스로 외람된 생각을 하여 천지를 속이고 **음양**을 바꿔 입신양명하였습니다. 이는 원수 진량을 베어 아비의 원혼을 위로하기 위함이었는데 천만뜻밖에 천한 신을 공주의 배필로 삼으려 하시니 감히 끝까지 속이지 못하여 진정으로 아뢰니, 신이 임금을 속인 죄를 밝히소서. 또 아비 살아 계실 때에 장연과 **정혼(定婚)**하여 **납채**를 받았으나 신이 본적을 감추었기에 장연이 이미 원씨 여자를 아내로 삼았습니다. 신은 이제부터 규방에서 홀로 늙고자 하오니 엎드려 바라옵건대 폐하는 살피소서.'

임금이 다 읽어 보고 크게 놀랐으며 만조의 신하들도 놀라지 않는 자가 없었다. 임금이 장연을 불러 정수정의 표를 보이고 말하였다.

"경이 이전에 정수정과 언약한 적이 있느냐?"

장연이 대답하였다.

"아비 생시에 정흠과 정혼하여 빙물을 전하였으나 그사이 혼인 약속을 지키지 못하여 정수정에게 물었더니 수정이 제 누이가 죽었다고 하기에 신도 그렇게만 알고 있었고 정수정이 음양을 바꾸었는지는 전혀 몰랐습니다."

임금이 서안*을 치며 말하였다.

"이런 여자는 참으로 고금에 드물다."

그러고는 표에 비답*을 내렸다.

'경의 표를 보니 비답에 내릴 말을 생각하지 못하겠다. 부모 형제가 없는 규중의 연약한 여자로서 기특한 생각을 내어 가문을 일으키고, 원수를 갚으려 만 리 전쟁터의 화살과 돌을 무릅쓰고 큰 공을 세워 돌아왔으니, 이는 팔 척 장정이라도 못할 일이다. 한낱 여자로서 이런 일을 하여 빛나는 이름이 천하에 진동하였다. 짐이 그 재주를 사랑하여 부마로 삼으려 했는데 이제 정체가 드러나니 도리어 국가의 불행이로다. 군신은 부자와 마찬가지니 청죄할 필요가 없다. 경등의 혼사는 짐이 맡아서 추진하겠다. 모든 직임은 환수하고 청주후는 식읍을 삼아 둘 것이니 그리 알라.'

정수정이 비답을 보고 다시 표를 올려 혼사와 식읍을 굳이 사양하였으나 임금이 끝내 허락하지 않으니 정수정이 마지못해 입궐하여 사은하였다.

다 정수정이 소와 양을 잡아 삼군을 잘 먹인 후에 또한 술을 내어와 마시며 술에 취하였다. 그러다가 문득 한 생각이 떠올라 좌우 군사에게 **중군장 장연을 끌고 오라** 호령하였다. 무사가 쇠사슬로 장연을 옭아매어 장대 아래에 데리고 왔는데, 장연은 무릎을 꿇고자 하지 않았다. 정수정이 크게 화내며 말했다.

"도적이 국경을 침범하여 임금께서 근심하며 나에게 도적을 막으라 하셨다. 내가 임금의 명을 받아 밤낮으로 근심하는 차인데 그대는 어찌하여 막중한 군량미를 때에 맞추어 대령치 않았는가? 대장의 명령을 어긴 죄를 면하지 못할 것이다. 군법에는 사사로움이 없으니 그대는 나를 원망하지 말라."

무사를 명하여 장연의 목을 베라 하였다. 장연이 크게 노하여 꾸짖었다.

"내가 비록 용렬하지만 그대의 남편이다. 소소한 혐의가 있다고 하여 군법을 핑계로 남편을 곤욕하는 것이 여자의 도리인가?"

이 말을 들은 정수정이 항복을 받으려는 뜻이 더욱 강해져 짐짓 꾸짖었다.

"그대는 일이 돌아가는 형세를 모르는구나. 국가의 중심을 맡았으니 그대는 이미 내 수하에 있는데 그대가 법을 어겼다면 어찌 부부의 의리에 구애되어 군법을 어지럽히겠는가? 그대가 나를 초개같이 여기는데 나 또한 그대 같은 장부는 원하지 않노라."

하면서 무사를 재촉하였다. 이런 지경에 이르자 장연이 대답할 말이 없어 다만 고개를 숙이고 말했다.

"수만 석 군량미를 육로로 운반치 못하여 강으로 옮겼는데 순풍을 만나지 못하여 늦었을 뿐이오. 어찌 나의 죄라고 할 수 있겠소?"

장수들이 또한 사세가 그렇다고 하면서 간절히 말렸다. 정수정이 말없이 한참을 있다가 말했다.

"명령을 어긴 죄가 작지 않으나 여러 사람의 안면을 보아 용서하겠다. 그러나 그냥 넘어가지는 못할 것이다."

정수정이 무사에게 곤장을 치라 재촉하여 십여 대에 이르자 끌어내라 분부하였다.

이날 회군하여 황성으로 가다가 강서의 지경에 이르자 한복을 불러 말했다.

"여기에서 **진량**이 유배 가 있는 곳이 얼마나 되는가?"

한복이 말했다.

"수십 리 됩니다."

정수정이 분부하여 철기를 거느려 진량을 결박하여 오라 하였다. 한복이 명을 듣고 나는 듯이 가서 진량의 적소에 바로 돌입하여 내실로 들어갔다. 진량이 대경하여 시중들던 노비에게 연고를 묻는데, 한복이 칼을 들어 노비를 베고 초당에 달려들어 군사를 호령하여 진량을 결박하였다. 진량이 혼비백산하여 무슨

일인지도 모르고 다만 살려 달라 애걸하였다. 한복이 들은 척도 하지 않고 군사를 재촉하여 본진으로 들어와 정수정에게 고하였다. 정수정이 장졸을 좌우에 벌려 세우고 진량을 잡아들여 장대 아래 꿇린 후에 노기가 크게 일어나 전날 아버지를 모해하던 죄상을 문초하였다. 진량이 이때를 당하여 어찌 변명할 말이 있으리오. 다만 슬피 빌며 말했다.

"성이 지은 죄는 만 번 죽어도 아깝지 않습니다. 대원수가 생명을 아끼시는 넓으신 덕으로 잔명을 살려 주시면 은혜를 잊지 않고 보답하겠습니다."

정수정이 크게 노하여 말했다.

"너는 나와 한 하늘 아래 살 수 없는 원수이다. 어찌 살기를 바라느냐?"

무사를 명하여 빨리 베라 하니 이윽고 진량의 머리를 바쳤다. 정수정이 상탁을 배설하여 아버지를 위해서 **제사상**을 배설하고 나라에 첩서를 올려 진량을 죽여 원수를 갚은 일에 대해 죄를 청하였다. 장연은 본부의 병사를 거느려 바로 본주인 기주로 돌아가라 한 뒤 대군을 몰고 경사로 향하였다. 여러 날 만에 경성에 이르자 임금이 백관을 거느려 십 리 밖에 나와서 대원수 정수정을 맞으며 손을 잡고 노고를 위로하였다.

– 작자 미상, 「정수정전」

> ＊**서안**: 책을 얹던 책상.
> ＊**비답**: 상소에 대한 임금의 대답.

[24901-0081] ○ △ ✕

1 윗글에 대해 이해한 내용으로 적절하지 **않은** 것은?

① 신하들은 정수정을 부마로 삼으려고 하는 임금의 생각에 동의를 하고 있다.

② 임금은 장연이 취처한 것이 장연을 부마로 들이는 것에 장애가 되지 않는다고 생각하고 있다.

③ 부마 자리를 제안하는 임금의 말을 듣고 나서 정수정과 장연은 서로 다른 반응을 보이고 있다.

④ 장연은 자신이 대장의 명령을 완벽하게 수행하지는 못했다는 점을 인식하고 있다.

⑤ 정수정은 진량을 죽인 후 장연과 함께 궐로 들어와 임금으로부터 노고를 위로받고 있다.

2 (가)~(다)의 인물에 대해 이해한 내용으로 적절한 것은? [24901-0082]

① (가)에서 장연은 이미 처자가 있는 상황이라는 점을 이유로 부마가 되는 것을 부끄러워하고 있음을 알 수 있다.
② (나)에서 임금이 정수정을 부마로 삼으려 하기 전에 정수정은 전장에 나가 공을 세운 적이 있음을 알 수 있다.
③ (나)에서 장연은 아비 생시에 혼인을 약속한 인물과 정수정이 동일 인물이라는 사실을 일부러 모른 척하고 있음을 알 수 있다.
④ (다)에서 진량은 정수정의 아비를 모함했던 일을 기억하지 못하고 있음을 알 수 있다.
⑤ (다)에서 정수정은 가정 밖의 공적 관계보다 가정 내의 사적 관계를 더 중요하게 여기고 있음을 알 수 있다.

3 표에 드러난 인물의 태도에 대한 설명으로 적절한 것은? [24901-0083]

① 상대의 논리에 반박하며 자신의 정당성을 주장하고 있다.
② 자신이 고난을 겪었던 이유를 이야기하며 상대를 비판하고 있다.
③ 자신의 과거 행적에 대해 이야기하며 상대에게 간청을 하고 있다.
④ 자신의 경험을 근거로 하여, 불합리한 제안을 하는 상대방을 조롱하고 있다.
⑤ 자신의 잘못된 행위에 대해 상대방에게 용서를 구하며, 상대방의 명령을 수용하고 있다.

4 〈보기〉를 참고하여 윗글을 감상한 내용으로 적절하지 않은 것은? [24901-0084]

〈 보기 〉

「정수정전」은 수동적인 여성상에서 벗어나 자신의 능력을 마음껏 발휘하는 정수정의 모습을 그린 여성 영웅 소설이다. 여성 영웅 소설의 경우 여성 주인공이 남장(男裝)을 하고 가정 밖으로 진출하여 사회적 역할을 부여받는 경우가 많은데, 이러한 남장은 유교적 질서가 지배하는 사회에서 여성으로서 겪던 많은 제약에서 벗어나게 해 주는 기능을 한다. 또한 여성 주인공이 입신양명을 이룬 후에는 자신이 속한 사회에 남장 사실을 털어놓는데, 이를 사회적으로 용인받는 과정을 통해 더 이상 남장을 하지 않더라도 남성과 대등하거나 우월한 모습을 보일 수 있게 된다. 즉 여성 주인공이 영웅적 활약을 통해 가문의 위신을 세우거나 국가적 위기를 극복해 내는 것은 자신의 역량을 마음껏 펼치고 싶은 여성 독자층의 의지와 욕구가 작품에 반영된 것이라 할 수 있다.

① 임금이 정수정을 '부마'로 삼으려 하는 것은 정수정이 자신이 속한 사회에 남장 사실을 털어놓게 되는 계기가 되고 있어.
② 정수정이 '음양'을 바꾼 사실을 알고 나서도 임금이 정수정에게 원수의 역할을 맡긴 것은 정수정이 남장을 했던 것을 사회적으로 용인한 것으로 볼 수 있어.
③ 정수정이 부친의 생전에 장연과 '정혼'을 하고 '납채'를 받은 것은 정수정이 유교적 사회에서 여성으로서 겪던 많은 제약을 벗어나게 해 주고 있어.
④ 정수정이 군사들에게 '중군장 장연을 끌고 오라'고 지시를 내리는 것은 남장 사실이 드러난 이후에도 정수정이 남성보다 우월한 지위에 있음을 보여 주고 있어.
⑤ 정수정이 '진량'을 붙잡아 벌을 내리고 아버지의 '제사상'을 배설하는 것은 자신의 역량을 마음껏 펼치고 싶은 여성 독자층의 욕구가 반영된 장면이라 할 수 있어.

[5~8] 다음 글을 읽고 물음에 답하시오.

검은색 수성 사인펜의 잉크에는 여러 색깔을 나타내는 성분이 혼합되어 있다. 종이의 아랫부분에 사인펜으로 점을 찍고 종이 끝을 물에 담가 놓으면 물이 종이의 틈을 타고 올라간다. 물에 녹을 수 있는 각 색깔의 성분은 물과 함께 끌려 올라가며, 올라가는 정도를 나타내는 점으로부터의 길이는 각 성분마다 다르다. 그것이 각 성분별로 분리되는 이유이기도 하다. 이처럼 물과 같은 운반체를 사용해서 혼합물을 각각의 성분으로 분리하는 방법을 '크로마토그래피(chromatography)'라고 한다. 크로마토그래피는 혼합물을 분리하는 분석 방법으로, 20세기 초에 클로로필과 크산토필 같은 식물성 염료를 분리하기 위해 발명되었다. '크로마토'는 라틴어로 '색'을, '그래피'는 '기록'을 의미한다.

크로마토그래피에서 각 성분이 분리되는 원리는 혼합물의 성분들이 정지상에 머무는 정도가 성분별로 다르다는 것에 있다. 위의 수성 사인펜의 예에서 물은 이동상이며 종이는 정지상이다. 이동상에 녹아 있는 분석하려는 혼합물은 이동상과 함께 움직이며 정지상을 통과한다. 이때 정지상에 오래 머무는 화학종은 찍은 점에서 가까운 곳에, 잘 머물지 않는 화학종은 정지상을 빨리 통과하므로 찍은 점에서 먼 곳에 위치하게 된다. 크로마토그래피의 종류는 기본적으로 이동상의 물리적 상태에 따라 다른 이름이 정해진다. 이동상이 액체인 것은 액체 크로마토그래피, 이동상이 기체인 것은 기체 크로마토그래피(gas chromatography)라 한다. 기체 크로마토그래피(GC) 장치는 이동상 기체와 시료 주입구, 분리관, 검출기, 데이터 처리 장치를 비롯한 여러 부품으로 이루어져 있다. 기체 상태의 시료가 헬륨이나 질소와 같은 이동상인 운반 기체에 섞여서 분리관을 통과한다. 이동상으로 사용되는 운반 기체는 분석하려는 시료와 상호 작용을 하지 않아야 하며 분석물을 이동시키는 역할만을 한다.

정지상은 분리관 내부에 놓여 있다. 정지상으로는 휘발성이 낮고 열적으로 안정하고 화학적으로 비활성 고체가 주로 사용되는데 흔히 폴리실록세인에 유기 작용기를 결합한 고체 화합물들이 주로 사용된다. 이동상 기체에 의해서 분리관을 지나는 시료의 성분들은 정지상에 흡착이나 용해에 의해 정지상과 이동상 사이에서 화학 평형이 이루어지도록 천천히 흐르게 한다. 이때 시료의 각 성분들은 이동상과 정지상에서 평형 농도의 값이 다르다. 이렇게 각 성분이 이동상과 정지상에 다른 농도로 용해 혹은 흡착되는 현상을 분배(partition)라고 하고, 특정 성분의 정지상에서의 농도를 이동상에서의 농도로 나눈 값을 분배 계수라 한다. 분배 계수가 클수록 분석하는 시료 성분의 이동 속도가 줄어들어 머무름 시간이 증가한다. 따라서 정지상에서 전혀 머물지 않는 성분의 분배 계수는 0이 된다.

GC의 분리관을 통과해서 나온 기체는 검출기로 들어간다. 대표적인 검출기는 FID(flame ionization detector)와 TCD(thermal conductivity detector)가 있다. FID는 불꽃 이온화 검출기로, 기체의 전기 전도도가 기체에 있는 전하를 띤 입자의 농도에 직접 비례한다는 원리를 이용한 것이다. 검출기 내에서 유기물 시료는 수소와 공기 불꽃에서 전하를 띤 이온을 생성하므로, 연소될 때 성분의 농도에 비례하여 전하를 띤 CHO^+ 이온이 발생하며 이때 이온 전류량을 측정한다. FID는 탄화수소계 물질의 검출에 주로 쓰인다. 탄화수소계 물질이란 탄소(C)와 수소(H) 두 가지의 원소를 모두 포함하고 있는 물질을 말한다. 따라서 ㉠H_2O(수증기), CO_2(이산화 탄소), SO_2(이산화 황), N_2(질소)와 같은 탄화수소계가 아닌 화학 물질은 CHO^+ 이온이 아닌 다른 이온이 발생하여 검출이 불가능하다. 한편 TCD도 검출기로 많이 사용된다. 이때는 TCD를 통과하는 운반 기체의 열전도도와 운반 기체와 분리된 성분의 기체의 열전도도 차이로 분석물의 존재와 그 양을 측정할 수 있다. TCD의 장점은 FID와 달리

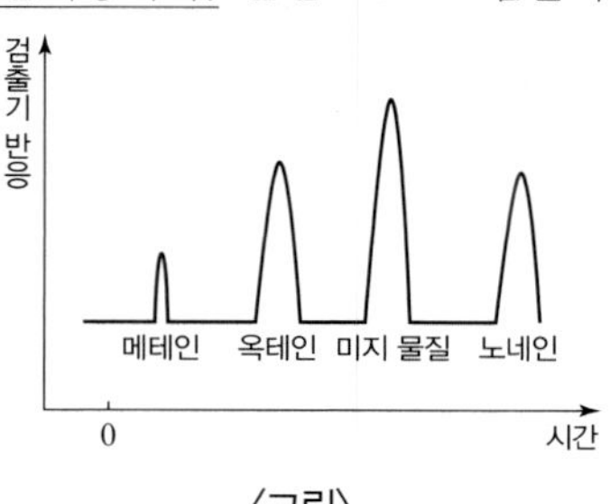

시료를 파괴하지 않는다는 것이다. 검출기에서 출력된 신호를 처리한 자료를 그래프로 나타내면 〈그림〉과 같다. GC의 검출기의 신호를 머무름 시간의 함수로 나타낸 그래프를 크로마토그램이라 한다.

크로마토그램에서 봉우리의 면적은 검출기를 통과한 각 성분의 농도에 정비례하여 커진다. 그러나 머무름 시간은 시료에 포함된 화학종과 분리관의 온도에 따라 달라지며 각 성분의 농도와는 무관하다. 머무름 시간은 정지상과 이동상의 분배에 따른 화학 평형에 의존하므로 분리관의 온도 등 다양한 변수의 영향을 받는다. 따라서 온도를 고정한 후 농도를 이미 알고 있는 표준 시료로 머무름 시간을 측정하고, 표준 시료의 농도에 따른 봉우리의 크기를 측정한다. 그 후, 같은 실험 조건에서 시료를 GC로 분석하면 시료에 있는 성분의 종류와 농도를 알 수 있다.

11회 미니모의고사

[24901-0085] 〇 △ ✕

5 윗글에 대한 설명으로 가장 적절한 것은?

① 크로마토그래피의 유래를 소개하고 기체 크로마토그래피의 시기에 따른 발전 과정을 서술하고 있다.
② 염료 분석을 위한 최초의 크로마토그래피의 한계를 보여 주고 이의 개선 과정을 이론적으로 보여 주고 있다.
③ 크로마토그래피의 개념을 설명한 후 기체 크로마토그래피의 분석 과정을 중요 부품에 기반하여 설명하고 있다.
④ 크로마토그래피와 이와 다른 분석 방법의 원리적 차이를 설명하고 각각의 공통점과 차이점을 비교하며 분석하고 있다.
⑤ 액체 크로마토그래피의 원리를 설명한 후 이의 약점을 보완하기 위해 개발된 기체 크로마토그래피의 장점을 부각하고 있다.

[24901-0086] 〇 △ ✕

6 윗글의 내용과 일치하지 <u>않는</u> 것은?

① 기체 크로마토그래피의 정지상은 고체가 주로 쓰인다.
② 기체 크로마토그래피에서 정지상은 분리관 내에 위치한다.
③ 크로마토그래피는 식물성 염료를 분리하기 위하여 발명되었다.
④ 크로마토그램은 머무름 시간과 검출기의 신호를 나타내는 그래프이다.
⑤ 어떤 성분이 이동상과 정지상에 같은 농도로 용해되는 현상이 분배이다.

[24901-0087] 〇 △ ✕

7 ㉠에 대해 이해한 내용으로 가장 적절한 것은?

① 탄화수소계가 아닌 화학 물질은 분배 계수가 0에 가까운 값을 갖는다.
② 탄화수소계가 아닌 화학 물질은 분리관에서 분배가 일어나지 않는다.
③ 탄화수소계가 아닌 화학 물질은 시료가 파괴되어 전류량이 너무 크게 나타난다.
④ 탄화수소계가 아닌 화학 물질은 원리적으로 기체 크로마토그래피로 분석할 수 있는 대상이 아니다.
⑤ 탄화수소계가 아닌 화학 물질은 연소 반응에 의해 발생한 이온을 FID가 감지하는 것이 불가능하다.

[24901-0088] 〇 △ ✕

8 윗글을 참고할 때, 〈보기〉에 대한 반응으로 가장 적절한 것은?

〈 보기 〉

이산화 탄소와 질소의 혼합물을 통과시켜 두 물질을 분리하기 위한 장치가 있다. 이 장치의 성능을 알아보기 위해 기체 크로마토그래프를 이용하였다. 다양한 농도의 이산화 탄소와 질소에 대해서 각각의 기체 크로마토그램의 봉우리의 면적과의 관계를 미리 알아보았다. 봉우리 면적 $1mm^2$에서 이산화 탄소의 농도는 5%였으며 봉우리 면적 $3mm^2$에서 질소의 농도는 4%였다. 한편 머무름 시간은 이산화 탄소가 질소의 2배였다. 장치를 통해 이산화 탄소와 질소의 혼합물을 통과시킨 후 GC 분석을 하였더니 두 개의 봉우리를 확인할 수 있었으며 장치를 통과한 기체의 이산화 탄소의 봉우리 면적과 질소의 봉우리 면적은 각각 $10mm^2$와 $15mm^2$였다.

① 기체 크로마토그래피에 쓰인 검출기는 FID였겠군.
② 크로마토그램에서 더 짧은 시간에 검출된 봉우리가 이산화 탄소에 해당하는 봉우리겠군.
③ 장치를 통해 나온 기체는 질소의 농도가 이산화 탄소의 농도보다 낮은 것이겠군.
④ 이산화 탄소와 질소의 농도가 같았다면 머무름 시간은 두 경우가 서로 같겠군.
⑤ 분리관의 온도가 변화하여도 이산화 탄소와 질소의 머무름 시간은 변화하지 않겠군.

12_회 미니모의고사

EBS 수능특강 Q 미니모의고사 **국어**

○ 알고 맞힘 ___/8 △ 헷갈림 ___/8 ✕ 모르고 틀림 ___/8

[1~4] 다음 글을 읽고 물음에 답하시오.

[앞부분 줄거리] 평양 김 진사의 딸 채봉은 아버지가 서울로 간 사이 이웃의 선비 장필성과 우연히 만나 혼약을 맺는다. 서울에서 김 진사는 허 판서에게 돈과 딸을 주기로 하고 관직을 얻지만, 채봉은 아버지의 뜻에 따르지 않고 도망한다. 한편 김 진사는 돈을 준비해 가던 길에 화적의 습격을 받아 재산을 모두 잃고 만다. 채봉은 아버지를 위해 몸값을 받고 기생 송이로 살아가다가, 이 감사의 눈에 띄어 관아로 일하러 오게 된다.

아득한 정신은 기러기 소리를 따라 멀어지고 몸을 책상머리에 엎드렸는데 깜빡 잠이 든다. 주사야몽 꿈이 되었는지, 꿈속에서 송이는 장주의 나비같이 두 날개를 펼치고 바람을 따라 하늘에 떠다니며 사면을 살핀다.

[A]

오매불망하던 장필성이 적막공방에서 혼자 전날의 답장 글을 꺼내 놓고 보며 **울고 또 울며** 보고 전전반측(輾轉反側) 누워 있기에, 달려 들어가 마주 붙들고 운다. 꿈 가운데 우는 소리가 잠꼬대가 되어 아주 내처 울음이 된다.

사람이 늙으면 누구나 잠이 없는 법이다. 이때 이 감사는 나이가 팔십여 세일 뿐 아니라, 일도(一道) 방백(方伯)*이 되어 **밤이나 낮이나** 어떻게 하면 백성의 원망이 없을까, 어떻게 하면 국은(國恩)에 보답할까 하며 **잠을 이루지 못하고 있**다. 그런데 갑자기 송이가 있는 방 쪽에서 **흐느껴 우는 소리**가 들려와 깜짝 놀란다.

속으로 짐작하되,

'지금 송이의 나이가 십팔 세라. **분명 무슨 사정이 있어 저러나 보다.**'

하고, 가만히 나와 본다.

송이가 남창을 열고 책상머리에 누웠는데 불을 켜 놓고 책상 위에 무엇을 써서 펼쳐 놓았다. 이상한 생각이 들어 가만히 들어가 주지(周紙)를 펼치고 보니, 「추풍감별곡」이라.

이 감사는 그 글을 대강 보고는 손으로 송이를 흔들어 깨운다. 송이가 깜짝 놀라 눈을 떠 보니 이 감사. 대경실색(大驚失色)해 일어선다.

이 감사가 종이를 말아 들고,

"송이야, 놀라지 마라. 비록 상하지분(上下之分) 있으나 내가 너를 친딸이나 다름없이 귀히 여기고 있으니, 무슨 사정이 있거든 내게 말하면 좋겠구나. 오늘 심중에 미한(微恨)*한 일을 다 말하여라. 이 자식아, 나는 너를 딸같이 생각하는데 너는

나를 아비같이 생각지 않고 이 같은 원한을 가지고도 말을 안 하고 있단 말이냐."

㉠송이는 당황해 어찌할 줄을 모르다가 겨우 입을 연다.

"소녀의 죄가 만사무석(萬死無惜)*입니다."

이 감사가 허허 웃으며,

"내가 너의 소회를 듣고자 하니, 마음에 있는 대로 다 말하여라."

송이가 한출첨배(汗出沾背)*하고 몸이 떨려 말을 못 하고 서 있으니 감사가 또 말을 재촉한다.

"이처럼 물어보시니 어찌 감히 기망하겠습니까?"

하고, 눈물을 닦고 두 손을 모아 단정히 선다. 그리고 당초에 후원에서 장필성과 글을 화답하던 일과, 그 모친이 장 씨를 불러 혼인을 약속한 일, 김 진사가 서울로 올라가서 벼슬을 구하다가 허 판서와 관계가 된 일이며, 허 판서가 저를 별실로 달라는 것을 김 진사는 허락하였으나 저는 장 씨와의 약속을 지키느라고 만리교에서 도망한 일, 그 후 모친이 찾아 내려와서 몸을 팔아 돈을 주어 올려 보내고, 기생이 된 후에도 장 씨를 잊지 않고 글을 써 해답할 사람을 구해 장 씨를 다시 만나 몸을 허락한 일 등을 다 말한다.

"대감의 하늘 같은 은혜는 결초보은해도 잊지 못하겠나이다."

하며 엎드려 운다.

감사가 송이의 등을 어루만지며,

"송이야, 송이야, 울지 마라. 네 사정이 그런 줄 알지 못했구나. 그러나 오늘에야 알게 되었으니 어찌 네 소원을 못 풀어 주겠느냐. 이제 보니 장필성도 사정이 있어 이방(吏房)으로 들어온 것이로구나. 내일은 장필성을 불러 네가 볼 수 있게 해 주겠다."

눈물이라 하는 것은 인정(人情)의 지극한 이슬이라. ㉡그러므로 억울하고 그리워도 눈물이 나고 좋고 반가워도 눈물이 나는 법이다. 송이는 이 감사의 말을 들으며 다시 눈물이 떨어짐을 깨닫지 못한다. 그러다가 부모 생각이 새로 나서 다시 감사에게 말을 한다.

"이렇게 보살펴 주시니 하정(下情)이 망극합니다. 그런데 소녀의 부모가 소녀로 인하여 곤경에 처했으나, 아직 소식을 모르오니 이 또한 원한입니다."

감사가 이 말을 듣고 송이를 더욱 기특하게 여기며,

"허허, 부모를 생각하는 마음이 더욱 가상하구나. 효열지심(孝烈之心), 이른바 천심(天心)에서 나오는 말이로다. 오냐, 그것

도 급히 주선해 알게 할 터이니 염려 말거라.”
하고, 안방으로 건너와 혼자 누워 ㉢송이가 주지에 쓴 「추풍감별곡」을 여러 번 보며 칭찬을 그치지 않는다.

이튿날 조조(早朝)에 이 감사가 장필성을 부르니, 필성이 속으로 생각하되,

‘사또께서 이처럼 일찍 부르시는 일이 없었는데 무슨 일로 이같이 부르시나?’
하고 이 감사께 문안한다.

이 감사가 반가운 얼굴로,

“별당으로 들어오라.”
하니, 필성이 더욱 이상하게 여기고 따라 들어간다.

감사가 방으로 불러들여 앉히고 송이를 부르니, 송이가 별당으로 들어온다. 필성과 서로 만나자 소스라치게 놀라고는 말없이 마주 앉으니, 이른바 양인심사양인지(兩人心事兩人知)＊라. ㉣감사의 앞이라 감히 말을 못 하니 그 곤란한 지경이 어떠할까.

이 감사가 껄껄 웃고 필성을 보며,

“필성아, 네가 송이를 보기 위해 이방의 천역(賤役)을 자원하고 들어온 지가 예닐곱 달이 되어도 못 보다가 오늘에야 서로 만나 보니 어떠하냐?”
㉤필성이 더욱 놀라 어찌할 줄을 모르다가 일어서 절을 한다.

– 작자 미상, 「채봉감별곡(彩鳳感別曲)」

＊**방백**: 조선 시대에 둔, 각 도의 으뜸 벼슬.
＊**미한**: 조금 한스러움.
＊**만사무석**: 만 번 죽어도 아까울 것이 없음.
＊**한출첨배**: 몹시 부끄럽거나 무서워서 흐르는 땀이 등을 적심.
＊**양인심사양인지**: ‘두 사람 마음은 두 사람만 안다’는 뜻으로, 옛 시 구절을 인용한 것임.

[24901-0089]　○　△　×

1 [A]를 이해한 것으로 적절하지 <u>않은</u> 것은?

① 필성이 ‘울고 또 울며’ 잠을 설치는 것을 송이가 꿈에서 보는 것을 통해 필성을 생각하는 마음을 알 수 있다.
② ‘밤이나 낮이나’ 백성과 나라를 생각하는 이 감사를 통해 훌륭한 관리로서의 면모를 알 수 있다.
③ 이 감사는 ‘잠을 이루지 못하고 있’다가 우연히 송이의 지난 사정에 대해 알게 된다.
④ 송이가 꿈을 꾸며 울다가 ‘흐느껴 우는 소리’를 낸 것은 관아로 들어온 자신의 목적을 이루는 계기가 된다.
⑤ 이 감사는 울음소리를 예사로 넘기지 않고 ‘분명 무슨 사정이 있’을 것이라고 생각했기에 송이의 글을 발견하게 된다.

[24901-0090]　○　△　×

2 ㉠~㉤에 대한 설명으로 적절한 것은?

① ㉠: 인물의 심리에 대해 서술자가 설명하며 인물에 대한 평가를 내리고 있다.
② ㉡: 인물에 대한 서술자의 동정과 격려를 표현하여 독자들의 감상을 유도하고 있다.
③ ㉢: 등장인물의 행동을 묘사하여 인물에 대한 서술자의 평가를 드러내고 있다.
④ ㉣: 독자들이 인물의 심리를 이해하고 공감하도록 유도하는 질문을 던지고 있다.
⑤ ㉤: 인물이 특정 행동을 한 이유가 되는 인물의 속마음을 연결하여 이해를 돕고 있다.

[24901-0091]　○　△　×

3 〈보기〉를 참고하여 윗글을 감상한 내용으로 적절하지 <u>않은</u> 것은?

〈 보기 〉
　「채봉감별곡」은 억울하게 가족과 임을 잃은 여인이 억울함을 풀게 되는 이야기로, 일종의 신원(伸寃) 모티프 소설이라고 볼 수 있다. 신원 모티프 소설은 억울한 죽음을 당한 여인이 자신의 억울함을 풀고자 고을 수령에게 도움을 청하고, 결국 고을 수령이 사건을 해결하여 원한을 풀어 주는 내용을 포함한 소설이다. 신원 모티프 소설의 한 부류는 사건에서 해결사 역할을 하는 고을 수령의 능력을 강조하는 유형이고, 또 한 가지 부류는 피해자 여인의 사연을 드러내는 것을 통해 사회의 부조리를 강조하는 유형이다. 보통은 무력하게 죽임을 당한 여인이 귀신이 되어 수령을 찾아가 도움을 청하는 구조였으나, 후대로 오면서 점차 주인공 여인이 죽지 않고 사건 해결의 일부분을 담당하는 이야기로 발전하는 양상을 띠게 되었다.

① 채봉과 채봉 가족의 사연을 통해 관직을 매매하는 당시 사회의 부조리를 알 수 있군.
② 기생이 된 채봉이 이 감사를 통해 처지를 벗어나게 된 것은 사건 해결 과정의 일부라 볼 수 있군.
③ 이 감사가 채봉의 훌륭한 인품을 알아보는 비범한 능력을 발휘한 것에서 해결사적 면모를 알 수 있군.
④ 이 감사가 채봉을 관아로 데려오는 내용은 여인이 수령을 찾아가는 전형적인 신원 모티프 소설과 차이가 있군.
⑤ 채봉이 가족을 위해 희생을 하며 사건 해결의 역할을 하고 있으니 신원 모티프 소설의 발전된 형태로 볼 수 있군.

[24901-0092] ○ △ ✕

4 〈보기〉는 윗글에 언급된 「추풍감별곡」의 일부이다. 윗글의 내용과 관련하여 시구를 이해한 것으로 적절하지 <u>않은</u> 것은?

〈 보기 〉

어젯밤 바람 소리는 가을 분위기 뚜렷하다.
외로운 잠자리에서 임 그리던 꿈을 깨어
대살로 만든 창문을 반만 열고 가만히 앉아 있으니
크나큰 허공에 여름 구름은 흩어지고
천년이나 된 강산에 찬 기운이 새로워라.
(중략)
지루한 이별 생각할수록 끝이 없네.
인연이 없어 못 보는지 정이 있어 그리워하는지
인연이 없었으면 정이 있은들 어쩌며
정이 없었으면 그리워한들 어떻겠는가.
연분도 없지 않고 정도 있건마는
같은 성안 남북촌에 있으면서 어이 그리 못 보는고.
(중략)
임과 이별하던 날에 나는 어찌 못 죽었나.
대천 바다 깊은 물에 풍덩 빠지련만
지금까지 산 것은 부모와 정든 임 만날지 모름이라.
하늘이 미워하고 조물주도 시기하는구나.
소리가 귀에 쟁쟁해 생각지 말자 해도 생각나고
태도가 눈에 아른거려 잊자 해도 잊기 어렵구나.
상사의 중한 병을 어찌하면 고쳐 낼꼬.

① '외로운 잠자리에서 임 그리던 꿈'은 늦은 밤까지 임을 그리워하며 눈물 흘리는 처지를 표현한 것이로군.
② '같은 성안 남북촌에 있으면서'는 이방으로 들어와 있는 장필성과 가까운 곳에 있으면서도 만나지 못하는 처지를 형상화한 것이로군.
③ '지금까지 산 것은 부모와 정든 임 만날지 모름이라.'는 가족과 임을 다시 만나고픈 마음을 나타낸 것이로군.
④ '하늘이 미워하고 조물주도 시기하는구나.'는 자신과 가족에게 닥친 위기 상황을 운명 때문이라 여기고 있는 것을 보여 주는군.
⑤ '상사의 중한 병'은 허 판서의 별실 자리와 장필성의 아내 사이에서 갈등하는 마음을 나타낸 것이로군.

[5~8] 다음 글을 읽고 물음에 답하시오.

전류가 흐른다는 것은 전하가 이동한다는 것을 의미한다. 전하는 전기적 성질의 근원이 되는 물리량으로, 원자핵의 양성자는 양(+)의 전하를, 원자핵 주변의 전자는 음(−)의 전하를 갖고 있다. 고체의 경우 좁은 영역 안에 존재하는 수많은 원자들의 상호 작용에 의해 전자가 가질 수 있는 에너지가 거의 연속적으로 분포하는 영역이 생기게 되는데, 이러한 에너지 영역을 에너지띠라고 한다. 에너지띠는 원자가띠와 전도띠로 구분할 수 있는데, 원자가띠에 있는 전자는 에너지를 흡수하면 에너지 상태가 더 높은 전도띠로 이동하여 자유 전자가 된다. 자유 전자는 특정한 원자핵에 붙들려 있지 않아 원자핵 사이를 자유롭게 돌아다닐 수 있다. 이때 원자가띠에서 전자들이 빠져나간 자리에 양전하를 띤 정공이라는 구멍이 생기게 된다. 정공 자체는 입자는 아니지만 주변 전자들의 위치가 바뀌면 정공도 이리저리 위치가 바뀌게 된다. 따라서 정공 또한 자유 전자와 마찬가지로 전하를 운반하며 전류를 흐르게 할 수 있다.

금속 같은 도체는 원자가띠와 전도띠가 겹쳐 있어 약간의 에너지만 흡수해도 원자가띠의 전자들이 쉽게 전도띠로 올라가 자유 전자가 될 수 있다. 따라서 도체에 전압을 걸어 주면 전자들이 한 방향으로 움직이면서 전류가 흐르게 된다. 부도체는 원자가띠와 전도띠 사이의 간격, 즉 띠 간격이 비교적 커서 원자가띠의 전자들이 전도띠로 쉽게 올라갈 수 없으므로 전류가 거의 흐르지 않는다. 한편 띠 간격이 작은 반도체의 경우, 원자핵 주변의 전자들이 원자가띠를 가득 채우고 있어 전류가 흐르지 못하지만, 어떤 조작을 통하여 전도띠에 전자가 존재하도록 하거나 원자가띠의 전자를 일부 부족하게 하면 전류가 흐를 수 있다.

순도가 높은 반도체인 진성 반도체에 소량의 불순물을 첨가한 반도체를 외인성 반도체라고 한다. 외인성 반도체는 첨가된 불순물의 종류에 따라 n형 반도체와 p형 반도체로 구분된다. n형 반도체의 경우 일부 전자가 전도띠에 존재하기 때문에 음전하를 띤 자유 전자가 전하를 옮길 수 있게 되는데, 이렇게 반도체에 전자를 추가 공급하는 불순물을 공여체라고 한다. 반면 p형 반도체에 첨가되는 불순물을 수용체라고 한다. 진성 반도체에 수용체를 첨가하면 원자가띠의 전자가 일부 부족하게 된다. 그 결과 p형 반도체의 원자가띠에는 정공이 생기게 되어 양전하를 옮길 수 있게 된다.

트랜지스터는 3개의 반도체가 접합된 전자 부품으로, 반도체의 접합 순서에 따라 n형−p형−n형 순서로 접합된 npn형 트랜지스터와 p형−n형−p형 순서로 접합된 pnp형 트랜지스터로 나뉜다. npn형 트랜지스터의 경우 가운데 p형 반도체는 양쪽에 접합된 n형 반도체에 비해 폭이 좁다. 그리고 트랜지스터의 세 전극은 각각 2개의 n형과 1개의 p형 반도체에 접속되어 있다. 이때 가운데 p형 반도체를 베이스(B), 양쪽의 n형 반도체를 각각 이미터(E), 콜렉터(C)라고 한다.

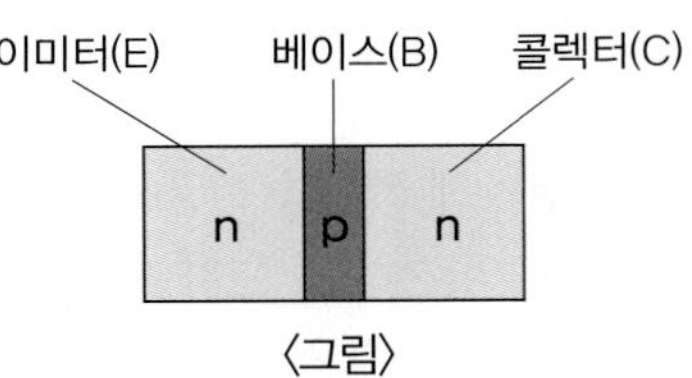

[A] 　〈그림〉은 npn형 트랜지스터를 나타낸 것이다. npn형 트랜지스터를 동작시키기 위해 먼저 B와 C 사이에 역방향의 전압, 즉 역전압을 걸어 준다. 역전압이란 전류가 거의 흐르지 않도록 가해진 전압을 말하는데, C에 양극, B에 음극을 연결하면 C의 전자들은 양극으로 몰리고, B의 정공들은 음극으로 몰려 B-C 사이에 전류가 거의 흐르지 않는다. 이 상황에서 B에 양극, E에 음극을 연결하여 B-E 사이에 작은 크기의 순방향 전압을 걸어 준다. 이렇게 순전압이 걸리면 E의 전자들은 B에 접속된 양극으로 움직이고, B의 정공들은 E에 접속된 음극으로 움직여서 전류가 흐른다. 그런데 B의 폭이 좁기 때문에 E에서 B로 움직이던 전자들은 손쉽게 B를 지나 C로 건너간다. B-C 사이에는 이미 역전압이 걸려 있기 때문이다. 따라서 E-C 사이에 전자가 이동하게 되어 전자의 이동 방향과 반대 방향인 C에서 E로 전류가 흐르게 된다. 또한 E와 B 사이에 적은 양의 전자가 이동하더라도 E의 많은 전자가 B를 건너 C로 지나가게 되고, 이로 인해 B-E 사이의 전류보다 더 많은 양의 전류가 C-E 사이에 흐르게 된다. 이때 ㉠B-E 사이에 흐르는 약한 전류로 C-E 사이에 흐르는 전류의 양을 조절할 수 있는데, 이것이 트랜지스터의 증폭 효과이다.

[24901-0093]　○ △ ✕

5　윗글을 통해 해결할 수 없는 질문은?

① 물체 안에 존재하는 자유 전자가 전하를 옮길 수 있는 이유는 무엇인가?

② 진성 반도체에 불순물이 첨가되면 전류가 흐를 수 있는 이유는 무엇인가?

③ 도체에는 전류가 흐를 수 있는 반면 부도체에는 전류가 거의 흐를 수 없는 이유는 무엇인가?

④ 물질의 띠 간격이 클수록 이를 활용한 트랜지스터의 증폭 효과가 크게 나타나는 이유는 무엇인가?

⑤ npn형 트랜지스터에서 가운데 p형 반도체의 폭을 양쪽에 접합되는 n형 반도체보다 좁게 만드는 이유는 무엇인가?

[24901-0094]　○ △ ✕

6　외인성 반도체에 대한 설명으로 적절하지 않은 것은?

① 첨가되는 수용체의 양이 늘어나게 되면 반도체 내에 정공도 늘어나게 된다.

② 첨가된 불순물이 공여체인지 수용체인지에 따라 각각 n형 반도체와 p형 반도체로 구분된다.

③ 원자가띠에 속박된 전자가 일부 부족하게 된 상태에서 전압을 걸어 주면 전자가 빠진 자리가 전하를 운반하여 전류가 흐를 수 있다.

④ 공여체로 인해 반도체의 전도띠에 자유 전자가 존재하게 되는 경우 자유 전자의 이동에 따라 그 반대 방향으로 전류가 흐를 수 있다.

⑤ n형 반도체와 p형 반도체를 접합시킨 경우 전압의 방향에 따라 전류는 n형 반도체에서 p형 반도체로 그리고 반대 방향으로도 흐를 수 있다.

[24901-0095] ○ △ ✕

7 [A]를 바탕으로 〈보기〉의 회로를 이해한 내용으로 적절하지 <u>않은</u> 것은?

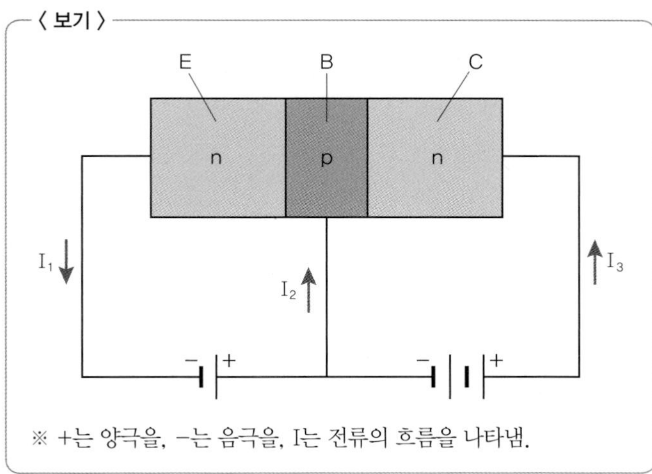

① 순전압에 의해 E에서 B로 이동한 전자가 역전압에 의해 C로 이동한다.

② B의 정공이 E 쪽으로, E의 전자가 B 쪽으로 이동하면 I_2가 흐르게 된다.

③ I_2가 흐르지 않으면 I_3도 흐르지 않는다.

④ I_1의 크기는 I_2와 I_3의 크기를 합한 것과 같다.

⑤ I_2가 커지면 이에 대응해 I_3이 작아진다.

[24901-0096] ○ △ ✕

8 ㉠의 이유로 가장 적절한 것은?

① B에 쌓인 자유 전자가 C로 넘어가 더 많은 전하의 이동이 발생하기 때문이다.

② E에서 B로 자유 전자들이 이동함에 따라 B의 정공들이 C로 이동하게 되기 때문이다.

③ E에 음극이 연결되어 n형 반도체의 자유 전자들이 E 쪽으로 이동하면서 B의 정공들을 유도하기 때문이다.

④ B와 C 사이에 걸린 역전압이 E와 B 사이에 걸린 순전압에 의해 증폭되어 B와 C 사이에 더욱 강한 역전압을 발생시키기 때문이다.

⑤ B와 C 사이에 걸린 역전압이 E와 B 사이에 걸린 순전압보다 높아서 순전압에 의한 전류의 흐름이 역전압에 의한 전류의 흐름으로 전환되기 때문이다.

13회 미니모의고사

EBS 수능특강 Q 미니모의고사 **국어**

○ 알고 맞힘 ___ /8   △ 헷갈림 ___ /8   ✕ 모르고 틀림 ___ /8

[1~4] 다음 글을 읽고 물음에 답하시오.

1637년 1월 18일

18일에 홍서봉, 최명길, 윤휘에게 국서를 주어 적진에 보내니 용골대 "마부대가 다른 데에 나갔으니 받지 못하노라." 하고 또 이르기를, "내일이나 모레 두 날 중에 싸우리라." 했다. 이때 국서의 내용 은 이와 같았다.

[A]

조선 국왕 모(某)는 대청국 관온 인성 황제께 글을 올립니다. 엎드려 명지(明旨)를 받으니 간절히 책망하신 것은 지극하게 가르쳐 주신 것으로서 추상(秋霜)같은 엄한 말 가운데 따뜻한 봄기운의 뜻을 담으셨으니 엎드려 읽음에 황송하고 감사하여 몸 둘 곳이 없습니다.

대국의 위엄과 덕이 멀리까지 더하고 모든 제후의 나라가 사례해야 마땅하고 천명과 인심이 돌아갔으니 크나큰 명(命)을 새롭게 가다듬을 때입니다. 소방*이 10년 형제로서 도리어 죄한 것이 많으니 미치지 못할 뉘우침이 있습니다. 이제 원하는 것은 다만 마음을 고치고 생각을 바꾸어 옛 버릇을 한결같이 씻어 버리고 온 나라가 명을 받들어 여러 제후국과 대등하게 되는 것뿐입니다. 진실로 위태로운 심정을 굽어 살피시어 극진히 구완하시고 스스로 새롭게 되기를 허락해 주신다면 문서(文書)와 예절(禮節)은 당연히 행해야 할 의식(儀式)이 있으니, 강구하고 정해서 시행하는 것이 오늘에 있다고 하겠습니다.

성에서 나오라고 하는 명은 진실로 어진 뜻이지만 포위된 것이 풀리지 않았고 황제의 노여움이 크니 이곳에 있어도 죽고 성에서 나와도 또한 죽을 것입니다. 이러므로 용기(龍旗)*를 우러러보며 죽음의 갈림길에서 결단하자니 그 심정이 또한 서럽습니다.

소방이 진정으로 바라는 바가 이러하니 이것이 경계함이요, 명(命)에 따르는 것입니다. 황제께서 바야흐로 만물을 살리는 천지의 마음을 갖고 계신다면 소방이 어찌 온전히 살려 주고 관대하게 길러 주는 대상에 포함되지 못할 수가 있겠습니까?

황제의 덕이 천지 같으니 감히 실정을 드러내 말하고 공손히 은혜를 기다립니다.

이는 이조 판서 최명길이 지은 것이다.

예조 판서 김청음(김상헌)이 비국(비변사)에 들어가 이 편지를 보고 손으로 찢고 실성통곡하니 곡성이 대궐 안에 사무쳤다.

이로 인하여 김 공이 최명길에게 이렇게 일렀다.

"대감이 차마 어찌 이런 일을 하시오?"

그러자 명길이 가만히 웃으며 말하였다.

"대감이 편지를 찢었으니 우리는 당당히 죽으리라."

그러고는 종이를 낱낱이 주워 모아 붙였다.

병조 판서 이성구가 크게 화를 내며 일렀다.

"대감이 전부터 척화하여 나랏일이 이에 이르렀으니 대감이 마땅히 적진에 갔으면 하오."

김청음이 대답하였다.

"내가 죽고자 했으나 자결하지 못했더니 만일 적진에 보내어져 죽을 곳을 얻으면 이는 그대의 은혜로다."

김청음은 말을 마치고 하처*로 나가서 사람을 만나면 통곡하기를 그치지 않고 이날부터 밥을 먹지 않고 스스로 죽기를 기약하였다.

1637년 1월 19일

19일에 최명길과 윤휘가 적진에 가서 국서를 전했으나 끝내 답서를 내어 주지 않았다. 그래서 우상* 이하(以下)가 그냥 돌아오니 참판 한여직이 일렀다.

"국서에 한 글자를 쓰지 않았으니 내 이미 답서를 주지 않을 줄 알았노라. 한 글자는 실로 클 '거(巨)' 자라. 이제 김 공이 하처로 나갔으니 이때를 타서 그 글자를 급히 써야 할 것이오."

그러자 명길이 "그 말이 옳다." 하고는 '신(臣)' 자 쓰기를 정하였다. (하략)

1637년 1월 21일

21일 동틀 무렵에 우상 이하가 적진에 가서 국서를 전하고 저녁에 다시 나아가 답서를 받으려 했다. 그러나 출성하기와 척화 신하들을 잡아 보내는 일을 임금께서 허락하지 않았다. 그래서 적들이 크게 노하여 국서를 그냥 보내고 ⊙답을 주지 않았다. (하략)

1637년 1월 23일

23일에 임금에게 병이 있어 몸이 불편하였다. 내국이 가져온 약재가 다만 정기산 열 첩뿐이었다. 정기산 두 첩을 지어 진어하니 즉시 나으셨다.

    적이 척화신을 보내지 않는다고 화친을 허락하지 않으니, 체부[※] 중군 신성인과 남양군 홍진도, 구굉이 밤새도록 적진
[B] 에 왕래하며 가만히 의논하였다. 그런 후에 수원, 죽산의 장 관(장수) 등과 훈련도감 초관 수백 명을 부추겨 먼저 체부에 갔다. 그리고 칼을 어루만지며, 임금 앞에 가서 척화신을 내 놓으라 할 것을 보챘다. 대개 수원 부사는 구인후요, 죽산 부사는 구인기, 군병은 구굉에게 속했고, 신경진이 훈련대 장이었는데, 이것이 모든 군병의 뜻은 아니었다. (하략)

– 작자 미상, 「산성일기(山城日記)」

※**소방**: 소국(小國).
※**용기**: 황제를 상징하는 깃발. 또는 황제의 사신이 들고 있는 깃발.
※**하처**: 웃어른이나 점잖은 손님이 길을 가다가 머무르는 곳을 높여 부르는 말.
※**우상**: 우의정의 다른 말.
※**체부**: 체찰사가 지방에 나가 일을 보던 관아.

[24901-0097] ○ △ ✕

1 윗글을 통해 알 수 있는 내용이 <u>아닌</u> 것은?

① 임금의 병을 위한 약재가 충분하지 않았다.
② 김청음은 최명길이 쓴 국서에 대해 반발했다.
③ 척화신을 적에게 보내라고 임금을 협박하는 사람들이 있었다.
④ 최명길과 한여직은 답서를 주지 않은 이유에 대해 생각이 달랐다.
⑤ 이성구는 현재의 상태가 김청음의 주장을 따랐기 때문이라고 여겼다.

[24901-0098] ○ △ ✕

2 국서의 내용 에 드러난 상황을 이해한 내용으로 가장 적절한 것은?

① 임금은 황제와 자신이 동등한 처지에 놓였다고 생각하고 있군.
② 황제에게 은혜를 베풀어 달라고 하지만 실상은 음해하려는 것이군.
③ 출성하라는 청 황제의 명에 대해 임금은 난처한 입장을 밝히고 있군.
④ 공적인 일과 사적인 일을 구별하며 조선을 생각해 달라고 부탁하는 것이군.
⑤ 임금은 청과 서로 협력하는 것이 자신의 목적을 달성하는 방법이라고 생각하는군.

[24901-0099] ○ △ ✕

3 ㉠의 이유로 가장 적절한 것은?

① 조선의 임금이 국서를 직접 쓰지 않았기 때문에
② 지위가 낮은 신하들이 국서를 전하러 왔기 때문에
③ 조선의 척화 신하들 사이에서 분란이 일어났기 때문에
④ 청국의 황제를 높이는 표현을 사용하지 않았기 때문에
⑤ 조선의 임금이 자신들의 요구를 받아들이지 않았기 때문에

[24901-0100] ○ △ ✕

4 〈보기〉와 [A], [B]를 비교하여 이해한 내용으로 적절하지 <u>않은</u> 것은?

< 보기 >

㉮ 『인조실록』 1637년 1월 18일 기사 일부
- 최명길이 마침내 국서(國書)를 가지고 비국에 물러가 앉아 다시 수정을 가하였는데, 예조 판서 김상헌이 밖에서 들어와 그 글을 보고는 통곡하면서 찢어 버리고, 인하여 입대(入對)하기를 청해 아뢰기를, (하략)
- 이조 참판 정온(鄭蘊)이 대죄(待罪)하기를, "신 또한 화친을 배척하였으니, 청나라 진영에 나아가 죽게 하소서." / 하니, 상이 따르지 않았다.
- 눈이 크게 왔다.

㉯ 『인조실록』 1637년 1월 23일 기사 일부
- 예조 판서 김상헌이 관을 벗고 대궐 문밖에서 짚을 깔고 엎드려 적진에 나아가 죽게 해 줄 것을 청하였다.
- 세자가 인마(人馬)를 정돈하여 오랑캐 진영에 나가게 하도록 하라고 급히 영을 내리니, 묘당이 회달(回達)하였다. "신자로서 차마 듣지 못할 일이기에 감히 영을 받들지 못하겠습니다."
- 수원(水原)의 장관(將官)들이 정원(政院) 문밖에 모여 화친을 배척한 신하를 내보내도록 청하였다.

① [A]와 〈보기〉의 ㉮는 모두 국서를 둘러싼 신하들 간의 갈등을 제시하고 있군.
② [A]와 〈보기〉의 ㉮는 모두 당시에 벌어졌던 일을 사실적으로 서술함으로써 객관적 성격을 띠고 있군.
③ [B]와 〈보기〉의 ㉯는 모두 왕명을 거부하는 신하들의 모습을 통해 혼란스러운 사회상이 드러나고 있군.
④ [B]는 〈보기〉의 ㉯와 달리 장관들이 벌인 일에 대한 글쓴이의 비판적 태도를 엿볼 수 있군.
⑤ [A]와 [B]는 〈보기〉와 달리 당대의 상황에 대한 신하들의 대응을 서술함으로써 무능한 임금의 모습을 보여 주려 하는군.

[5~8] 다음 글을 읽고 물음에 답하시오.

세상의 모든 분야와 영역에서 끊임없이 데이터가 생산되고 있다. 이렇게 생산된 데이터를 잘 수집하여 분석하면 세상을 이해하는 유용한 지식과 통찰력을 얻을 수 있다. 그렇지만 데이터 분석자가 데이터 분석 과정에 들어가기 전에 정제되지 않은 데이터를 잘 처리해 주지 않으면 제대로 된 분석 결과를 얻을 수 없다. 특히 데이터의 이상치와 결측치는 데이터 분석을 오류에 빠뜨리는 원인이 되므로 데이터 전처리 과정에서 잘 처리해 주어야 좋은 분석 결과를 기대할 수 있다.

㉠이상치는 정상적인 범위 밖에 있는 값으로, 단 하나라도 존재하면 분석 전체에 큰 영향을 미칠 수 있다. 가령 하나의 이상치가 데이터 평균을 크게 바꿔 놓을 수 있다. 이상치는 데이터를 수집하는 과정에서 오류가 개입되어 발생한 것으로 간주되므로 찾아서 제거해야 한다. 이상치를 이해하기 위해서는 데이터의 분포를 가늠하는 데 유용한 사분위수에 대해 알 필요가 있다. 어떤 하나의 속성에 대하여 알려진 데이터 값들을 일렬로 작은 값부터 큰 값의 순서로 나열했을 때 50% 위치에 있는 값이 중앙값이다. 크기가 같은 값이 복수일 경우에도 모두 순위를 세어 준다. 이때 자료 개수가 홀수이면 앞에서 센 순위와 뒤에서 센 순위가 같은 값이 중앙값이다. 자료 개수가 짝수이면 중앙에 있는 두 값의 평균이 중앙값이다. 중앙값을 제2사분위수라고도 한다. 중앙값보다 작은 값들의 중앙값을 제1사분위수라고 하고 중앙값보다 큰 값들의 중앙값을 제3사분위수라고 한다.

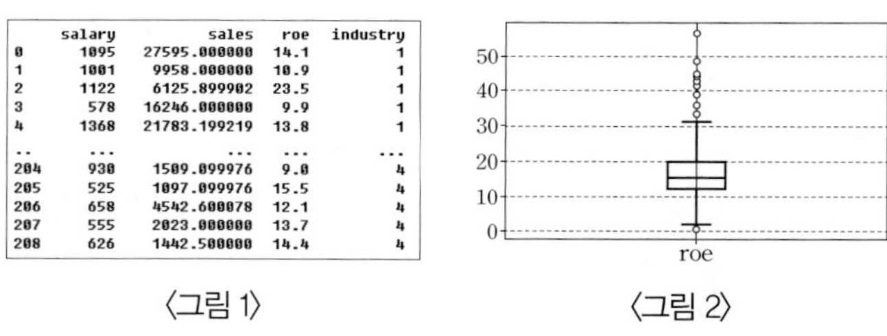

〈그림 1〉

	salary	sales	roe	industry
0	1095	27595.000000	14.1	1
1	1001	9958.000000	10.9	1
2	1122	6125.899902	23.5	1
3	578	16246.000000	9.9	1
4	1368	21783.199219	13.8	1
..	...	...	...	...
204	930	1509.099976	9.0	4
205	525	1097.099976	15.5	4
206	658	4542.600078	12.1	4
207	555	2023.000000	13.7	4
208	626	1442.500000	14.4	4

〈그림 2〉

사분위수를 활용하여 이상치를 시각적으로 살펴보기 쉽게 해 주는 것이 상자 수염 도표이다. 〈그림 1〉은 209개 기업의 CEO의 연봉(salary), 기업의 매출(sales), 수익(roe), 업종(industry)을 보여 주는 표의 일부이다. 표의 가장 왼쪽 열은 개별 기업의 데이터를 나타내는 행의 고유 번호로 '인덱스'라고 부른다. 이 표에서는 0번 행부터 일련번호가 매겨져 있다. 〈그림 1〉에서 열 이름이 'roe'인 열의 데이터 값을 모두 선택하여 상자 수염 도표를 그린 것이 〈그림 2〉이다. 상자 수염 도표의 핵심은 직사각형으로 표현된 '상자'이다. 상자의 윗면이 제3사분위수를, 아랫면이 제1사분위수를 표시해 주고, 상자 안의 가로선은 제2사분위수, 즉 중앙값을 표시해 준다. 〈그림 2〉에서 제3사분위수는 20, 제1사분위수는 12.4, 중앙값은 15.5이다. 이상치를 판단하는 절대적인 기준은 존재하지 않지만 통상적으로 IQR를 이용하여 판단한다. IQR는 'interquartile range'의 약자로서, 제3사분위수

와 제1사분위수의 차이, 즉 상자 수염 도표에서 상자의 높이를 의미한다. 그러므로 roe 열의 IQR는 20−12.4=7.6이다. 이상치는 허용 상한값보다 크거나 허용 하한값보다 작은 값인데, 일반적으로 허용 상한값은 IQR에 1.5를 곱하여 얻은 값을 제3사분위수에 더한 값이고, 허용 하한값은 IQR에 1.5를 곱하여 얻은 값을 제1사분위수에서 뺀 값이다. 데이터 분포의 특성에 따라 IQR에 1.5가 아닌 다른 값을 곱하여 허용 상한값과 허용 하한값을 구할 수도 있다. 어떤 값을 곱하는 것이 좋은 선택인가는 이상치를 제외하고 수행한 분석이 향후 얼마나 정확한 예측을 가능하게 해 주느냐로 판가름 나게 된다. roe 열에서는 허용 상한값은 20+7.6×1.5=31.4이고, 허용 하한값은 12.4−7.6×1.5=1.0이다. 〈그림 2〉에서 상자 윗면에서 나와 허용 상한값까지, 또 상자 아랫면에서 나와 허용 하한값까지 뻗어 있는 직선을 '수염'이라고 부른다. 그러므로 위쪽으로 뻗은 수염의 끝은 허용 상한값을 표시하고, 아래로 뻗은 수염의 끝은 허용 하한값을 표시한다. 〈그림 2〉에서 허용 상한값과 허용 하한값 밖에 작은 원으로 표시된 것은 이상치에 해당한다. 〈그림 1〉에서 생략된 부분에 이상치들이 있었음을 추정할 수 있다.

결측치는 데이터의 값이 빠져 있는 것이다. 결측치가 있으면 데이터 분석 프로그램이 작동되지 않는 경우가 빈발하는데, 가령 결측치가 있으면 해당 열의 평균을 계산하지 못

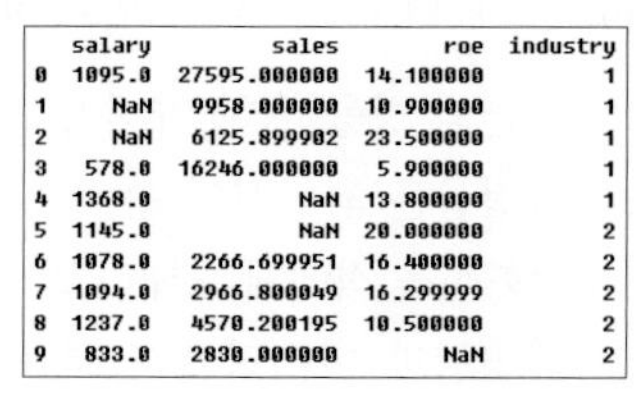

	salary	sales	roe	industry
0	1095.0	27595.000000	14.100000	1
1	NaN	9958.000000	10.900000	1
2	NaN	6125.899902	23.500000	1
3	578.0	16246.000000	5.900000	1
4	1368.0	NaN	13.800000	1
5	1145.0	NaN	20.000000	2
6	1078.0	2266.699951	16.400000	2
7	1094.0	2966.800049	16.299999	2
8	1237.0	4570.200195	10.500000	2
9	833.0	2830.000000	NaN	1

〈그림 3〉

한다. 그러므로 본격적인 분석에 들어가기 전에 결측치를 처리해 주는 것이 중요하다. 〈그림 3〉에서 10행의 정보를 갖는 데이터를 보면, salary 열에 2개, sales 열에 2개, roe 열에 1개의 데이터 값이 NaN으로 표시되어 있다. NaN은 'not a number'의 약자로 어떤 이유로 해당 수치가 알려지지 않은 결측치에 해당한다. ㉡결측치를 처리하는 방법은 삭제와 대체가 일반적이다. 삭제란 결측치를 포함하는 행이나 열을 삭제하는 것인데 이 과정에서 다른 데이터 값도 함께 삭제되면서 정보의 망실이 일어나기 때문에 주의해야 한다. 해당 행이나 열을 삭제해도 다른 데이터 값들이 충분히 많아서 데이터의 충실성이 지켜진다면 삭제를 시행할 만하다. 대체는 다른 값으로 결측치를 채우는 것인데, 대체하는 값으로는 해당 열의 확보된 데이터 값들의 평균 또는 중앙값이 많이 사용되고 해당 값의 직전 행 또는 직후 행의 데이터 값 등이 사용되기도 한다. 대체는 추가적인 정보의 망실이 일어나지 않는 장점이 있지만, 대체하는 값으로 인한 데이터의 교란을 최소화하는 선택을 해야 한다.

5 윗글의 내용에서 알 수 있는 것은? [24901-0101]

① 결측치가 있으면 해당 열의 평균이 크게 달라질 수 있다.
② 결측치의 처리는 데이터 분석 도중에 필요에 따라 수행한다.
③ 제2사분위수는 제1사분위수와 제3사분위수의 평균을 의미한다.
④ 제1사분위수는 데이터 값 중 최댓값의 25%의 크기를 갖는 값이다.
⑤ 이상치를 판정하는 기준은 데이터 분석의 결과에 영향을 줄 수 있다.

6 ㉠에 대한 설명으로 적절하지 <u>않은</u> 것은? [24901-0102]

① 데이터 분석 전에 찾아서 제거해야 한다.
② 허용 상한값과 허용 하한값 사이에는 존재하지 않는다.
③ 제1사분위수보다 크거나 제3사분위수보다 작은 것이 일반적이다.
④ 데이터 분석을 교란하여 제대로 된 결과를 얻지 못하게 할 수 있다.
⑤ 데이터의 수집 과정에서 어떤 오류가 개입하여 발생한 것으로 간주된다.

7 윗글의 〈그림 3〉의 데이터에 대한 ㉡의 수행을 설명한 내용으로 적절한 것은? [24901-0103]

① salary 열 1번 행의 결측치를 '1095.0'으로 대체하면 추가적인 정보의 망실이 일어난다.
② salary 열 2번 행의 결측치를 '0'으로 적으면 삭제의 방법으로 결측치를 처리한 것이다.
③ sales 열 4번 행의 결측치를 평균으로 대체하려면 9개의 데이터 값의 평균을 구해야 한다.
④ sales 열 5번 행의 결측치를 포함하는 행을 삭제하면 다른 3개의 데이터 값이 함께 삭제된다.
⑤ roe 열 9번 행의 결측치는 확보된 데이터 값들의 중앙값으로 대체하면 '13.800000'으로 바뀐다.

8 윗글을 바탕으로 〈보기〉에 대하여 설명한 내용으로 적절하지 <u>않은</u> 것은? [24901-0104]

〈 보기 〉

표는 어떤 회사의 영업 사원의 판매량, 통근 시간, 통화 시간, 독서 시간을 나타낸 표이다. 이 표를 바탕으로 상자 수염 도표를 그리고자 한다. 이상치를 판정하기 위해서 IQR에 1.5를 곱한 값을 활용한다.

	판매량	통근 시간	통화 시간	독서 시간
0	100	60	1	NaN
1	200	120	4	5
2	300	180	3	3
3	400	240	6	0
4	500	300	50	12
5	600	60	2	100
6	700	120	5	7
7	800	180	7	4
8	900	240	14	6

① 통근 시간 열의 '180'은 이상치가 아니다.
② 판매량 열의 데이터에서 제2사분위수는 '500'이다.
③ 통화 시간 열의 허용 상한값 위의 이상치는 2개이다.
④ 어떤 영업 사원의 독서 시간 미상이 결측치를 유발했다.
⑤ 통화 시간 열로 그린 상자 수염 도표의 상자 높이는 8이다.

14회 미니모의고사

EBS 수능특강 **Q** 미니모의고사 **국어**

○ 알고 맞힘　/8　△ 헷갈림　/8　✕ 모르고 틀림　/8

[1~4] 다음 글을 읽고 물음에 답하시오.

신사 A: 이 공원을 불하*를 맡을까 하는데 어떨까?

신사 B: 무엇에 쓰게?

신사 A: 다 헐어 내 버리고…….

신사 B: (가로막으며) 고적을 없애 버린다고 야단들일걸. 소위 민간 측에서.

신사 A: 글쎄. 그건 안된 생각들이란 말이야! 서울같이 땅이 귀하고 부족한 이 복판에다가 그 승거운 탑을 고적이라고 세워 놓고 나무를 심고…… 그래서 게으름뱅이들의 소굴을 만들었으니 그럴 손복*할 일이 어디 있겠나? 나는 이걸 아주 훌륭하게 **실질적이요 생산적으로** 이용할 테야.

피에로: (독백) 저런 죽일 놈이!

신사 B: 어떻게!

신사 A: 이 너절한 것을 다 털어 버리고 집을 모다 굉장하게 짓거든…… 어떤 집을 짓느냐 하면 한편은 **요릿집**, 한편은 **카페**, 한편은 **댄스홀**. 그리고 또 한편에는 오락장으로 베비골프, 다마스키*, 마작구락부…… 어때?

신사 B: 거참. 그랬으면 수입은 상당할걸?

신사 A: 상당만? 대번 부자가 되지. (間) 가만있게. 지금 자본주를 끄는 중이니까. 자본주만 생기면 우선 운동비를 흠씬 들여서 불하를 맡아 가지고, 응 한바탕할 테니…….

두 사람: (지껄이며 무대의 오른쪽 후면으로 퇴장)

피에로: (성이 나서 독백) ㉠허! 그것참! 저놈들을 어떻게 해야 잘 죽이나! (사리탑을 바라보며 감개해서) 그래 저 사리탑의 심오한 예술적 가치와 그리고 우리의 회고적 감정을 짓밟으러 들어? 죽일 놈들! 저놈들도 조선 놈들이야! 엥!

(중략)

순사: 왜 그래, 왜?

노동자: 네. 그저 설은 사정이 있어 그랬습니다.

순사: 아무리 섧더래도 여기는 우는 데가 아니야. 어서 가.

노동자: 네. 갑지요. 지금 뚝섬까지 나가야 합니다. (새 설움이 복받쳐 느낀다. 울음 섞인 소리로) 나가면 사흘째 굶은 처자가 기다리고 있습니다. (다시 운다.) 살 수가 없어서 일전에 문안에 들어와서 가대기*를 하고 호구해 가다가 그만 다리를 다쳤답니다. 사흘째 되었어요. (더욱 운다.) 그래도 행여 무슨 벌이가 있을까 해서 주린 창자를 졸라매도 못해서 오늘은 이 **병든 다리**를 끌고 첫새벽에 문안을 들어왔답니다. 들어와서 왼종일

돌아다니니 더구나 병신을 누가 일을 붙여 줍니까. 그러다가 깜박 해가 지고 밤이 들었지요. 집에서는 **굶어서 다 죽어 가는 처자**가 눈이 빠지게 기다리고 있고 이 병든 다리를 끌고 뚝섬까지 나갈 일을 생각하니 (더욱 운다.) 나가기는 나가야지요. 죽어도 같이 옹기종기 모여서 죽어야겠으니 나가야겠는데. (울음만 운다.)

순사: 글쎄. 사정은 딱하지만 그렇다고 여기서 울고만 있으면 수가 생기나! 일어서서 나갈 도리를 해야지…… 일어서.

노동자: (그대로 울며 일어서서 순사를 따라 무대의 왼쪽 후면으로 퇴장)

피에로: ㉡(우두커니 한숨)

룸펜 3, 4인: (무대의 오른쪽 전면으로부터 등장. 모두 땟국이 괴죄죄한 조선옷을 입었다. 주린 빛이 완연하다. 전면 벤치에 죽 걸터앉아 묵묵히 말이 없다.)

어떤 사람 A와 B: (나란히 서서 무대의 왼쪽 전면으로 등장. 이야기를 하면서 오다가 중앙쯤에서 관객석을 향하여 머물러 선다. B는 담배를 피워 물었다. 둘이 다 신수가 훤치르르하다.)

A: 글쎄 그렇잖소? 저이들은 나더러 변절을 했다고 죽일 놈 살릴 놈 하지만 그야말로 **깊이 생각하면 오십보로 소백보지**. 저이가 **더 나을 게 무어냐** 말이야.

피에로: (두 사람을 비로소 보고 얼굴에 분노가 치밀어 올라온다.)

B: (고개만 끄덕거린다.)

A: 차라리 우리처럼 태도나 표명했으면 가령 죄라고 하더래도 덜하지.

B: 그게 도시에 그래요. 민중이니 민족이니를 위해서 자기네은 일을 한답시고 하지만 그것이 이익을 끼치기는 결국 돈 있는 사람과 그 밑에서 유지니 지사니 해 가시고 일한다는 그 사람들에게뿐이지 정말 일반 민중이야 어데 그 혜택을 입소?

A: 그렇구말구! 좌우간 자본주의 세상에서는 외인 편으로 벗어 부치고 나서지 않으면 솔직하게 선명하게 바른편에 가담해 가지고 자본주의 그 세대에 알맞은 행세를 하는 게 제일이야.

B: 그렇구말구! 중국의 장개석이가 중국을 위해서 일한다지만 그것이 중국 전 민족의 일이 아니라 토착 부르주아를 위한 일이니까……. 자 어서 갑시다. 시간이 거진 다 되었겠소. (피우던 담배를 바닥에 버린다.)

두 사람: (무대의 오른쪽 전면으로 유유히 퇴장)

피에로: (그 뒤를 흘기며 이를 간다.)

룸펜 일동: (그동안에 B가 버린 담배 토막을 서로 집으려고 야단이

일어난다.)

피에로 : ㉢(이 꼴을 보고 더욱 성이 난다.)

룸펜 일동 : (무대의 오른쪽 후면으로 퇴장)

이주민 가족 : (무대의 왼쪽 전면으로 등장. 제가끔 유랑해 가는 사람들에게 알맞은 보꾸러미들을 이고 들고 지고 했다. 전면 중앙에서 관객석을 등지고 머물러 선다.)

딸 : (사리탑을 가리키며) 아버지, 저건 무엇이요?

피에로 : ㉣(주의해서 바라본다.)

아버지 : 오냐, 저건 사리탑이라는 탑이란다. 예전에는 여기가 절터였더란다. 그런데 불이 나서 절은 없어지고 탑만 남았다가 시방은 공원이 되었느니라. (間) 모두 잘들 보아 두어라. 인제 마지막으로 간도로 떠나면 언제 다시 와서 서울 구경들을 하겠니!

어머니 : (불평스럽게) 영감두 원! 북간도 로 떠둥구러 가는 팔자에 서울 구경을 해서 무얼 하겠다고 가든 길품을 메이고 예서 하루를 묵는단 말이요!

아버지 : 마누라도 원 딱한 소리 마우. 우리는 늙었으니 그런 것 저런 것 상관없지만 저것들이야 어데 그렇소? **조선서 태어나서 조선서 저만큼씩이나 자라 가지고 아무리 살 수가 없어 만리타국으로** 떠가기는 할망정 그래도 조선 종자들인데 서울 구경 한번 못 한대서야 저이도 인제 원이 아니 되겠소!

아들 : 아버지 그런 걱정은 마세요. 인제 잘되면 돌아와서 보란 듯이 살 텐데.

아버지 : 아무렴 그래야지. **만리타국의 호지에 가서 영영 뿌리가 백혀서야 쓰겠니.** (間) 다들 보았니? 다행히 다시 돌아오거든 시방 하든 말 이르고 잘들 살아라. (눈물이 눈에 고인다. 목멘 소리로) 가자. 인젠.

일동 : (무대의 오른쪽 전면으로 퇴장)

피에로 : ㉤(방금 울 듯이 그들의 뒤를 바라본다.) 조선을 죽도록 지키잖구!

주정꾼 A와 B : (비틀거리며 마주 잡고 무대 왼쪽 후면으로 등장)

피에로 : (이마를 찌푸린다.)

A : 어, 뛰뛰.

B : 아. 여보. 박 상!

피에로 : (흘겨본다.)

B : 게 우리가 오랜만에 만나서…….

A : 오랜만이구말구. 응. 긴 상!

B : 아하하하하 …… 누—따 주우쿠나.

A : 노들강변 비둘기 한 쌍.

B : 허허허허, 이런 제길.

두 사람 : (여전히 비틀거리며 무대 오른쪽 전면으로 퇴장)

피에로 : (흘겨보며 **망할 자식들!** (고개를 숙이고 뒷짐을 지고 뚜벅뚜벅 무대 전면을 왔다 갔다 거닐면서 골똘히 생각한다. 가끔가다가 고개를 갸웃거린다.) 큰일 났어, 큰일 났어. 아무래도 큰일 났어. (間) 영웅이, 영웅이! 위대한 영웅이 나야만 해. (고개를

끄덕거린다.) 그래 영웅이 나야 해, 영웅이. 영웅이! (갑자기 무대 왼쪽 전면으로 뛰어 들어간다.)

– 채만식, 「영웅 모집」

※ **불하** : 국가 또는 공공단체의 재산을 개인에게 팔아넘기는 일.
※ **손복** : 복을 일부 또는 전부 잃음.
※ **다마스키** : 당구장이라는 뜻의 일본 말.
※ **가대기** : 창고나 부두 따위에서, 인부들이 쌀가마니 따위의 무거운 짐을 갈고리로 찍어 당겨서 어깨에 메고 나르는 일. 또는 그 짐.

[24901-0105] 〇 △ ×

1 윗글의 극적 특성으로 가장 적절한 것은?

① 소품을 활용하여 인물들이 처한 상황과 인물 태도의 긍정적 변화 양상을 함축적으로 드러낸다.
② 하나의 무대 위에 두 가지 상황을 번갈아 반복하여 등장시킴으로써 현실과 환상을 표현하고 있다.
③ 무대와 관객 사이를 오가는 극 중 인물을 통해 관객을 극 중 상황에 적극적으로 참여시키고 있다.
④ 특정 인물의 말과 행동 등을 통해 관객이 극 중 상황에 대해 비판적 태도를 갖도록 유도하고 있다.
⑤ 특수한 무대 장치를 사용함으로써 일정한 시간의 흐름에 따른 공간의 변화 과정을 압축하여 드러낸다.

[24901-0106] 〇 △ ×

2 북간도 에 대해 이해한 내용으로 가장 적절한 것은?

① 인물들이 과거의 삶을 되돌아보고 반성하도록 유도하는 공간이다.
② 인물들이 현실적 제약으로 인해 어쩔 수 없이 향하게 된 공간이다.
③ 인물들이 현재 기거하는 곳으로 세태의 변화를 인식하는 공간이다.
④ 인물들의 대화 속에 제시되는 곳으로 인물들이 과거에 함께 머물렀던 공간이다.
⑤ 인물들이 유랑하는 과정 중에 머무는 곳이며 동시에 최종적으로 정착하고 싶어 하는 공간이다.

[24901-0107] ○ △ ×

3 ㉠~㉭에 대한 설명으로 적절하지 <u>않은</u> 것은?

① ㉠: '신사 A, B'가 탑의 예술적 가치를 무시하는 태도에 기인한다.
② ㉡: '노동자'가 처한 안타깝고 서글픈 상황에 기인한다.
③ ㉢: '룸펜 일동'이 하는 한심스러운 행동에 기인한다.
④ ㉣: '딸'이 공원의 '사리탑'에 대해 보이는 관심에 기인한다.
⑤ ㉭: '아들'이 '아버지'에게 다짐하는 각오에 대한 공감에 기인한다.

[24901-0108] ○ △ ×

4 〈보기〉를 바탕으로 윗글을 감상한 내용으로 적절하지 <u>않은</u> 것은?

〈 보기 〉

「영웅 모집」은 1930년대에 발표된 희곡으로, 당시의 다양한 삶의 양상들을 보여 주며 세태를 풍자하고 있다. 작품에는 장면에 따라 경제적 이익을 좇는 신사들과 불우한 노동자, 한심한 룸펜, 자기 합리화에 몰두하는 지식인인 어떤 사람들, 조국을 떠날 수밖에 없는 이주민 가족 등 여러 인물들이 등장한다. 이들은 일제 강점기의 사회·역사적 상황 아래 존재하는 다양한 삶의 모습을 드러내는 각각의 사례로 기능한다. 극 중 무대 배경으로 제시된 '공원'은 파고다 공원으로, 독립운동을 상징하는 곳이다. 작가는 이러한 배경 속에 등장하는 다양한 인물들을 통해 부조리한 현실을 비판하고, 지켜야만 하는 중요한 가치인 민족의식을 드러내고 있다.

① '요릿집', '카페', '댄스홀' 등을 짓는 것이 '실질적이요 생산적으로' 공원을 이용하는 것이라는 신사 A를 통해, 의미 있는 장소를 버려두지 않고 경제적 가치를 지닌 공간으로 변모시키는 것이 공원의 역사적 의미를 기리는 일이라며 정당화하고 있는 모습을 풍자한다고 볼 수 있겠군.
② 순사라는 인물을 통해 일제 강점기라는 시대적 배경을, '병든 다리'와 '굶어서 다 죽어 가는 처자'에 대한 노동자의 하소연을 통해 일제 강점기 하층민의 생활상과 힘든 처지를 드러내고 있다고 볼 수 있겠군.
③ 변절을 비난하는 것에 대해 '깊이 생각하면 오십보로 소백보'라며 '더 나을 게 무어냐'라고 말하는 어떤 사람 A를 통해, 자신들의 행동을 합리화하는 데 급급한 지식인의 모습을 드러내고 있다고 볼 수 있겠어.
④ '조선서 태어나서 조선서 저만큼씩이나 자라 가지고 아무리 살 수가 없어 만리타국으로' 떠나는 상황에서도 '만리타국의 호지에 가서 영영 뿌리가 백혀서야 쓰겠'냐는 아버지를 통해, 나라를 잃은 상황에서도 지켜야만 하는 가치인 민족의식을 우회적으로 드러내고 있다고 볼 수 있겠어.
⑤ 주정꾼들을 보고 '망할 자식들'이라 언급하며 분노하는 피에로를 통해, 혼란스러운 시대 현실과 한심한 행태를 보이는 이들에 대한 비판을 드러낸다고 볼 수 있겠어.

[5~8] 다음 글을 읽고 물음에 답하시오.

꿀이나 물엿과 같은 액체들은 끈끈한 정도가 물과 다르며, 이것들을 흐르게 하면 흐르는 속도 역시 서로 다르다. 이처럼 끈끈한 정도는 물질마다 다르며 끈끈한 정도에 따라 액체의 흐름도 달라지게 된다. 이러한 성질들을 표현할 수 있는 개념이 점도인데, 점도란 기체, 액체와 같은 유체가 흐를 때 흐름에 저항하는 성질을 의미한다. 점도는 액체나 기체의 상태나 흐름을 이해하는 데 매우 중요한 개념이다. 예를 들어 액체의 점도는 파이프라인으로 원유, 화학 약품 등을 보낼 때나 플랜트의 배관 설계 시에 중요한 변수로 작용한다. 석유 화학 이외에도 도료, 인쇄, 식품, 의약품, 화장품 등 다양한 산업 분야에서 이루어지는 연구, 개발, 제조 공정의 품질 관리에서도 그 중요성을 확인할 수 있으며 제품의 품질 향상을 위해 점도에 대한 이해가 필요하다.

원형관의 내부에 꽉 채워져서 흐르는 액체를 생각해 보자. 원형의 관 속에 들어 있는 액체 기둥은 동심(同心) 층, 즉 동심 원통의 액체들로 이루어져 있다고 간주할 수 있다. 액체가 관 속을 흘러갈 때 벽에 가장 가까워서 표면에 맞닿아 있는 층은 정지해 있는 것으로 간주할 수 있다. 이보다 안쪽에 있는 여러 층들은 그 바로 바깥쪽에 인접해 있는 층보다 더 빨리 흐르며, 이때 흐름의 속도는 관의 중심부로 갈수록 빨라지고 원통의 중심에서 가장 빠른 속력을 보인다. 이런 흐름을 층류라 한다. 이를 이론적으로 취급할 때는 가상적인 동심 원통으로 구성된 액체에서 각 원통들이 이러한 층들의 속도 차에 의해 힘을 받게 되는데, 이를 전단 응력이라 한다. 이때 유체 흐름을 구성하는 동심 원통에 따라 속도 차이가 나는데, 전단 응력은 이러한 속도 차이의 기울기인 전단율에 비례하게 된다. 또한 흐름에 저항하는 정도가 커질수록 같은 전단율에서 전단 응력이 커지게 된다. 따라서 전단율과 비례 상수의 곱으로 전단 응력을 나타낼 수 있으며 이때 비례 상수가 점도이다. 이러한 점도를 뒤에 설명할 상대 점도와 구분하기 위해서 절대 점도라고 부른다.

절대 점도는 최초로 점도를 정의한 프랑스 과학자 푸아죄유(Poiseuille)를 기리기 위해 푸아즈(P)라는 단위를 사용하여 나타내는데 1P는 질량, 길이, 시간을 이용해 나타내면 $1\text{kg} \cdot \text{m}^{-1} \cdot \text{s}^{-1}$에 해당하며 물의 절대 점도는 $25℃$에서 $8.9 \times 10^{-3}\text{P}$이다. 절대 점도의 측정은 비교적 고가의 장비가 필요하나 간단한 기구를 이용하여 상대 점도를 측정함으로써 원하는 유체의 절대 점도를 간단하게 알아낼 수 있다.

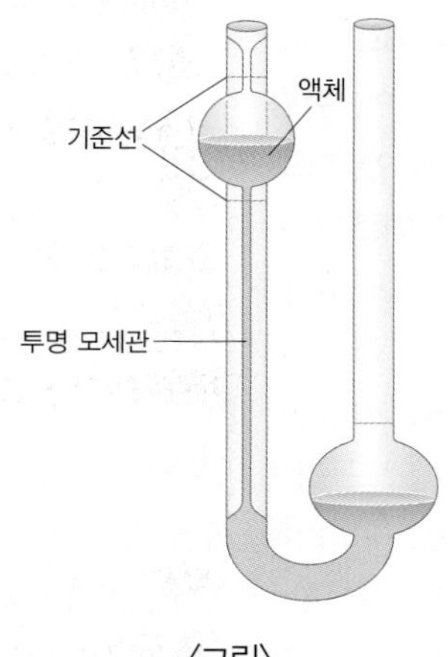

〈그림〉

상대 점도란 기준 물질의 절대 점도 대비 특정 물질의 절대 점도의 상대적인 값으로 단위가 없는 값인데 통상 기준 물질로는 물이 자주 쓰인다. 이때 가장 흔히 사용되는 기구는 〈그림〉에 나타낸 것과 같은 오스트발트 점도계이다. 오스트발트 점도계는 유체의 흐름을 육안으로 관찰하며 액체가 일정 거리를 흐르는 데 걸리는 시간을 재는 장치이다. 오스트발트 점도계는 유체 흐름을 관찰하기 쉽도록 투명 모세관으로 만들어져 있다. 오스트발트 점도계에서 측정되는 것은 상대 점도이고 기준 액체로는 특정 온도의 물이 사용된다. 오스트발트 점도계를 이용하여 점도를 측정하는 방법의 요체는 일정한 부피의 액체가 중력의 영향을 받아서 길이와 반지름이 알려진 모세관을 통해서 일정 거리를 흘러내리는 데 소요되는 시간을 측정하는 것이다. 오스트발트 점도계에서는 다른 두 액체 1과 2의 절대 점도의 비는 $\eta_1/\eta_2 = (d_1 t_1)/(d_2 t_2)$와 같이 주어진다. 여기서 d는 액체의 밀도이고 t는 〈그림〉의 두 기준선의 거리만큼 액체가 흘러내리는 데 걸린 시간이다. 만일 물질 2가 기준 액체라면 임의로 η_2의 값을 1로 잡는다. 그런 다음 식에 밀도와 흐름에 소요된 시간을 대입하여 η_1을 구한다. 만일 오스트발트 점도계에 사용된 두 액체 1과 2의 온도가 25℃이고 액체 2가 순수한 물이었다면 η_1에 물의 절대 점도인 $8.9 \times 10^{-3} P$를 곱하면 그 값이 25℃에서 액체 1의 절대 점도가 된다.

한편 점도가 아주 큰 액체들의 경우는 모세관을 통해 흐르기 어렵기 때문에 오스트발트 점도계로 점도를 측정할 수 없다. 이런 액체의 경우 상대 점도를 구하는 방법으로 공 낙하법을 사용한다. 이 방법에서는 밀도를 알고 있는 작은 공이 기준 액체 및 점도를 측정하려고 하는 시료 액체 속에서 일정한 거리를 낙하하는 데 걸리는 시간을 육안으로 측정한다. 낙하하는 공의 반지름은 액체가 들어 있는 원통형 관의 반지름보다 훨씬 작아야 한다. 그렇지 않으면, 벽에 가까운 액층은 거의 정지 상태로 있으므로 이 액층에 의해서 낙하하는 공을 '잡아끄는' 효과가 생겨서 그 값이 부정확해진다. 육안으로 관찰하는 제한된 높이의 공 낙하법 실험에서는 ㉠기준 액체는 식용유와 같이 상당히 큰 점도를 가지고 있어야 정확한 값을 구할 수 있다. 또한 모든 물질의 점도는 온도에 따라 다른 값을 가지므로 어떤 유체의 점도는 온도와 함께 제시되어야 한다.

5 윗글의 내용과 일치하지 <u>않는</u> 것은?

① 액체가 관 속을 흘러갈 때 관의 내부 표면에 가까울수록 유체의 속도가 느리다.

② 유체의 상대 점도는 절대 점도와 마찬가지로 점도의 단위로 푸아즈가 사용된다.

③ 공 낙하법으로 점도를 측정할 때 유체 속에서 낙하하는 공의 밀도를 알아야 한다.

④ 유체가 흐르고 있을 때 유체의 전단율과 전단 응력의 관계에서 비례 상수가 절대 점도이다.

⑤ 오스트발트 점도계를 사용하여 특정 유체의 점도를 측정할 때 기준 액체로는 물이 쓰일 수 있다.

6 ㉠의 이유로 가장 적절한 것은?

① 기준 액체의 점도를 모르고 있어도 시료의 점도를 알 수 있기 때문이다.

② 점도 계산에 필요한 낙하하는 공의 밀도를 정확히 구해 낼 수 있기 때문이다.

③ 낙하하는 공의 반지름이 액체가 차 있는 원통형 관의 반지름보다 훨씬 작기 때문이다.

④ 오스트발트 점도계를 이용하여 점도를 측정할 때는 액체의 점도가 클수록 유리하기 때문이다.

⑤ 공이 침강하는 속도가 매우 느려서 일정 거리를 낙하하는 데 걸리는 시간을 정확히 측정하는 것이 용이하기 때문이다.

[24901-0111] ○ △ ✕

7 윗글을 바탕으로 〈보기〉를 이해한 내용으로 적절한 것은?

〈 보기 〉

오스트발트 점도계를 이용하여 용액 A와 B의 점도를 측정하기 위해 물을 기준 액체로 사용하였으며 특정 거리를 흘러내리는 데 필요한 시간을 측정하고, 각 물질의 밀도 또한 측정하였다. 물이 흘러내리는 데 걸린 시간은 3초였고 A와 B가 흘러내리는 데 걸린 시간은 각각 2초와 6초였다.

① A의 밀도가 B의 밀도의 3배라면 절대 점도는 서로 같겠군.
② 절대 점도를 구하는 실험이므로 상대 점도를 알아낼 필요는 없겠군.
③ A와 B보다 점성이 더욱 큰 액체일수록 모세관을 통한 액체의 흐름이 용이해지겠군.
④ 기준 액체를 물이 아니라 A로 삼아서 B의 점도를 측정하려면 A의 점돗값은 필요치 않겠군.
⑤ 점도가 다른 용액 A와 B를 측정하기 위해서는 오스트발트 점도계의 기준선 간의 거리가 달라져야겠군.

[24901-0112] ○ △ ✕

8 윗글을 바탕으로 〈보기〉의 '가'와 '나'에 들어갈 내용으로 가장 적절한 것은?

〈 보기 〉

온도가 올라가면 기체 분자의 운동 에너지가 증가하여 기체 분자 간 충돌이 많아지게 되는데 충돌 후에 무작위로 기체의 운동 방향이 바뀌게 된다. 기체 분자 간의 충돌 횟수가 증가하게 되면 한쪽 방향으로의 흐름은 어려워진다. 액체의 경우는 온도가 올라감에 따라 충류에서도 충돌에 의한 운동의 영향은 줄어들고 분자들 간의 응집력은 약화되므로 흐름 층이 같은 전단율에서 유체가 받는 전단 응력이 감소한다. 따라서 온도가 낮아짐에 따라 액체의 점도는 [가   ], 기체의 점도는 [나   ].

	가	나
①	감소하고	증가한다
②	감소하고	변함이 없다
③	증가하고	변함이 없다
④	증가하고	감소한다
⑤	증가하고	증가한다

한눈에 보는 정답

01회 미니모의고사
본문 4~7쪽

| 1 ⑤ | 2 ③ | 3 ③ | 4 ④ |
| 5 ⑤ | 6 ⑤ | 7 ⑤ | 8 ④ |

02회 미니모의고사
본문 8~11쪽

| 1 ② | 2 ④ | 3 ③ | 4 ③ |
| 5 ② | 6 ① | 7 ④ | 8 ⑤ |

03회 미니모의고사
본문 12~15쪽

| 1 ① | 2 ③ | 3 ⑤ | 4 ③ |
| 5 ④ | 6 ⑤ | 7 ① | 8 ④ |

04회 미니모의고사
본문 16~19쪽

| 1 ④ | 2 ② | 3 ⑤ | 4 ① |
| 5 ④ | 6 ⑤ | 7 ③ | 8 ② |

05회 미니모의고사
본문 20~24쪽

| 1 ④ | 2 ① | 3 ③ | 4 ⑤ |
| 5 ⑤ | 6 ③ | 7 ⑤ | 8 ④ |

06회 미니모의고사
본문 25~29쪽

| 1 ③ | 2 ② | 3 ① | 4 ① |
| 5 ① | 6 ② | 7 ⑤ | 8 ③ |

07회 미니모의고사
본문 30~33쪽

| 1 ② | 2 ③ | 3 ③ | 4 ② |
| 5 ⑤ | 6 ① | 7 ④ | 8 ③ |

08회 미니모의고사
본문 34~37쪽

| 1 ② | 2 ① | 3 ③ | 4 ⑤ |
| 5 ③ | 6 ④ | 7 ⑤ | 8 ③ |

09회 미니모의고사
본문 38~42쪽

| 1 ③ | 2 ⑤ | 3 ④ | 4 ④ |
| 5 ① | 6 ③ | 7 ② | 8 ① |

10회 미니모의고사
본문 43~47쪽

| 1 ④ | 2 ③ | 3 ④ | 4 ④ |
| 5 ⑤ | 6 ⑤ | 7 ⑤ | 8 ⑤ |

11회 미니모의고사
본문 48~52쪽

| 1 ⑤ | 2 ② | 3 ③ | 4 ③ |
| 5 ③ | 6 ⑤ | 7 ⑤ | 8 ③ |

12회 미니모의고사
본문 53~57쪽

| 1 ④ | 2 ④ | 3 ③ | 4 ⑤ |
| 5 ④ | 6 ⑤ | 7 ⑤ | 8 ① |

13회 미니모의고사
본문 58~61쪽

| 1 ④ | 2 ③ | 3 ⑤ | 4 ⑤ |
| 5 ⑤ | 6 ③ | 7 ④ | 8 ③ |

14회 미니모의고사
본문 62~66쪽

| 1 ④ | 2 ② | 3 ⑤ | 4 ① |
| 5 ② | 6 ⑤ | 7 ① | 8 ④ |

정답과 해설

01회 미니모의고사

| 1 ⑤ | 2 ③ | 3 ③ | 4 ④ |
| 5 ⑤ | 6 ⑤ | 7 ⑤ | 8 ④ |

[1~3] 현대시

⑦ 오장환, 「종가」

해제 | 이 작품은 퇴락하고 피폐해진 종가의 모습과 봉건적 위세를 잃고 살아가는 종갓집 영감님의 모습을 통해 무너진 봉건 질서의 모습을 드러낸 시이다. 종가는 한 문중에서 맏이로만 이어 온 집안이다. 하지만 이 작품에서 종가는 폐쇄적이고 어두운 형상으로 묘사되어 있고, 가족들은 대립하고 분열된 상태로 흩어져 있다. 게다가 유교적 종법 원리의 상징이며 종가에서 최고의 존중과 존경을 받았던 신주는 희화화되어 그려진다. 동네 백성들을 학대하면서 유지되었던 과거 종가의 권위가 사라진 상황과 소작인을 대상으로 고리대금업을 하며 살아가는 종갓집 영감님의 모습을 통해 유교적 봉건 질서가 무너졌음을 드러내고 있다.

주제 | 피폐해진 종가의 모습을 통해 바라본 무너진 봉건 질서

구성 |
폐쇄적이고 어두운 종가의 분위기 → 분열된 가족들의 상황 → 어수선한 제사 분위기 → 과거 동네 백성들 위에 군림하던 종갓집의 권위 → 현재 고리대금을 하며 살아가는 종갓집 영감님

⑭ 김영랑, 「집」

해제 | 이 작품은 '집'이라는 소재를 통해 화자의 정서와 처지를 형상화한 시이다. 화자는 자신이 살고 있는 공간을 '내 집 아니라 / 늬 집이라'고 반복적으로 제시함으로써 외로운 처지를 드러내고 있다. 또한 '흰 구름'을 바라보며 지나온 삶을 돌아보는 태도를 보이고 있다.

주제 | 서럽고 적막한 처지와 지나온 삶에 대한 성찰

구성 |
• 1연: 새들이 빈 둥지로 돌아오길 바람.
• 2연: 오랜 세월 쌓인 서러움을 느낌.
• 3연: 은행잎이 떨어지는 모습에서 맑은 바람을 느낌.
• 4연: 화자를 찾아오는 이 없는 고독한 공간임을 인식함.
• 5연: 지나온 삶에 대해 성찰함.

1 시상 전개 방식 파악　　답 ⑤

정답이 정답인 이유

⑤ (가)에서는 '옛날에는 오조 할머니 집에서 동원 뒷밥을 먹어 왔다고 오조 할머니 시아버지도 남편도 동네 백성들을 곧ㅡ잘 잡아들여다 모말굴림도 시키고 주릿대를 앵기었'던 과거의 상황과 '종갓집 영감님'이 '근시 안경을 쓰고 눈을 찝찝거리며 먹을 궁리를 한다고 작인들에게 고리대금을 하여 살아 나'가는 현재의 상황을 대비하여 퇴락한 종가의 모습을 부각하고 있다. (나)에서는 화자가 살고 있는 공간을 '내 집 아니라 / 늬 집이라'고 반복적으로 제시함으로써 화자의 외로운 처지를 드러내고 있다.

① (가)와 (나) 모두 대화체와 독백체를 교차하여 대상과의 친밀감을 높이는 부분은 나타나지 않는다.

② (나)는 '흰 구름'이 있는 '하늘'로 공간적 배경의 범위를 확장하면서 시상을 마무리한다고 볼 수 있지만, (가)에서 근경에서 원경으로 시선을 이동하여 공간적 배경의 범위를 확장하면서 시상을 마무리하는 부분은 나타나지 않는다.

③ (가)는 '종가'라는 하나의 공간을 대상으로 시상을 전개하고 있고, (나)에서 '집'에 담긴 과거와 현재의 의미를 대비적으로 드러내는 부분은 나타나지 않는다.

④ (가)에서 어둠과 밝음의 대조를 통해 대상에 대한 비판 의식을 강조하는 부분은 나타나지 않고, (나)에서 밤과 낮의 시간 변화를 통해 대상이 지닌 이면을 드러내는 부분은 나타나지 않는다.

2 외적 준거에 따른 작품 감상　　답 ③

정답이 정답인 이유

③ 〈보기〉의 종가의 권위에 억압당하던 주변인들의 모습과 연관 지을 수 있는 것은 종가에 잡혀 와 모말굴림을 당하는 백성들의 모습으로 보는 것이 적절하다.

오답이 오답인 이유

① 〈보기〉의 폐쇄적이고 어두운 종갓집에 대한 묘사와 연관 지어, 종가를 '돌담으로 튼튼히 가려 놓은' '검은 기와집'으로 묘사한 부분에서 종가의 폐쇄적이고 어두운 이미지를 느낄 수 있다는 감상을 이끌어 낸 것이므로 적절하다.

② 〈보기〉의 종가의 권위를 상징하는 소재를 통해 종가의 위계와 권위를 전면에 내세우고 있다는 내용과 연관 지어, '종가에서' '무기처럼 아끼'는 '신주들'을 종가가 중시하는 위계와 권위를 상징하는 소재로 볼 수 있다는 감상을 이끌어 낸 것이므로 적절하다.

④ 〈보기〉의 부당했던 종가의 행위에 대한 묘사를 통해 봉건적 지배 질서의 불합리성을 드러내고 있다는 내용과 연관 지어, '한참 쩡쩡 울리던 옛날에' '동네 백성들을 곧ㅡ잘 잡아들여다 모말굴림도 시키고 주릿대를 앵기었'다는 행위에서 봉건적 지배 질서의 불합리성을 짐작할 수 있다는 감상을 이끌어 낸 것이므로 적절하다.

⑤ 〈보기〉의 무능력하면서도 생계유지에만 급급해하는 모습을 통해 종가에 담긴 허위적인 면을 풍자하고 있다는 내용과 연관 지어, '대대손손이 아ㅡ무런 재주도 물리어받지' 못하고 '먹을 궁리를 한다고 작인들에게 고리대금을 하여 살아 나'가는 '종갓집 영감님'에게서 종가에 담긴 허위적인 면을 엿볼 수 있다는 감상을 이끌어 낸 것이므로 적절하다.

3 시어, 시구의 의미와 기능 파악　　답 ③

정답이 정답인 이유

③ ⓒ은 '은행잎'이 마루에 떨어지는 상황을 형상화한 것으로, 적막함을 극복하려는 태도와 관련이 없다.

① '날르다 얼른 돌아오라'를 통해 '집'에 '닉들'이 없는 상황임을 짐작할 수 있다.

② '아배 간 뒤 머언 날'에 화자가 느끼는 정서를 '설워'라고 직설적으로 드러내고 있다.

④ '내 집'이 '열 해', '스무 해를' '길 잘못' 든 '바쁜 손[客]'이나 찾아올 정도로 찾는 이가 없는 고독한 공간임을 인식하고 있다.

⑤ '흰 구름'이 '사라지는' 것을 보며 '저질러 논 부끄러운 짓'이 '아슴푸레하다'며 지난 삶을 돌아보고 있다.

[4~8] 인문

알튀세르의 호명 테제

해제 | 이 글은 알튀세르의 입장을 중심으로 주체의 철학적 의미에 대해 고찰하고 있다. 주체를 자율적인 존재라고 생각하는 통념을 제시하고 그와 관련 있는 칸트의 입장을 소개한 후, 주체가 자율적인 존재라는 것에 의문을 품고 그에 비판적인 입장을 제시한 알튀세르의 호명 테제에 대해 설명하고 있다. 알튀세르가 활용한 연극적 상황을 제시하여 호명 테제에서 주장하는 바가 무엇인지 제시하고 있다. 그리고 호명 테제에 대한 논란과 관련하여 슬라보예 지젝의 호명 테제에 대한 비판을 제시하고 그에 대한 알튀세르의 반박을 제시하고 있다.

주제 | 호명 테제를 중심으로 살펴본 주체에 대한 알튀세르의 입장

구성 |

- 1문단: 주체의 자율성에 대한 칸트의 입장
- 2문단: 알튀세르가 제시한 '이데올로기적 호명 테제'의 내용
- 3문단: 호명 테제를 둘러싼 논란과 그와 관련 있는 슬라보예 지젝의 입장
- 4문단: 슬라보예 지젝의 비판에 대한 알튀세르의 반박
- 5문단: 주체에 앞선 주체를 내세우는 주장에 대한 알튀세르의 입장
- 6문단: 이데올로기의 기능에 대한 알튀세르의 입장

4 글의 구조와 전개 방식   답 ④

④ 이 글에서는 주체를 자율적 존재로 생각하는 통념을 언급한 후, 이와 관련 있는 칸트의 입장을 소개하고 있다. 그리고 칸트의 입장에 비판적인 알튀세르의 입장을 설명하고 있다. 이 과정에서 알튀세르의 호명 테제를 둘러싼 논란의 논점인 '지배 이데올로기에 대한 저항이나 반역이 어떻게 가능한가?'를 제시하고 이와 관련하여 호명 테제를 비판한 슬라보예 지젝의 입장을 제시하고 있다. 그리고 이러한 지젝의 비판에 대해 알튀세르가 답변한 내용에 대해 설명하고 있다. 즉 알튀세르의 호명 테제에 관한 논점을 중심으로 내용을 전개하고 있는 것이다.

① 1문단에 주체와 관련하여 칸트의 입장이 제시되어 있다. 그러나 이 글에서는 칸트 입장의 장단점을 알튀세르의 입장에 근거하여 분석하고 있지 않다.

② 1문단의 마지막 문장을 통해 주체의 개념에 대한 철학적 논의의 중요성을 추론할 수 있으나, 이 글에서는 알튀세르가 제시한 호명

테제의 의미에 대한 여러 철학자의 입장을 절충하고 있지 않다.

③ 이 글에서는 주체의 자율성과 관련하여 칸트의 입장을 제시한 다음, 그에 대해 비판적인 알튀세르의 입장을 중심으로 논의를 전개하고 있다. 이 과정에서 주체의 자율성에 대한 입장들을 유사성을 기준으로 분류하고 있지 않다.

⑤ 이 글에서는 알튀세르의 주장이 지닌 특징을 설명하고 있다. 그러나 이러한 특징을 중심으로 주체에 대한 철학적 논의의 한계를 규명하고 있지는 않다.

5 세부 내용 파악   답 ⑤

⑤ 6문단에 따르면, 주체로 하여금 이데올로기의 바깥을 인식하지 못하게 하는 것은 이데올로기이다. 이데올로기는 바깥을 베일로 가리거나 망각하게 만듦으로써 이데올로기적 주체로 하여금 스스로를 조건 지어진 존재가 아닌 자율적 존재인 양 생각하게 만든다.

① 1문단에서 주체의 자율성에 대한 칸트의 입장을 소개하고 있다. 칸트는 자연적 욕구에 의해 자기가 원하는 것을 마음대로 하고 싶어 하는 사람은 도덕적으로 자유로운 존재가 아니라고 보았다.

② 1문단에 따르면, 실존주의는 주체를 자율성을 지닌 자유로운 존재로 보는 입장이다. 이와 달리 알튀세르는 주체를 타율적인 방식으로 구성되는 존재라고 보았다.

③ 3문단을 통해 주체의 자율성 테제로는 이데올로기의 광범위한 영향력을 설명할 수 없다는 것을 알 수 있다. 즉 주체의 자율성 테제는 주체가 부조리한 지배 이데올로기에 의해 설득당하는 것을 설명하는 데 한계가 있는 것이다.

④ 4문단에서 알튀세르가 '탄생'과 '돌발'을 구분했음을 설명하고 있다. 그에 따르면, 돌발은 선행하는 원인 없이 몇 가지 요소들이 어떤 계기로 우연히 마주쳐 원인 없는 결과를 갑작스레 구성하는 것이다. 반면에 탄생은 어떤 것이 태어나기 위해 그 전에 무엇이 있었고, 어떤 원인이 있었는지를 전제하는 것이다.

6 구체적 사례 적용   답 ⑤

⑤ A가 앞으로도 변함없이 그림책 속 하늘나라의 사람들처럼 자유롭고 행복한 생활을 하게 될 것이라고 생각하는 것은 현재를 과거로 투영해 자신의 전사를 회고적으로 구성하는 '주체 효과'의 양상을 보여 준다. 그리고 스스로를 조건 지어진 존재가 아니라 자율적 존재인 양 생각하는 양상도 보여 준다. 따라서 A가 앞으로도 변함없이 자유롭고 행복한 생활을 하게 될 것이라고 생각하는 것을 이데올로기적 주체가 조건 지어진 존재임을 스스로 자각할 수 있는 가능성을 지니고 있음을 나타내는 것으로 이해하는 것은 적절하지 않다.

① 알튀세르는 특정한 이데올로기적 주체로 구성되어 살아가는 개

인은 현재의 자신을 자신의 과거로 투영해 자신이 마치 항상 그러한 주체로 늘 존재해 온 것처럼 생각하고 행동한다고 본다. A의 '내가 태어나기 전에 나는 어디 있었어?'라는 질문에서 '나'는 태어나기 전에 현재와 같은 자신이 존재한다고 상정한 것으로, 개인이 현재의 자신을 자신의 과거로 투영하는 사례를 보여 준다.

② 알튀세르에 따르면, 개인들은 이데올로기적 호명에 의해 이데올로기적인 동일성을 지니게 된다. A는 부모에 의해 자신이 태어나기 이전부터 존재해 왔으며 앞으로도 그림책 속 하늘나라의 사람들처럼 자유롭고 행복한 생활을 하게 될 것이라고 생각하는 주체로 구성되었다. 이와 같은 과정은 이데올로기의 호명에 의해 주체가 구성되는 것을 보여 주므로 A가 부모가 꾸며 낸 이야기를 믿는 것은 이데올로기의 호명에 의해 개인들이 이데올로기적 동일성을 지니게 되는 것과 유사하다고 볼 수 있다.

③ 〈보기〉에서 A의 부모는 그림책의 내용과 관련지어 A에게 허구적인 이야기를 말해 주고 있다. 이 이야기를 들은 A는 이데올로기적 주체가 되어 부모의 이야기가 허구적인 것임을 인식하지 못한 상태에서 그림책 속 하늘나라의 사람들처럼 자유롭고 행복한 생활을 하게 될 것이라고 생각한다. 이는 이데올로기적 주체가 이데올로기의 바깥을 알지 못한 상태에 있는 것과 유사하다.

④ '주체 효과'는 탄생의 논리에 입각해 돌발의 결과를 원인의 자리에 가져다 놓는 것을 의미한다. 즉 우연성을 고려하지 않고 현재를 과거로 투영해 자신의 전사를 회고적으로 구성하는 것이다. A가 자신이 태어나기 전부터 변함없이 존재해 왔다고 여기는 것은 자신의 현재를 과거로 투영했음을 보여 준다. 이와 같이 자신의 현재를 과거로 투영하는 양상은 자신의 전사를 회고적으로 구성하는 주체 효과의 양상을 보여 준다고 할 수 있다.

7 글에 드러난 관점, 내용 비판   답 ⑤

⑤ 슬라보예 지젝은 이데올로기가 완전한 방식으로 주체를 장악하지 못한다는 입장에서 진정한 주체가 이데올로기의 호명이 있기 이전부터 이미 존재한다고 주장한다. 이에 대해 알튀세르는 주체에 앞선 주체는 그 자체가 모두 이데올로기에 의한 호명 이후에 나타난 것이지, 그것의 원인이 아니라고 말한다. 즉 주체에 앞선 주체의 존재는 이데올로기의 호명을 야기한 것이 아니라 이데올로기에 의한 호명이라는 사건의 결과로 나타나는 것에 지나지 않는다는 것이다.

① 알튀세르는 '돌발'에 의해 주체가 구성된다고 본다. 따라서 그는 원인을 중시하는 탄생의 논리가 주체의 기원을 명확히 인식하는 데 전제가 된다고 보지 않을 것이다.

② 알튀세르의 입장에 따르면, 이데올로기적 주체의 등 뒤에 다시 주체가 있는 무한한 동심원의 환상 구조 안에서 계속 돈다고 해서 주체의 기원 또는 기원적 원인에 이를 수 없다. 따라서 무한한 동심원의 환상 구조에 대해 주체로 하여금 자신의 자율성에 대해 자각할 수 있게 해 주는 것이라고 생각하는 것은 적절하지 않다.

③ 슬라보예 지젝은 이데올로기가 주체를 구성한다는 것을 어느 정도 옳다고 말했다. 따라서 이데올로기가 주체 구성에 미치는 영향을 완전히 부정하는 것을 문제 삼는 것은 ㉠에 대해 알튀세르가 반박할 내용으로 적절하지 않다.

④ 슬라보예 지젝은 이데올로기적 주체가 아무 때나 구성된다고 주장하지 않았다. 따라서 이데올로기적 주체가 아무 때나 구성된다는 것을 부정하는 견해는 ㉠에 대한 알튀세르의 반박으로 적절하지 않다.

8 세부 내용 파악   답 ④

④ 지젝은 이데올로기가 항상 '잉여로서의 공백'을 남기는 방식으로만 주체를 구성한다고 본다. 잉여로서의 공백이 바로 저항과 반역의 주체, 즉 '공백으로서의 주체'가 되는 것이다.

① 지젝에 따르면, ⓐ는 호명을 가능하게 하는 조건이다. 따라서 ⓐ가 없는 상태로 이데올로기에 의한 호명이 이루어질 수 있다고 이해하는 것은 적절하지 않다.

② 지젝은 ⓐ에 의해 저항과 반역의 주체가 되는 것이 가능하다고 본다. 저항과 반역의 원인과 관련하여 ⓐ를 이해하고 있는 것이다. 따라서 ⓐ를 원인 없는 결과가 돌발적으로 나타나는 것을 제어하는 것으로 이해하는 것은 적절하지 않다.

③ 지젝은 이데올로기가 주체를 완전하게 장악할 수 없다고 말하며, 이데올로기가 항상 '잉여로서의 공백'을 남기는 방식으로 주체를 구성한다고 본다.

⑤ 지젝에 따르면, ⓐ는 개인이 저항과 반역의 주체가 되는 것을 가능하게 해 주는 것으로, 이데올로기의 호명이 있기 이전부터 이미 존재하고 있는 것이다. 이와 같이 ⓐ는 이미 존재하고 있는 것이므로 ⓐ가 생성된다고 이해하는 것은 적절하지 않다. 이에 따라 ⓐ의 생성으로 주체의 타율적인 성격이 고정되어 변하지 않게 될 수 있다고 이해하는 것도 적절하지 않다.

02회 미니모의고사   본문 8~11쪽

| 1 ② | 2 ④ | 3 ③ | 4 ③ |
| 5 ② | 6 ① | 7 ④ | 8 ⑤ |

[1~4] 현대시

㉮ 정진규, 「추억 – '감자 먹는 사람들', 빈센트 반 고흐」

해제 | 이 시는 빈센트 반 고흐의 그림 '감자 먹는 사람들'을 보고 모티프를 얻어 쓴 작품으로, 문학과 미술의 밀접한 관계를 잘 보여 주고 있다. 특히 고흐의 그림에서 흐린 불빛, 굵은 감자, 투박한 손, 피곤에 찌든 얼굴 등으로 표현된 가

난한 농가의 모습은 이 시에서 '삽질 소리', '맛있는 잠', '목욕탕' 등의 시어로
변용되어 있다. 또한 마지막 연에서 '목욕탕'은 고된 노동으로 인한 피로를 회
복할 수 있는 공간으로, 노동으로 인한 피로와 남루함을 씻어 내고자 하는 화
자의 마음을 드러내는 동시에 비가 와야만 노동일을 쉬고 목욕탕에 갈 수 있는
화자의 절박한 처지를 더욱 부각하고 있다.

주제 | 고된 노동에 지친 일가족의 고단함과 휴식에 대한 기대

구성 |

- 1연: 가난한 가족의 저녁 식사
- 2연: 피곤에 지쳐 잠이 든 가족
- 3연: 비가 내려야만 가질 수 있는 휴식에 대한 기대

📵 이수익, 「결빙의 아버지」

해제 | 이 시는 아버지에 대한 그리움과 사랑을 어머니에게 고백하는 듯이 이
야기하는 방식으로 노래한 작품이다. 화자는 춥고 힘들었던 어린 시절의 가정
형편을 떠올리며 심한 외풍 속에서 자신을 감싸 주었던 아버지에 대한 추억을
떠올린다. 그리고 성인이 된 후 자신의 아이들이 잠든 모습을 보며 아버지에
대한 그리움을 다시 한번 떠올리며 아버지를 다시 만날 수 없는 현실에 대한
안타까움을 드러내고 있다. 특히 화자는 추운 겨울 영하의 날씨에 하얗게 얼어
붙은 한강을 보고 아버지를 떠올리고 있는데, 여린 물살이 잘 흘러가도록 단단
하게 얼어붙은 얼음과 자식들을 위해 혹한을 막아 주느라 꽝꽝 얼어붙은 아버
지의 잔등을 동일시하고 있다.

주제 | 아버지에 대한 그리움

구성 |

- 1연: 어릴 적 겨울 외풍을 막아 주던 아버지
- 2연: 자신도 아버지가 되고 난 후 느끼는 아버지에 대한 그리움
- 3연: 얼어붙은 한강물을 보며 느끼는 아버지에 대한 그리움

---

1 작품의 종합적 이해와 감상　　　　　답 ②

정답이 정답인 이유

② (가)는 식구들이 둘러앉아 삶은 감자를 먹고 잠을 자던 상황과
새벽에 빗줄기 소리를 듣던 상황을 '저녁–밤–새벽'과 같이 시간적
순서로 제시하며, 가족들이 고된 노동으로 지친 상황에 대한 화자
의 인식을 드러내고 있다.

오답이 오답인 이유

① (가)의 2연에서 화자의 식구들이 처한 상황을 잘 삶아진 굵은 감
자알과 동일시한 것으로 볼 수도 있지만, 이를 통해 화자의 반성적
태도를 드러내고 있지는 않다.

③ (나)에서는 겨울을 배경으로 시상을 전개하고 있지만 계절의 변
화 과정은 나타나 있지 않다.

④ (가)에서는 '누구나 삽질을 잘하는 것은 아니다'와 같이 부분적
으로 현재형 문장이 사용되었지만, 주로 과거형 문장을 사용하여
추억 속의 가족들의 삶을 떠올리고 있으며, (나)에서도 '~ 눕고 싶
습니다'와 같이 현재형 문장이 사용되었다. 하지만 (가), (나) 모두
현재형 문장을 반복하고 있지는 않으므로 현재형 문장을 반복하여
화자의 자아 성찰 과정을 드러냈다는 설명은 적절하지 않다.

⑤ (가)에서는 가난한 식구들이 노동에 지친 채로 삶은 감자를 먹고
있는 '저녁 식탁'과 식구들이 가고 싶어 하는 '목욕탕'을 대비하고

있지만 이를 통해 부정적인 시대 상황에 대한 극복 의지를 강조하
고 있지는 않다. (나)에서는 과거에 아버지와 함께 있던 '목조 적산
가옥 이층 다다미방'과 아버지가 물로 화신한 것을 느끼는 현재의
'영하의 한강교'를 대비한 것으로 볼 수 있다. 하지만 이를 통해 부
정적인 시대 상황을 극복하려는 의지를 강조하고 있지는 않다.

2 외적 준거에 따른 작품 감상　　　　　답 ④

정답이 정답인 이유

④ (나)의 화자가 '요즈음', 아버지와의 옛 추억을 떠올리며 마음을
아파하고 아버지의 부재로 인해 안타까움을 느끼는 것은 '심리적
결핍'에 해당한다. 그리고 화자가 '옛날'처럼 '아버지 곁에' 눕고 싶
어 하는 것을 볼 때, 화자가 '심리적 결핍'을 느끼는 '요즈음'은 화
자가 아버지와 함께 있던 '옛날'과 대비를 이룬다고 할 수 있다.

오답이 오답인 이유

① (가)에서 '누구의 손' 하나가 잘못 놓여도 저녁 식탁이 삐걱거리
는 것은 화자의 가족이 가난한 현실, 물질적 결핍의 상황에 처해 있
기 때문이다. 따라서 '누구의 손'이 '저녁 식탁'을 삐걱거리게 하기
이전부터 '셋째 형'을 비롯한 가족들이 물질적 결핍을 겪어 온 것을
알 수 있다.

② (가)에서 '막힘'이 없이 '맛있는 잠'을 자는 것은 화자가 유일하
게 노동을 쉴 수 있는 상황으로, 잠을 자는 것 때문에 물질적 결핍
이 심화되고 있지는 않다.

③ (가)에서 식구들이 '목욕탕'에 가고 싶어 할 수 있었던 것은 비
가 오는 날에는 일을 하러 갈 수 없기 때문이므로, 식구들이 '목욕
탕'에 가고 싶어 하는 것이 '빗줄기'로 인해 물질적 결핍이 해소되
었기 때문이라는 설명은 적절하지 않다.

⑤ (나)에서 화자가 '아버지'를 반복해서 부르는 것은 아버지에 대
한 그리움 때문이므로, 심리적 결핍 상황을 극복해 낸 상황이라는
설명은 적절하지 않다.

3 시어, 시구의 의미와 기능 파악　　　　　답 ③

정답이 정답인 이유

③ '늘 저녁을 그렇게 때웠다'는 (가)의 화자가 신발의 진흙도 털지
않은 채 흐린 불빛 속에서 저녁을 때우던 삶이 일시적인 것이 아니
라는 점을 보여 준다. (나)의 화자는 '영하의 한강교를 지나면서' 어
린 시절 아버지의 사랑을 떠올리고 있다.

오답이 오답인 이유

① ㉠은 (가)의 화자가 고된 상황에 처해 있음을 보여 주는 상황이
지 ㉠이 다른 대상과의 갈등을 유발하고 있지는 않다. ㉡은 (나)의
화자가 어린 시절 아버지의 사랑을 떠올리게 하는 상황이지 화자가
다른 대상과 화해에 이르기 위한 행동이 아니다.

② ㉠은 (가)의 화자가 과거 기억 속의 장면을 말한 것이지 현재 상
황에 대한 회한이 드러나는 행동이 아니다. ㉡은 (나)의 화자가 과
거의 삶을 떠올리게 하는 행동이지 비참한 현실을 극복하려는 화자
의 의지가 반영된 행동이 아니다.

④ (가)에서 화자의 식구들은 하루 노동을 끝낸 후 저녁 식탁에 둘러앉아 말없이 삶은 감자를 먹고 있는데, 이러한 모습은 삶의 고단함을 연상시키는 장면이라 할 수 있다. 그런데 늘 저녁을 이와 같이 때우는 고된 나날들이 계속되었다는 것을 볼 때, ㉠이 화자가 자신의 고된 현실에 대한 인식을 바꾸는 계기가 되었다는 설명은 적절하지 않다. (나)에서 ㉡은 화자가 주어진 운명에 순응하는 것과 관련 없는 상황이다.

⑤ ㉠은 (가)의 화자가 식구들과 함께 삶은 감자를 먹는 상황이므로 다른 식구들을 위한 자기희생적 태도가 드러나는 행동이라 볼 수 없다. ㉡은 (나)의 화자가 어린 시절 아버지의 사랑을 떠올리게 되는 행동이지 과거 자신의 삶에 대한 후회가 반영된 행동은 아니다.

4 작품의 종합적 이해와 감상 　　　　답 ③

정답이 정답인 이유

③ 화자가 '한 줌 뼛가루'로 삭아 버린 아버지를 떠올리는 것은 '예닐곱 살 적 겨울'에 느꼈던 아버지에 대한 사랑을 생각하는 것이지 그 시절 자신이 했던 행동들을 후회하고 있는 것은 아니다.

오답이 오답인 이유

① 화자가 아버지의 '가슴팍에 벌레처럼 파고들어' 겨우 잠드는 것은 화자가 있던 '목조 적산 가옥 이층 다다미방'이 외풍으로 인해 너무 추웠기 때문이라 할 수 있다. 따라서 화자가 아버지의 가슴팍에 움츠린 채 잠에 드는 모습은 '목조 적산 가옥 이층 다다미방'의 추위를 더욱 부각한다고 볼 수 있다.

② 화자가 아버지에게 느낀 사랑은 화자가 곁에서 '잠든 아이들'에게 '이불깃'을 덮어 주며 부성을 느끼는 상황으로 이어지고 있다.

④ '품 안에 부드럽고 여린 물살'이 무사히 흘러 '바다'로 가기를 바라는 것은 화자를 위해 추위를 막아 주던 아버지의 사랑을 연상시킨다고 할 수 있다.

⑤ '꽝 꽝 얼어붙은 잔등'은 화자가 바라보고 있는 얼어붙은 한강물을 의미하는 동시에, 화자를 위해 추위를 막아 주던 아버지의 희생을 의미하는 것이다.

[5~8] 인문

조선의 소원 제도

해제 | 이 글은 조선의 소원 제도에 대해 설명하고 있다. 백성을 중시해야 한다는 민본 정신을 통치 이념으로 삼은 조선은 민의를 수용하기 위한 제도 중 하나로 백성들이 억울함을 호소할 수 있는 소원의 절차를 운영하였다. 또한 일반적인 소원의 절차에서 부족한 부분을 보완하기 위해 다른 제도들도 마련해 두었는데 북을 쳐서 억울함을 호소하는 신문고, 글을 통해 왕에게 억울함을 전달하는 상언, 징이나 꽹과리를 쳐서 억울함을 호소하는 격쟁이 있었다. 이러한 제도들은 왕이 백성과 직접 소통하려고 했다는 점에서 의의가 있다.

주제 | 백성과의 소통을 위한 조선의 소원 제도

구성 |

• 1문단: 민본 정신을 구현한 조선의 민의 수용 제도

• 2문단: 조선의 소원 제도의 운영 절차

• 3문단: 신문고 제도의 절차와 특징

• 4문단: 상언과 격쟁의 절차와 특징

• 5문단: 조선의 소원 제도의 의의

5 세부 내용 파악 　　　　답 ②

정답이 정답인 이유

② 2문단에 의송을 받은 관리는 사건을 담당할 관리인 수명관을 지정하였는데, 수명관은 1차 단계의 수령일 수도 있었고 공정성을 확보하기 위해 인근 고을의 다른 수령으로 교체되기도 하였다고 언급되어 있다. 따라서 기존의 관리를 항상 배제하였다는 것은 적절하지 않다.

오답이 오답인 이유

① 5문단에 신문고, 상언, 격쟁은 일부 왕들에 의해 중단되기도 하였다고 언급되어 있다.

③ 1문단에 관료의 자질 향상 및 의무를 강조한 것과 관료의 비행을 감독하고 규찰하는 감사의 기능을 강화한 것은 모두 민본 정신의 구현이라고 언급되어 있다.

④ 1문단에 백성을 중시해야 한다는 민본 정신은 백성을 자식처럼 아끼고 사랑하는 마음을 갖는 것과 민생을 안정시킬 수 있는 구체적인 제도가 모두 필요하다는 현실적인 인식이라고 언급되어 있다.

⑤ 2문단의 마지막에 소원의 절차는 성별과 신분에 관계없이 누구에게나 보장되어 있었다고 언급되어 있다.

6 다른 견해와의 비교 　　　　답 ①

정답이 정답인 이유

① '서계'는 관리들의 실정을 고발하는 것으로 개인적인 사정을 바탕으로 하는 '상언'과는 차이가 있다. '별단'은 지역 백성들의 호소를 기록하는 것으로 사회의 전반적인 문제를 다루던 '상소'와는 차이가 있다.

오답이 오답인 이유

② 백성들이 어사에게 호소한 내용을 담은 '별단'은 '상언'과 마찬가지로 문서의 형태로 작성되어 왕에게 전달된다.

③ 어사 제도는 백성의 민원을 직접적으로 해소하는 방법으로 복잡한 소원의 절차를 거치지 않고 억울함을 호소할 수 있는 방법이다.

④ 신문고 제도는 관리들의 실정을 고발할 수 없다는 한계가 있었지만 어사 제도의 경우 '서계'에 지방 수령들의 통치 상황과 비리를 적었기 때문에 관리들의 실정을 고발하는 것이 가능하였다.

⑤ 어사 제도는 백성의 민원을 직접적으로 해소하기 위한 방법이기 때문에 소원 제도와 마찬가지로 왕권의 기반이 민심이고 민심을 천심으로 받아들여야 한다는 통치 이념에 기반을 둔 것으로 볼 수 있다.

7 세부 내용 파악 　　　　답 ④

정답이 정답인 이유

④ 신문고를 울리기 위해서는 먼저 지방 관리에게 문제의 해결을

호소하고 확인을 받은 후 다음 단계로 넘어갈 수 있었다.

오답이 오답인 이유

① 신문고는 송나라에서 처음 시행했던 제도이다.

② 수명관을 지정하는 것은 신문고를 울리기 이전의 단계이다.

③ 백성이 신문고를 치면 왕이 직접 백성을 만나는 것이 아니라 의금부의 당직청에서 백성의 사연을 접수하였다.

⑤ 신문고는 소요 시간이 1년 이상 걸리는 등 절차적 어려움이 있었고, 사용 제한이 더욱 엄격해져 백성들의 이용은 거의 없게 되었다. 따라서 절차적 과정이 간소화되거나 호소 내용이 확대되었다는 것은 적절하지 않다.

8 세부 내용 파악   답 ⑤

정답이 정답인 이유

⑤ 상언과 격쟁은 개인적인 억울한 사연을 호소하는 제도였다. 사회 전반적인 문제를 다룬 것은 양반들이 올리는 상소이다.

오답이 오답인 이유

① 상언은 왕이 행차를 할 때 상언별감에게 미리 작성한 상언을 제출하는 것이므로 왕의 행차가 전제되어야 했다.

② 상언에서 친제, 친정, 한내현신의 세 가지 원칙 중 하나의 원칙이라도 어길 경우에는 상언이 받아들여지지 않고 즉시 무효화되었다.

③ 말로써 억울함을 호소하는 격쟁은 절차적으로 간편하였기 때문에 하층민들이 선호하였다.

④ 격쟁을 하는 백성은 왕의 행차를 소란스럽게 했다는 죄목으로 처벌을 받았으므로 죄인이 된 후에 억울한 사정을 호소할 수 있었다.

03회 미니모의고사   본문 12~15쪽

1 ①	2 ③	3 ⑤	4 ③
5 ④	6 ⑤	7 ①	8 ④

[1~4] 현대시

㉮ 송수권, 「나팔꽃」

해제 | 이 시는 나팔꽃 줄기가 뻗어 나가는 모습을 보고 깨달은 삶의 교훈을 노래한 작품이다. 화자는 이제 더는 휘감고 뻗어 나갈 데가 없어서 그만 자랄 것이라고 생각했던 나팔꽃 줄기가 굽히지 않는 의지로 허공을 향해 뻗어 나가며 바지랑대를 찾고 기어이 예쁜 꽃까지 피우는 것을 본 뒤, 우리의 삶도 한계 상황에서 슬픔과 절망을 이겨 낼 때 진정 가치 있는 결과를 만들어 낼 수 있는 거라는 깨달음을 얻는다. 시구의 반복을 통해 시간의 경과를 드러내고, 공감각적 이미지를 통해 추상적 내용을 구체적으로 형상화했다는 특징이 있다.

주제 | 끊임없이 뻗어 나가는 나팔꽃을 보며 깨달은 삶의 가치

구성 |

• 1~9행: 예상과 달리, 멈추지 않고 뻗어 나가는 나팔꽃 줄기

• 10, 11행: 나팔꽃 줄기로부터 깨달은, 시련을 이겨 내는 삶의 참된 가치

㉯ 정끝별, 「가지가 담을 넘을 때」

해제 | 이 시는 수양의 늘어진 가지가 담을 넘는 과정과 그 의미를 통해 제약을 넘어서서 미지의 영역에 도달하기 위한 용기와 협력의 가치를 탐구한 작품이다. 화자는 '~은/이 아니었을 것이다', '~ 아니었으면', '~ 못했을 것이다'와 같은 부정적 진술들을 활용하여 가지가 담을 넘는 데에 원동력이 되어 준 존재들을 부각하면서, 심지어 가지에게 장애물로 작용했을 것들, 즉 비나 폭설, 그리고 담 자체마저도 가지가 신명 나게 담을 넘는 시도를 하는 데에 도움이 되었을 것이라고 긍정적으로 해석하고 있다.

주제 | 가지가 담을 넘는 과정과 의미

구성 |

• 1연: 가지가 담을 넘을 수 있게 하는 내적인 원동력

• 2연: 가지가 담을 넘을 수 있게 하는 외부의 시련들

• 3, 4연: 가지에게 담이 지니는 의미와 가치

1 작품 간의 공통점, 차이점 파악   답 ①

정답이 정답인 이유

① (가)에서는 '다음 날 아침에 나가 보면'의 반복을 통해, (나)에서는 '가지가 담을 넘을 때'의 반복을 통해 시적 상황을 강조하고 있다.

오답이 오답인 이유

② (가)와 (나) 모두 공간의 이동에 따라 화자의 정서가 변화하는 작품이 아니다.

③ (가)와 (나) 모두 화자가 단호한 의지를 드러내는 작품이 아니다.

④ (가)는 '~ 나는 법일까.'라는 의문형 진술로 시상을 마무리했지만 회의적 태도와는 무관하며, (나)는 의문형 진술로 시상을 마무리하지 않았다.

⑤ (가)와 (나) 모두 화자의 정서가 직접 표현되어 있는 작품은 아니며, (나)의 화자는 작품의 표면에 드러나 있지 않다.

2 표현상의 특징 파악   답 ③

정답이 정답인 이유

③ ㉢은 '비'를 '고집 센' 존재로 그린 것이므로 의인화된 표현이라고 할 수 있다. 그러나 이 부분은 그렇게 줄기차게 내린 비가 가지에게는 오히려 담을 넘는 일을 신명 나게 느끼도록 해 주는 외적 요인이었다는 의미일 뿐 암울한 분위기를 조성하는 것이 아니다.

오답이 오답인 이유

① ㉠에서 '두세 개의 종'은 줄기에 피어난 두세 송이의 나팔꽃을 의미하는 은유이다.

② ㉡에서 '푸른 종소리'는 청각을 시각화한 공감각적 심상이 활용된 것인데, 이는 강인한 의지로 '우리의 아픔'을 극복하면 고양된 삶의 경지에 이를 수 있다는 생각, 즉 나팔꽃 줄기를 보며 느낀 바를 우리의 삶에 대한 것으로 확장하게 된 화자의 인식을 드러낸 표현이라고 할 수 있다.

④ ㉣에서는 '목련 가지', '감나무 가지', '줄장미 줄기', '담쟁이 줄기' 등을 열거하며, 용기를 내어 담을 넘는 일이 비단 '수양 가지'에

만 국한되는 것이 아님을 드러내고 있으므로, 대상의 범위를 확대
한 것이라고 할 수 있다.

⑤ ⓒ은 어형(語形), 즉 단어의 형태가 유사한 '도박'과 '도반'을 이
용한 시구이다. 이 시구는, 가지에게 있어서 담을 넘는다는 것은 성
공이 보장되지 않는 위험한 일이겠지만, 애초에 담이 있었기에 가
지가 그토록 가치 있는 일을 시도할 수 있었을 것이라는 의미를 담
고 있다.

3 시어, 시구의 의미와 기능 파악　　　　답 ⑤

정답이 정답인 이유

⑤ (가)의 화자가 보기에 더는 감아쥘 바지랑대가 없는 나팔꽃 줄기
의 성장은 그만 멈출 것 같았지만, 다음 날 아침에 보게 되는 나팔
꽃 줄기의 모습은 그렇지 않았다는 사실이 ⓐ를 통해 부각되어 있
다. 한편 (나)의 화자는 가지가 담을 넘는 데에는 앞서 언급한 '뿌
리', '꽃', '잎', '비', '폭설' 등보다 '담'의 역할이 더 컸음을 강조하
는 맥락을 구성하기 위해 ⓑ를 사용하였다.

오답이 오답인 이유

① ⓐ는 '다음 날 아침'에 대한 언급에 사용되었으므로 화자가 인지
하는 시간의 경과와 관련이 있으나 그 자체를 지시하는 것은 아니
다. 또 ⓑ는 화자가 처한 공간의 이동을 의미하는 것이 아니다.

② ⓐ는 화자가 예상했던 것과 다른 상황이 '다음 날 아침'에 전개
되었음을 언급하는 것과 관련이 있다. 그러나 ⓑ는 동일한 상황의
지속적 반복에 대한 회고와 관련이 없다.

③ ⓐ는 화자의 감정 이입과 관련이 없다. 또 (나)에서 화자와 대상
의 위치가 뒤바뀐 상황은 제시되지 않았으므로 ⓑ에 대한 설명도
적절하지 않다.

④ ⓑ는 '담'의 역할에 주목하게 하므로 화자가 의도한 시상 전개의
방향으로 초점을 유도한다고 말할 수 있을 것이다. 그러나 ⓐ를 통
해 화자의 내면을 응시하는 방식으로의 시상 전환이 제시된 것은
아니다.

4 외적 준거에 따른 작품 감상　　　　답 ③

정답이 정답인 이유

③ (가)에서 화자가 '이젠 더 꼬일 것이 없다'고 생각하는 것은 나팔
꽃 줄기가 감아쥘 바지랑대를 찾을 수 없는 상황처럼 우리의 삶이
절망적 한계에 도달했다고 느끼는 것을 의미한다. 따라서 이는 시
련을 극복하고 삶이 고양되었다는 판단과는 관련이 없다.

오답이 오답인 이유

① (가)에서 나팔꽃 줄기가 맞닥뜨린 '바지랑대 끝'은 '더는 꼬일 것
이 없어서' 화자가 '끝이다 끝 하고' 생각하게 되는 한계 상황을 환
기하는 것이다.

② (가)의 화자는 더는 감아쥘 바지랑대가 없음에도 불구하고 끝끝
내 꽃을 피워 내는 '나팔꽃 줄기'를 보며 불굴의 의지로 시련을 극복
하는 삶의 교훈을 떠올린 것이다.

④ (나)의 화자는 뿌리, 꽃, 잎이 '혼연일체 믿어 주지 않았다면' 가
지는 '한없이 떨기만' 했으리라고 짐작한다. 이는 만일 다른 부분들

의 지지와 협력이 없었다면 가지는 담을 넘으려는, 즉 미지의 영역
에 도달하기 위한 용기도 내지 못했을 것이라는 의미라고 해석할
수 있다.

⑤ (나)에서 '가지의 마음을 머뭇 세우고 / 담 밖을 가둬 두는' 존재
인 '금단의 담'은 자연물, 즉 '가지'가 의지를 통해 이겨 내야 하는
현실의 제약에 대응된다고 할 수 있다.

[5~8] 인문

프래그머티즘

해제 | 이 글은 미국에서 발생한 철학 사조인 프래그머티즘에 대해 다루고 있
다. 다윈의 진화론의 영향을 받아 출발하게 된 프래그머티즘은 영원불변의 객
관적 진리는 존재하지 않고 모든 것은 환경의 변화에 따라 달라질 수 있다고
보았다. 프래그머티즘은 여러 학자들을 거치며 발전하였는데 프래그머티즘의
선구자인 퍼스는 의미론으로서의 프래그머티즘을 주장하며 '프래그머티즘의
격률'에 대해 이야기하였고, 윌리엄 제임스는 퍼스가 언급한 프래그머티즘의
격률을 프래그머티즘의 진리론으로 발전시켰다. 존 듀이는 도구주의를 바탕으
로 행동적 요소를 더욱 강조하였는데 새로운 탐구의 방법론을 제시하면서 이
를 사회의 다양한 분야에 적용하며 사회 개선을 시도하였다. 프래그머티즘은
본질이 모호하다는 비판을 받기도 하였지만 철학적 사고를 기반으로 사회의
문제 해결과 발전을 추구했다는 점에서 의의가 있다고 볼 수 있다.

주제 | 프래그머티즘의 발전 과정과 의의

구성 |

- 1문단: 프래그머티즘의 등장 배경과 개념
- 2문단: 다윈의 진화론에 영향을 받은 프래그머티즘
- 3문단: 프래그머티즘에 대한 퍼스의 관점
- 4문단: 프래그머티즘에 대한 제임스의 관점
- 5문단: 프래그머티즘에 대한 듀이의 관점
- 6문단: 프래그머티즘의 의의

5 내용의 인과 관계 파악　　　　답 ④

정답이 정답인 이유

④ 다윈의 진화론에 따르면 세계는 불확실한 우연성이 지배하고 있
으며 인간은 우연한 진화의 산물일 뿐이다. 이런 관점에 따르면 지
식 또한 영원불변한 진리가 아니기 때문에 현실의 문제에 대한 해
결책은 상황에 따라 얼마든지 달라질 수 있다.

오답이 오답인 이유

① 다윈의 진화론은 플라톤 이래의 본질주의적인 형이상학적 인간
관과 배치된다.

② 다윈의 진화론에 따르면 역사와 시대를 관통하는 궁극적인 원리
는 존재하지 않는다.

③ 프래그머티즘의 관점에서 세계는 불확실한 우연성에 의해 지배
받고 있으므로 지식은 영원불변하지 않다.

⑤ 프래그머티즘의 관점에서 삶의 문제는 우연성에 의해 나타났다
고 말할 수 있지만 프래그머티즘에서 말하는 진리 또한 우연성에
의해 지배받기 때문에 객관적인 진리를 추구할 수는 없으며 환경에
따라 달라질 수 있다.

6 구체적 사례 적용   답 ⑤

정답이 정답인 이유

⑤ 퍼스는 과학적 방법을 거쳐 확고한 믿음에 도달하여 의심이 그치게 되면 그 믿음의 진리 여부와 관계없이 만족감을 얻을 수 있다고 주장하였다. 따라서 확실한 진리, 즉 객관적인 진리에 기반을 둔 믿음에 도달해야 만족감을 얻을 수 있다는 것은 적절하지 않다.

오답이 오답인 이유

① 퍼스는 탐구가 의심에서 시작된다고 하였고, 과학적 방법을 거쳐 확고한 믿음에 도달할 수 있다고 했으므로 문장의 의미에 의문이 생긴다면 새로운 믿음을 위해 탐구의 과정을 거쳐야 한다.
② 문장의 의미는 과학적 탐구를 통해 확고해질 수 있는데, 실험의 결과가 문장의 의미와 다르게 나온다면 문장의 의미가 확고해지지 않은 것이므로 확고한 믿음에 도달하지 못한 것으로 판명될 것이다.
③ 퍼스가 말한 의미론으로서의 프래그머티즘에 따르면 탐구는 과학적 방법을 거쳐야 하므로 문장의 의미를 분명하게 하는 과정은 곧 개념을 명료하게 하는 실험의 결과를 파악하는 과정이라고 볼 수 있다.
④ 퍼스는 어떠한 개념을 명료하게 하기 위해서는 실험을 통해 결과를 얻어야 한다고 했으므로 '다이아몬드는 가장 단단한 물질이다.'라는 문장의 의미를 명료하게 하기 위해서는 실제로 다이아몬드의 경도를 파악하는 실험이 필요하다.

7 세부 내용 파악   답 ①

정답이 정답인 이유

① 전통적인 철학자들은 영원불변의 객관적인 진리가 존재한다고 생각하였고, 역사와 시대를 관통하는 궁극적인 원리를 바탕으로 현실 문제에 대해 절대적인 해결책을 찾을 수 있다고 보았다.

오답이 오답인 이유

② 전통적인 철학자들은 자연 안에 절대로 변하지 않는 것이 있다고 보았다. 이 세계는 불확실한 우연성이 지배한다는 다윈의 진화론에 영향을 받은 이들은 프래그머티즘 학자들이다.
③ 프래그머티즘 학자들은 기존의 형이상학적 철학에서 벗어나 생활 중심의 철학을 추구하였다.
④ 프래그머티즘 학자들은 진리가 가변성을 바탕으로 하여 사람들의 삶을 실제적으로 향상시키는 역할을 한다고 보았다.
⑤ 프래그머티즘 학자들이 진리를 실천의 결과를 바탕으로 생각한 것은 맞지만, 개념의 의미는 절대적이지 않고 상황에 따라 얼마든지 달라질 수 있다고 하였다.

8 구체적 사례 적용   답 ④

정답이 정답인 이유

④ 듀이는 어떤 상황에서 발생하는 문제를 극복하기 위해 나타나는 사고 작용은 지적인 요구에 의한 것이 아니라 당면한 문제를 해결하기 위한 것이라고 하였다.

오답이 오답인 이유

① 프래그머티즘은 영원불변한 객관적인 진리는 존재하지 않고 지식이 환경의 변화에 따라 얼마든지 달라질 수 있다고 하였다. 따라서 4차 산업 혁명 기술을 활용한 의료 행위를 상황의 변화에 적응하려는 현상으로 볼 것이다.
② 퍼스는 개념의 의미는 내용에 불과할 뿐이고 개념의 실제적인 결과를 고려해야 한다는 '프래그머티즘의 격률'을 이야기하였다. 따라서 4차 산업 혁명 기술을 의료 분야에 적용하기 위해서는 여기에 대한 실제적인 결과가 필요하다고 생각할 것이다.
③ 제임스는 어떤 상황을 판단하기 위해서는 그것의 '현금 가치'를 따져야 한다고 말하고 있으므로 제임스가 4차 산업 혁명 기술을 활용한 의료 행위에 찬성한다면 그것은 4차 산업 혁명 기술을 활용한 의료 행위가 '현금 가치'를 더 높이는 시도라고 생각한 것으로 볼 수 있다.
⑤ 듀이는 인간은 자연 속에 존재하는 하나의 유기체이므로 환경에 대한 적응을 통해서만 상호 관계가 가능하고 인간의 모든 문제는 유기체와 환경의 관계를 바탕으로 생각해야 한다고 하였다. 따라서 4차 산업 혁명 기술의 활용 또한 유기체와 환경의 관계의 측면에서 자연 속의 유기체가 달라진 환경에 적응해 나가는 과정으로 생각할 것이다.

04회 미니모의고사   본문 16~19쪽

| 1 ④ | 2 ② | 3 ⑤ | 4 ① |
| 5 ④ | 6 ⑤ | 7 ③ | 8 ② |

[1~4] 현대 소설

김정한, 「산거족」

해제 | 이 작품은 판자촌인 '마샛등'에 사는 가난하고 힘없는 노인인 황거칠 씨가 마을을 위해 식수원을 개발하여 쟁취해 나가는 과정을 그리고 있다. 산업화와 도시화의 과정에서 소외된 가난한 민중들이 처한 부조리한 현실을 폭로하고 그러한 현실의 극복 가능성을 보여 준다.

주제 | 부조리한 현실에 대한 고발과 소외된 이들의 저항

전체 줄거리 | 마샛등 판자촌에 사는 황거칠 씨는 마을에 수도가 들어오지 않자 직접 산의 물을 끌어다가 식수 문제를 해결하고자 한다. 이때 호동팔이 나타나 물을 쓰는 산이 자신의 형인 호동수의 산이므로 수도를 철거할 것을 통보한다. 황거칠 씨가 이에 불복하자 호동수는 소송을 제기하고 재판에 지게 된 황거칠 씨는 결국 물과 수도를 빼앗긴다. 이에 강제 철거가 진행되고 황거칠 씨는 국유지 산에 새로운 우물을 파서 수도를 연결하지만 또다시 국유지를 불하받았다는 산 임자가 나타나면서 마샛등 사람들은 수도 시설을 빼앗길 위기에 처한다. 황거칠 씨는 탄원서를 제출하고 마을 사람들과 함께 불하 취소 투쟁을 할 것을 다짐한다.

1 구성 및 서사 구조의 이해　　　　　　답 ④

정답이 정답인 이유

④ ㉣은 호동팔이 황거칠 씨의 수도 시설을 모두 철거하고 우물을 복구하는 사업이 시작됨을 나타낸다. ㉤은 황거칠 씨가 다른 산에서 새로운 물을 끌어오기 위해 집을 나서는 것을 나타낸 것이다. ㉣을, ㉤의 상황을 미리 알고 이를 방지하기 위한 과정으로 보는 것은 적절하지 않다.

오답이 오답인 이유

① ㉠은 집달리 일행이 황거칠 씨의 수도 시설을 철거하는 상황을 나타낸 것이다. ㉡은 황거칠 씨의 수도 시설을 철거하려는 집달리 일행과의 싸움을 나타낸 것이므로, ㉠을 ㉡의 원인으로 볼 수 있다.

② ㉡은 황거칠 씨의 수도 시설을 철거하려는 집달리 일행과의 싸움을 나타낸 것이다. ㉢은 황거칠 씨가 ㉡으로 인해 감옥에 갇힌 다음, 석방되는 조건으로써 강제 집행을 방해하지 않겠다는 내용의 각서에 도장을 찍는 것을 나타낸 것이므로, ㉡을 ㉢이 발생하게 된 빌미로 볼 수 있다.

③ ㉢은 황거칠 씨가 감옥에 갇힌 다음, 석방되는 조건으로써 강제 집행을 방해하지 않겠다는 내용의 각서에 도장을 찍는 것을 나타낸 것이며, ㉣은 수도 시설이 강제로 완전히 철거되고 호동팔이 자신의 필요에 의해 우물을 복구하는 것을 나타낸 것이다. ㉢에 표현된 바대로, 황거칠 씨는 강제 집행을 방해할 수 없는 상황이므로 ㉣의 상황을 받아들일 수밖에 없다. 따라서 ㉢은 결과적으로 ㉣을 원활하게 하는 단계라고 볼 수 있다.

⑤ ㉠은 호동팔 측의 법적 권리에 따라 집달리 일행이 마삿등 사람들이 만들어 놓은 수도 시설을 철거하는 상황을 나타낸 것으로, 이로 인해 마삿등 사람들은 자유롭게 물을 쓸 수가 없게 된다. ㉤은, 황거칠 씨가 호동팔 측의 산이 아닌 다른 산에서 새로운 물을 끌어오기 위해 집을 나서는 것을 나타낸 것으로, ㉤은 ㉠으로 인한 문제 상황을 해결하기 위한 모색으로 볼 수 있다.

2 소재의 기능 파악　　　　　　답 ②

정답이 정답인 이유

② '물풀'은 물이 솟을 만한 자리에 자라나는 멧풀들을 이르는 말이다. '물풀'은 또한 황거칠 씨가 물과 수도 시설을 모두 빼앗긴 후에 다시 새로운 수원을 찾으러 다니던 중 발견한 것으로, 그가 '물풀'을 본 이후 반색하는 것을 통해 인물이 미래에 대한 희망을 갖도록 하는 데 긍정적인 작용을 하는 소재라고 볼 수 있다.

오답이 오답인 이유

① '물풀'은 앞으로 새 수원을 찾을 수 있다는 가능성을 의미하므로, 황거칠 씨가 마삿등이라는 현재의 삶의 터전을 떠날 가능성을 암시하는 것으로 보기 어렵다.

③ 황거칠 씨는 새 수원을 찾기로 결심하고 산을 돌아다니고 있으며, 그가 찾은 '물풀'은 앞으로 새 수원을 발견할 수 있다는 가능성을 의미한다. 따라서 '물풀'이 황거칠 씨로 하여금 과거의 잘못에 대한 반성을 유도한다고 보기 어렵다.

④ '물풀'은 앞으로 새 수원을 찾을 수 있다는 가능성을 의미한다. 또한 황거칠 씨는 현재 상황에서 도피하려 하기보다는 문제 상황을 타개해 나가고자 하므로, '물풀'이 현재 상황으로부터 도피하려는 심정을 상징한다고 보기 어렵다.

⑤ 황거칠 씨가 '물풀'을 본 후 과거의 일과 앞으로의 수고로운 일들을 생각하며 입맛이 쓰다고 느끼고는 있으나, 곧 이를 겪어야 할 시련의 하나로 받아들이고 있으므로 '물풀'을 부담감을 결국 떨치지 못하게 만드는 소재라고 보기 어렵다.

3 외적 준거에 따른 작품 감상　　　　　　답 ⑤

정답이 정답인 이유

⑤ 생계 때문에 마삿등 사람들이 어쩔 수 없이 호동팔의 물을 쓰게 된 것은 호동팔의 법적 권리 실현 이후이다. 이는 마삿등에 깃들어 살던 사람들, 즉 약자들이 자신들이 뿌리내리고 살아가던 땅의 주인이 되지 못한 채 땅으로부터 소외된 결과이다. 이를 현실로서의 토지를 지키려 투쟁하는 것으로 보기 어렵다.

오답이 오답인 이유

① 우물과 산 수도는 마삿등 사람들에게 식수를 공급하는 것으로, 이는 마삿등 사람들의 생존권과 관련이 있다고 볼 수 있다.

② 토지의 소유권을 주장하는 호동팔이 우물과 산 수도를 철거하는 것은 법적인 권리를 절차에 맞게 행사한 것으로 볼 수 있다.

③ 마삿등 사람들이 인부들과 싸움을 벌인 것은, 법을 근거로 삼아서 마삿등 사람들의 생존권을 무시하는 강자의 무자비함에 대해 집단 행동을 일으킨 것으로 볼 수 있다.

④ 실제 살고 있는 사람들의 사정은 고려하지 않고 마삿등의 물을 사유화하려는 호동팔의 계획은 실제 살고 있는 이들의 희생과 불편함은 고려하지 않는 이기적인 처사라고 볼 수 있다.

4 외적 준거에 따른 작품 감상　　　　　　답 ①

정답이 정답인 이유

① 황거칠 씨가 집달리의 판단을 걱정하며 법을 쥔 사람의 자유를 떠올린 것은, 그들의 권한 행사가 법적으로 문제가 없으며, 상황이 자신들에게 불리하다는 것을 알았기 때문이다. 이에 황거칠 씨는 다시 새로운 수원을 찾으려 하는 등의 노력을 하며 힘든 상황을 타개해 나가려 한다. 그러나 그것이 법을 근거로 하여 진행된다고 보기는 어렵다. 또한 법을 근거로 자신들의 상황을 유리하게 만들려 한다는 것을 순응적이고 보수적인 성격의 기성세대와 거리가 먼 것의 근거로 보는 것 역시 적절하지 않다.

오답이 오답인 이유

② 자신의 권리를 찾기 위해 고민하는 모습을 통해 황거칠 씨가 자신의 열망을 실현하기 위해 노력하는 인물임을 알 수 있다.

③ 조국의 아름다운 산들이 몇몇에게만 독차지되는 현실에 부당함을 느끼는 모습을 통해 황거칠 씨가 현실의 모순과 같은 문제를 인식하고 있는 인물임을 알 수 있다.

④ 자신과 유사한 처지의 소년을 떠올리거나 어머니 같은 불쌍한

여인들을 안쓰러워하는 모습을 통해 황거칠 씨가 따뜻한 인간애를 지닌 인물임을 알 수 있다.

⑤ 자신이 겪을 수고로움을 조국과 함께 겪어야 할 시련으로 인식하는 모습을 통해 공동체적 시각에서 자신이 해야 할 행동을 생각하는 인물임을 알 수 있다.

[5~8] 예술

바이오모픽 아트

해제 | 이 글은 '바이오모픽 아트'라는 새로운 예술 경향의 등장 배경과 그 특징을 설명하고 있다. 과학 기술의 발달에 따른 자연 파괴와 비인간화는 예술가들로 하여금 자연과 생명의 근원적인 표현에 눈을 돌리게 했다. 이러한 상황 속에서 앙리 베르그송의 생명주의 사상을 철학적 배경으로 삼아 자연 속 생물체의 생성, 성장, 진화 등의 다양한 생명 현상을 조형 언어로 사용하며 자연의 유기적인 생명감을 표현하는 '바이오모픽 아트'가 등장하게 되었다. 바이오모픽 아트는 자연에서 발견되는 현상들에 기초를 둔 불규칙하고 우연한 형태를 바탕으로 무한정한 생명력과 다양성을 표현하고자 했다. 대표적인 추상 미술의 한 형식으로 손꼽히는 바이오모픽 아트는 엄격한 기하학적 추상을 탈피하여 유기적 아름다움을 재발견하고 그것을 예술로 승화하는 데 기여했을 뿐만 아니라 건축, 공예, 비디오 아트 등의 분야에도 영향을 끼쳐 새로운 예술 분야 개척에 일조하고 있다.

주제 | 바이오모픽 아트의 등장과 그 특징

구성 |

• 1문단: 생물 형태주의 예술가들의 등장 배경
• 2문단: 바이오모픽 아트의 형성과 개념
• 3문단: 생물 형태를 통해 자연의 생명력을 표현하고자 한 바이오모픽 아트
• 4문단: 바이오모픽 아트에 나타나는 생물 형태의 특징
• 5문단: 바이오모픽 아트의 예술적 의의

5 글의 구조와 전개 방식   답 ④

정답이 정답인 이유

④ 1문단에서 바이오모픽 아트가 등장한 철학적 배경을 제시하고 있다. 그리고 2~4문단에서 앙리 베르그송의 생명주의 사상을 철학적 배경으로 삼아 등장한 바이오모픽 아트가 살아 있는 생물체의 형상에 근거를 두고 자연의 근원적 생명감을 표현하고자 했다는 특징을 설명하고 있다.

오답이 오답인 이유

① 바이오모픽 아트가 새로운 예술 분야에 일조하고 있다는 긍정적 측면을 언급하고 있지만, 주요 작가들을 소개하고 있지는 않다.

② 바이오모픽 아트에 대한 여러 학자의 견해가 나타나 있지 않으며, 바이오모픽 아트가 지닌 한계를 평가하고 있지도 않다.

③ 바이오모픽 아트의 개념과 주요 특징을 설명하고 있지만, 바이오모픽 아트의 예술적 경향이 반영된 작품을 예시로 제시하고 있지는 않다.

⑤ 5문단에서 바이오모픽 아트가 '건축, 공예, 비디오 아트' 등의 인접 분야에 영향을 끼쳤다고 언급하고 있으나, 바이오모픽 아트의 발전 양상을 역사적으로 고찰하고 있지는 않다.

6 세부 내용 파악   답 ⑤

정답이 정답인 이유

⑤ 2문단에서 자연 속 생물체가 생성, 성장, 진화하는 모습을 조형적 언어로 사용한 생물 형태주의 예술가들은 자연에서 흔히 볼 수 있는 외관상의 표면적 형태가 아닌 유기적인 생물체의 성장 과정을 느낄 수 있는 형태를 원했고, 그 형태에 자연의 생명감을 부가하기를 원했다고 했다.

오답이 오답인 이유

① 5문단에서 바이오모픽 아트는 엄격한 기하학적 추상을 탈피하여 유기적 아름다움을 재발견하고 그것을 예술로 승화하는 데 기여했다고 했다.

② 1문단에서 과학 기술의 발전에 따른 자연 파괴와 비인간화는 예술가로 하여금 자연과 생명의 근원적인 표현에 관심을 갖게 하여 원시 미술의 단순하고 유기적인 생명감 표현에 눈을 돌리게 했다고 했다. 이러한 흐름 속에서 생물 형태주의 예술가들이 등장하게 되었다는 설명으로 보아, 생물 형태주의 예술가들은 원시 미술의 단순하고 유기적인 생명감 표현에 관심을 두었음을 알 수 있다.

③ 2문단에서 생물 형태주의 예술가들에게 생명 현상의 가시적 이미지는 새로운 조형 언어이면서 자연의 창조와 예술 창작 사이의 유사성을 제시할 수 있는 또 다른 가능성으로 받아들여졌다고 했다. 이는 일반적인 의미의 생물체의 형태라는 통념을 무너뜨리고 예술가들의 상상력을 유발하여 새로운 형상의 생물 형태를 창조할 수 있다는 가능성을 심어 주었는데, 이를 바탕으로 바이오모픽 아트라는 새로운 예술 경향이 형성되기 시작했다고 했다.

④ 2문단에서 자연 속 생물체가 생성, 성장, 진화하는 모습을 조형적 언어로 사용한 생물 형태주의 예술가들은 자연에서 흔히 볼 수 있는 외관상의 표면적 형태가 아닌 유기적인 생물체의 성장 과정을 느낄 수 있는 형태를 원했다고 했다. 즉 생물 형태주의 예술가들이 유기적인 생물체의 성장 과정을 느낄 수 있는 생명 현상의 가시적인 이미지를 예술 창작의 새로운 조형 언어로서 중요하게 생각했음을 알 수 있다.

7 글에 대한 정서적 반응 이해   답 ③

정답이 정답인 이유

③ 〈보기〉에서 유기체들이 보여 주는 형태들은 무한정한 다양성을 내포하고 있다고 했다. 3문단에서도 바이오모픽 아트 예술가들은 근원적인 생물 형태에서부터 동식물의 유기적인 형태를 작품의 조형 요소로 도입하여 무한정한 생명력과 다양성을 표현하고자 했다고 설명하고 있다.

오답이 오답인 이유

① 4문단에서 바이오모픽 아트는 자연에서 발견되는 현상들에 기초를 둔 불규칙하고 우연한 형상의 생물 형태가 주는 모호하고 다의적인 이미지를 통해 복합적인 의미를 형상화한다고 했다. 이런 점은 바이오모픽 아트가 추상 미술의 추상성, 상징성과 초현실주의 미술의 우연성, 비합리성이라는 특성을 지니고 있음을 보여 주는

것이라고 했다. 그러므로 바이오모픽 아트가 나름의 질서를 찾기 위해 추상 미술의 비합리성을 도입했다는 설명은 적절하지 않다.

② 3문단에서 바이오모픽 아트 작가들은 근원적인 생물 형태에서부터 동식물의 유기적인 형태를 작품의 조형 요소로 도입하여 생물체를 형상화하거나 생명에 대한 의식을 표현했다고 했다. 또한 1문단에서 바이오모픽 아트는 과학 기술의 발달이 초래한 자연 파괴와 비인간화를 거부하고 영혼과 정신 등의 형이상학적인 기반을 지지하는 예술가들에 의해 나타난 경향이라고 했다. 따라서 유기체가 지닌 질서 있는 구조와 형태를 의식적으로 파괴하여 영혼과 정신 등의 주제를 표현하고 있다는 내용은 적절하지 않다.

④ 1, 2문단에서 바이오모픽 아트 예술가들은 자연에 대한 기계론적인 사고를 거부하며 자연 속 생물체의 생성, 성장, 진화 등의 모습을 조형적 언어로 사용하여 생명감을 표현하려 했다고 언급하고 있다.

⑤ 2문단에서 바이오모픽 아트는 자연의 유기적인 생명감의 표현을 살아 있는 생물체의 형상에서 구하고자 하는 경향의 미술이라고 설명하고 있다.

8 단어의 의미 파악　　답 ②

정답이 정답인 이유

② ㉤의 '인식'의 사전적 의미는 '사물을 분별하고 판단하여 앎.'이다. '어떤 내용이나 사실이 옳거나 그러하다고 인정함.'은 '시인(是認)'의 사전적 의미이다.

05회 미니모의고사　　본문 20~24쪽

| 1 ④ | 2 ① | 3 ③ | 4 ⑤ |
| 5 ⑤ | 6 ③ | 7 ⑤ | 8 ④ |

[1~4] 현대 소설

이문구, 「유자소전」

해제 | 작가가 자신의 체험을 바탕으로 고전 양식인 전(傳)의 형식을 차용하여 1991년에 발표한 단편 소설이다. 해학적 문체와 사투리를 활용하여 유자의 삶에 대해 예찬하고 있다.

주제 | 이해타산적 태도를 바탕으로 관계를 맺는 현대 사회에 대한 비판과 풍자

전체 줄거리 | 충남 보령 출신의 유재필은 남의 아픔을 자신의 아픔으로 받아들일 줄 아는 '나'의 고향 친구이다. 그는 학창 시절부터 특유의 붙임성과 행동으로 학교의 명물로 불렸다. 중학교 졸업 후에도 우연하게 얻은 기회 덕에 특이한 이력을 갖게 된다. 그는 제대 후 군에서 배운 운전 실력으로 재벌 총수의 운전수가 된다. 그런데 그의 기질로 인해 총수의 눈 밖에 나는 사건을 겪은 후, 노선 상무로 좌천을 당하고 만다. 좌천된 상황에서도 그는 자신의 소임을 다하기 위해 매사에 남다른 노력을 기울인다. 말년에는 병원 원무실장으로 근무하다가 시위 중 부상당한 사람들을 치료하는 데에도 적극적으로 나선다. 평생을 남들을 위해 살던 그는 결국 간암으로 죽음을 맞이한다. '나'는 「유자소전」을 지어 그를 기리고자 한다.

1 서술자의 태도 파악　　답 ④

정답이 정답인 이유

④ 이 글은 1인칭 관찰자 시점을 취하며, 초점화하고 있는 인물 '그'의 행위와 내면을 서술하고 있다. '적어도 위선자의 몸을 모시고 다니는 것보다는 떳떳하며, 아울러서 속도 그만큼 편할 터이라고 자위하고 있었다.', '그는 가해자(총수 혹은 그룹의 동료 운전수)에게나 피해자에게나 부정한 승리, 부당한 패배가 있을 수 없도록 하는 일이 자신의 진정한 역할이라고 스스로 다짐하기를 변함없이 하고 있었다.'와 같은 부분에서 확인할 수 있듯이, 서술자는 '그'의 행위와 내면에 대해 객관적 입장에서 벗어나 주관적인 평가를 내리고 있다.

오답이 오답인 이유

① [A]에는 '나'의 시선에 포착되는 '그'의 상황과 업무 처리 방식에 대한 진술은 나타나지만, 인물들의 외양에 대한 묘사는 제시되어 있지 않다.

② [A]는 '그'의 행위로 인해 문제가 해결되는 양상을 요약적으로 제시하고 있다. 따라서 인물들 간의 외적 갈등이 심화되는 과정을 서술하고 있다는 진술은 타당하지 않다.

③ [A]는 과거의 '그'에 대한 '나'의 서술을 중심으로 이루어져 있지만, 회상 장면은 나타나지 않는다. 또한 과거와 현재가 구분되는 공간 역시 제시되어 있지 않다.

⑤ [A]에는 '그'가 행동하는 이유에 대한 진술이 제시되고 있다. 따라서 인과적 관계없이 발생하는 인물의 욕망을 의식의 흐름에 따라 표현하고 있다는 진술은 타당하지 않다.

2 작품의 맥락 이해　　답 ①

정답이 정답인 이유

① '그가 다루는 사건도 태반이 가해자의 운전 윤리 마비증이 자아낸 것이었다. 그렇지만 가해자가 그룹 내의 동료 운전수라 하여 팔이 들이굽는다는 식의 적당주의를 취한 적은 거의 없었다.'에서 알 수 있듯이, 가해자가 억울한 상황에 빠진 직장 동료라고 보는 것은 타당하지 않다. 그리고 '사건 처리에 필요한 서류를 갖추기 위해 신상 기록 대장에 있는 주소를 찾아가 보면 일쑤 비탈진 산꼭대기에 더뎅이진 무허가 주택에서 근근이 셋방살이를 하는 축이 많았고, 더욱이 인건비를 줄이느라고 임시로 쓰던 스페어 운전수들이 사는 꼴이 말이 아닐 때는, 그 운전자의 자질 여부를 떠나서 현실적인 딱한 사정에 괴로워하지 않을 수가 없었던 것이다.'에서 알 수 있듯이, '그'의 행동은 계획적인 것이 아니라 가해자들의 사정을 알게 된 이후에 행해진다. 따라서 ㉠과 ㉡을 억울한 상황에 빠진 직장 동료들을 위해 계획적으로 수행한 일이라고 간주하는 것은 타당하지 않다.

오답이 오답인 이유

② '자신의 용돈을 털게 되는 것이었다.'와 '그가 용돈에서 여툴 수 있는 한계였다.'에서 확인할 수 있듯이, ㉠과 ㉡은 '그'가 자신의 경제적 손실을 감수한 행동에 해당한다.

③ '심란해서 돌아설 수가 없는 집이 허다한 것이었다.'와 '무엇인가를 빠뜨리고 오는 것처럼 개운치가 않았다.'에 나타나는 바와 같이, 주머니를 털거나 뒤지는 '그'의 행동들은 스페어 운전수의 사정에 대해 안타까워하는 '그'의 심리에서 비롯된다. 따라서 ㉠과 ㉡은 모두 '그'의 내적 갈등을 해결하기 위한 행동에 해당한다.

④ '스페어 운전수는 대체로 벌이가 시답지 않아 결혼도 못 한 채 늙고 병든 홀어미와 단칸 셋방에 살고 있거나, 여편네가 집을 나가 버려 어린것들만 있는 경우가 적지 않았고, 들여다보면 방구석에 먹던 봉지 쌀이 남은 대신 연탄이 떨어지고, 연탄이 있으면 쌀이 없거나 밀가루 포대가 비어 있어'에서 알 수 있듯이, '그'가 가해자의 집을 찾아갈 때 '그'의 눈에 부각되는 것은 스페어 운전수가 처한 곤란한 상황이다. 이를 통해 볼 때, ㉠과 ㉡은 '가해자'의 처지에 관심을 기울이는 '그'의 태도를 드러낸다는 진술은 타당하다.

⑤ ㉠과 ㉡은 '노선 상무'의 업무를 처리하는 과정에 나타나는 '그'의 업무 처리 방식을 드러내는 행위들이다.

3 작품의 내용 이해 　　　　　　　　　　　　　답 ③

③ '나는 그가 줄줄 외워 대는 법령이나 조문 해석이 하도 복잡하여, 대개는 듣는 도중에 앞에서 말한 것들을 말해 준 순서대로 잊어 가다가, 그가 결론에 다다른 연후에야 겨우 결과가 어떻게 되었다는 말꼬리 부분에만 건성으로 고개를 끄덕이며, 그가 보기보다는 훨씬 악바리란 사실만을 번번이 재확인하고 말았을 뿐이었다.'와 '그를 세상에서 다시없는 악바리로 치부함 직한 곳은 오직 한 군데, 즉 자동차 보험 회사뿐이었던 것이다.'에서 확인할 수 있듯이, 자동차 보험 회사 측과 업무를 처리할 때 세상에 없는 악바리로 치부함 직할 만큼 '그'가 법령이나 조문 해석에 대한 지식을 활용하였음을 추론할 수 있다.

① 노선 상무인 '그'의 거래처가 늘어나는 이유는 '소신을 관철하기 위해서는 남다른 수고'를 감수하는 '그'의 업무 처리 방식 때문이다. 관공서는 '그'의 업무 처리와 관련된 거래처 가운데 하나이다.

② '어떤 기관보다도 상대하기가 까다로운 것은 피해자 측에서 선임한 변호사가 아니라 피해 당사자 내지는 그 유가족들이었다.'에서 확인할 수 있듯이, '그'가 상대하기 힘들어하는 대상은 '피해 당사자 내지는 유가족들'이다.

④ '그가 결론에 다다른 연후에야 겨우 결과가 어떻게 되었다는 말꼬리 부분에만 건성으로 고개를 끄덕이며'에서 제시된 '나'의 태도에서 알 수 있듯이, '나'가 '그'의 강의에 흥미를 갖는다는 진술은 타당하지 않다.

⑤ '바다와 연하여 사는 탓에 밥상에 비린 것이 없으면 먹어도 먹은 것 같지 않아 하는 대천 사람의 속성이 그런 데서까지도 드티었던 것이다.'와 이어지는 '그'의 사투리 말투로 추론할 때, '그'의 행위는 자신의 고향의 생활 방식에서 비롯된 것임을 파악할 수 있다.

4 의적 준거에 따른 작품 감상 　　　　　　　　답 ⑤

⑤ 스스로 설정한 도덕적 관점이 상황에 따라 변화하는 것은 〈보기〉에서 말하는 의지적 인물이 지닌 특성이라 할 수 없다. 의지적 인물은 삶의 의미에 대한 고유한 도덕적 관점을 제시하고 이를 실천하는 것이지 상황에 따라 관점이 변화하는 인물이 아니기 때문이다.

① 남들의 시선을 의식하지 않고 말없이 새로운 업무를 익히는 '그'의 행동은 〈보기〉에서 제시된 타인의 관점에 의존하지 않는 인물임을 나타낸다.

② '자신의 진정한 역할이라고 스스로 다짐하기를 변함없이 하고 있었다.'에 나타나는 '그'의 태도는, 〈보기〉에서 제시한 '자신이 맡은 역할이 지닌 본연의 의미를 찾'는 의지적인 인물의 성격을 보여 준다.

③ '사필귀정의 원칙과 진실에 대해 신뢰하는 태도'는 '그'가 업무를 처리하는 데에 자신의 판단 기준으로 삼는 기준이므로 자율적 판단 준거에 해당한다.

④ '도사'의 경지에 이른 것은 '그'가 자신의 소신을 관철하기 위해 노력하여 통달하게 된 결실로 볼 수 있다.

[5~8] 예술

㉠ 라모의 과학적 화성 이론

해제 | 이 글은 과학적 방법으로 음악 이론을 구축한 라모의 화성 이론을 설명하고 있다. 라모는 화성을 음악의 핵심으로 보고 이전의 음향학적 성과들과 자연의 법칙을 음악에 끌어들여 화성에 대한 이론을 체계화했다. 라모는 화성의 기초가 되는 기본 3화음의 진동수 비가 $4:5:6$의 협화도를 가진다고 보았다. 그는 이러한 협화도를 중심으로 협화음과 불협화음을 구분하고 협화음은 역학적 안정 상태에 대응되며, 불협화음은 이를 변화시키려는 힘으로 작용한다고 보았다. 이러한 라모의 이론은 선율 중심에서 화성 중심으로 음악의 문법을 바꾼 것으로 평가받는다.

주제 | 과학적 방법으로 화성 이론을 체계화한 라모의 이론

구성 |
- 1문단: 라모의 음악론이 나오게 된 배경
- 2문단: 협화음과 불협화음에 대한 피타고라스의 이론
- 3문단: 소리에 대한 음향학적 연구 성과들
- 4문단: 음향학적 연구 성과를 수용한 라모의 이론
- 5문단: 화성의 기초가 되는 기본 3화음의 원리
- 6문단: 라모의 화성 이론의 의의 및 영향

㉡ 무조 음악

해제 | 이 글은 과학 문명의 합리성에 대한 반발로 일어난 표현주의 사조의 경향을 음악 분야에서 실천한 무조 음악에 대해 설명하고 있다. 무조 음악은 전통적인 조성 음악에서 중시하던 중심음과의 관계를 해체하고 모든 음이 독자적인 의미를 가지도록 했다. 그 결과 일반인들이 듣기에는 매우 거슬리고 난해한 느낌으로 다가온다. 이러한 반응은 칸딘스키의 작품에 대한 반응과도 비슷한데, 무조 음악은 전통적인 미의 관념을 해체하려고 했기 때문에 사람들에게 생소하게 느껴졌다.

5 세부 내용 파악 답 ⑤

정답이 정답인 이유

⑤ 5문단에 따르면 라모는 으뜸화음 속에 형성된 음정이 4 : 5 : 6의 비로 이루어져 있으며, 버금딸림화음과 딸림화음의 음정도 4 : 5 : 6으로 같은 협화도를 가진다고 보았다.

오답이 오답인 이유

① 라모는 배음렬을 이루는 음들이 자연스럽게 만들어 내는 음정이 사람의 귀에는 아름답고 조화롭게 들린다고 했지만, 아름답게 들리는 특정 진동수의 음이 있다고 본 것은 아니다.

② 라모는 불협화음이 안정 상태를 바꾸려는 힘으로 작용한다고 했으므로 불협화음을 작곡에 사용하지 않은 것은 아니다.

③ 라모는 기본 3화음이 기저 저음에 3도씩 음을 쌓아 올린 것이라고 보았지만, 기본음을 기저 저음으로 사용하지 않으면 불협화음이 생긴다고 하지는 않았다.

④ 으뜸화음은 역학적 안정 상태를 바꾸려는 힘으로 작용하는 불협화음이 아니라 딸림화음과 같은 협화도를 가진 협화음이다.

6 구체적 사례 적용 답 ③

정답이 정답인 이유

③ 2f의 진동수로 들리는 소리가 있다면 그 소리의 배음은 4f, 6f, 8f, ……가 된다. 그러므로 3f는 기본음 2f의 배음은 아니다.

오답이 오답인 이유

① 〈보기〉에서 2f와 3f, 4f와 6f 사이도 5도 음정이라는 것을 확인할 수 있으며, 이 글에 근거하더라도 4 : 6은 2 : 3이므로 같은 5도 음정이라는 것을 알 수 있다.

② 〈보기〉에서 f와 2f, 3f와 6f 사이가 옥타브(8도)의 관계에 있음을 확인할 수 있으며, 이 글에 근거하더라도 3 : 6은 1 : 2이므로 옥타브의 음정이라는 것을 알 수 있다.

④ 음의 높이는 진동수에 비례하고, 진동수는 현의 길이에 반비례한다고 했으므로 장력이 같은 상태에서 현의 길이가 반이 되면 진동수는 2배가 된다.

⑤ 현의 진동수는 장력의 제곱근에 비례한다고 했으므로 다른 조건이 같은 상태에서 음의 높이를 높이려면 장력을 높여야 한다.

7 구체적 사례 적용 답 ⑤

정답이 정답인 이유

⑤ 차를리노는 협화음을 구성하는 현의 길이의 비에 사용할 수 있

는 숫자는 6개라고 보았다. 6개에 해당하면 협화음이고, 그 외에는 불협화음이라고 보았기 때문에 협화음과 불협화음의 구분이 상대적이라고 본 것은 아니다.

오답이 오답인 이유

① 차를리노의 '누메로 세나리오'나 피타고라스의 '테트락티스'는 모두 협화음을 구성하는 수에 우주의 원리와 같은 형이상학적 의미를 부여한 것이다.

② '누메로 세나리오'는 '테트락티스'에 포함되지 않는 5와 6을 포함하기 위한 노력에서 나온 것이다. 이는 당시 널리 쓰이던 5도와 6도 음정도 협화음의 범주에 넣기 위한 것이었다.

③ 라모는 으뜸화음에서 기저 저음과 다른 음들의 음정은 4 : 5 : 6의 진동수 비를 이루기 때문에 협화음을 형성한다고 보았다. 진동수는 현의 길이와 반비례 관계에 있으며, 4, 5, 6은 '누메로 세나리오'에 포함되는 것이므로 차를리노 역시 협화음에 해당하는 것으로 보았을 것이다.

④ 모든 조건이 같고 길이만 각각 3cm, 6cm인 두 현의 비는 1 : 2이다. 1, 2는 모두 '테트락티스'와 '누메로 세나리오'에 포함되는 것이기 때문에 협화음의 범주에 든다.

8 세부 내용 파악 답 ④

정답이 정답인 이유

④ 라모는 귀에 들리지 않는 배음들에서 협화음이 발생한다고 한 것이 아니라 배음렬에서 진동수 비가 1 : 2, 2 : 3, 3 : 4 등을 이룰 때 협화음이 발생한다고 했다. 라모의 이론을 들리지 않는 배음들에서 협화음이 발생한다고 생각하고 이를 모순이라고 비판한 것은 적절하지 않다.

오답이 오답인 이유

① (가)에서 라모는 화성을 중심으로 음악 이론을 전개한다고 했으며, (나)에서 쇤베르크는 조성에 얽매이지 않는 자유로운 표현을 중시한다고 했다.

② (가)에서 라모는 기저 저음에 3도의 음을 쌓아서 협화음을 형성할 수 있다고 보았다. 반면 (나)에서 쇤베르크는 3도의 누적을 사용하지 않고 4도의 누적을 사용했으며, 2도, 7도 음정을 많이 사용하여 조성감을 약화시켰다고 했다. 따라서 3도의 음을 쌓아 올렸을 때가 4도의 음을 쌓아 올렸을 때보다 협화음이 잘 형성된다고 할 수 있다.

③ (가)에서 라모는 선율 중심에서 화성 중심으로 음악의 문법을 바꾸었다고 했으므로, 학생이 선율을 위주로 작곡하는 사람들의 작곡법과 라모의 방법이 다르다고 반응하는 것은 충분히 가능한 반응이다.

⑤ (나)에서 무조 음악의 12음 기법에 대해서는 자세한 설명이 없다. 그러므로 이와 관련된 글을 찾아보겠다는 것은 독서 계획 수립 내용으로 적절하다.

06회 미니모의고사

1 ③	**2** ②	**3** ①	**4** ①
5 ①	**6** ②	**7** ⑤	**8** ③

[1~4] 현대 소설

⑦ 손창섭, 「잉여 인간」

해제 | 이 작품은 6·25 전쟁 이후 각박해진 세태 속에서 현실에 적응하지 못한 채 살아가는 인간들의 모습을 형상화하고 있는 전후 소설이다. 주인공 만기의 치과 병원을 배경으로 하여, 만기와 그의 친구들인 익준, 봉우 등이 겪는 사건을 중심으로 현실에 무능력한 '잉여적' 인물형들을 그려 내는 동시에, 도덕성이나 선량함보다는 경제적 능력이 우선시되는 전후의 부조리한 세태를 폭로하고 비판하고 있다. 아울러 이러한 현실을 휴머니즘을 통해 극복할 수 있다는 가능성을 제시하고 있다.

주제 | 전후 사회의 인간 소외와 휴머니즘적 극복

전체 줄거리 | 치과 의사인 서만기의 병원에는 그의 친구들인 채익준과 천봉우가 매일 찾아온다. 익준은 사회의 부조리를 담은 신문 기사를 보며 분노하고, 아내에게 경제적으로 의존하고 있는 봉우는 매사에 무기력한 채 간호원인 홍인숙을 짝사랑하여 그녀를 쳐다보거나 앉아서 낮잠을 잔다. 봉우의 아내는 병원 건물의 소유주로, 가난한 치과 의사인 만기를 돈으로 유혹하려 한다. 봉우 아내의 유혹을 거절한 만기는 일주일 이내에 병원과 시설 일체를 내어 달라는 봉우 아내의 편지를 받는다. 익준이 없는 사이, 익준의 아이가 병원으로 찾아와 익준의 아내가 죽었다는 말을 전한다. 만기는 봉우의 아내에게 장례 비용을 융통하여 익준의 아내 장례를 치르고, 장지에서 내려오는 길에 익준을 만난다.

⑭ 박경리, 「불신 시대」

해제 | 이 작품은 박경리의 전쟁 체험이 담겨 있는 자전적 소설로, 6·25 전쟁 직후의 부도덕하고 타락한 사회 현실을 비판하고 있다. 전후의 사회 현실이 초래한 궁핍과 정신적 황폐화는 인간성의 타락으로 이어지는데, 작품 속에 등장하는 의사나 종교인들의 모습은 바로 이런 타락한 인간 군상의 모습을 대변하고 있다. '불신'이 만연한 시대 현실과 그 시대가 인간성을 어떻게 훼손시키는가를 날카롭게 파고들어 형상화하고 있는 작품이다.

주제 | 혼란기의 부정적 사회상에 대한 분노와 고발

전체 줄거리 | 6·25 전쟁으로 인해 남편을 잃은 진영은 그 상처가 아물기도 전에 외아들 문수마저 잃는다. 문수의 죽음은 의사의 실수에 의한 것이었다. 진영은 도수장의 망아지처럼 죽어 간 아이의 울음소리를 잊기 위해 종교에 매달려 본다. 그러나 그녀가 본 것은 시주 받은 쌀을 착복하는 중과 도적맞을까 봐 신발을 싸 들고 예배 보는 신도들뿐이었다. 진영은 그들로 인해 아이의 영혼까지 더럽혀지는 것을 참지 못하고 분노를 터뜨린다. 진영은 그 부당함에 항거하고 고발하는 것, 그것만이 살아남은 자기 자신의 존재 이유라고 생각하며, 죽은 아이의 사진을 불사르고 삶의 의지를 다진다.

1 인물의 성격, 유형 이해　　　답 ③

정답이 정답인 이유

③ (가)의 '마음이 무거웠다. 남의 일 같지 않았다.' 등의 표현을 통해 만기가 익준에게 연민을 느끼고 있음을 알 수 있다. (나)의 '차갑게 아주머니를 쳐다본다.', '어디 밑천 든 장사였더냐고 오금을 박아

주고 싶었다.' 등의 표현을 보면 진영은 아주머니에게 반감을 느끼고 있음을 알 수 있다. 하지만 '그의 약점을 추궁할 마음은 이미 사라지고 없었다.', '아무런 악(惡)의 그늘도 없는 맑은 눈이었다.' 등의 표현을 보면 아주머니에게 연민의 감정 역시 느끼고 있음을 알 수 있다.

오답이 오답인 이유

① (나)의 아주머니가 진영에게 도움을 요청하고 있는 것은 맞지만, (가)의 '익준은 병원에 와서 돈을 꾸어 달라고 한 번도 손을 내밀어 본 일이 없었다.'라는 구절을 보면 익준이 만기에게 도움을 요청하고 있다는 진술은 적절하지 않다.

② (가)의 만기는 치과 의사로 직업이 있지만, (나)의 진영은 '저도 자본이나 장만해서 장사할래요.', '너야 뭐 취직하면 되지.'라는 구절을 보면 직업이 없음을 알 수 있다.

④ '사소한 부정이나 불의를 보고도 참지 못하는 그는 ~'이라는 구절을 보면, (가)의 익준이 부정이나 불의를 참지 못하는 성격임을 알 수 있다. 하지만 (나)의 진영이, 돈을 떼고 자신에게 도움을 청하는 아주머니를 거절하지 못하는 것으로 보아, 진영이 부정이나 불의한 상황에 무감각한 성격이라는 진술은 적절하지 않다.

⑤ '피를 짜내듯 해서 거의 기적적으로 감당해 오고 있었다.'라는 구절을 보면, (가)의 만기는 돈을 벌어 가족을 부양하는 일을 버거워함을 알 수 있다. 하지만 '자식도, 남편도 없는 내겐 그것만이 남겨진 것이었어.'라는 구절을 보면, (나)의 아주머니는 부양할 가족이 없음을 알 수 있으므로, 아주머니가 가족을 부양하기 위해 돈을 버는 일에 즐거움을 느끼고 있다는 진술은 적절하지 않다.

2 소재의 기능 파악　　　답 ②

정답이 정답인 이유

② '만기도 그의 가정 형편이 그렇게까지 말이 아닌 줄은 모르고 있었다.'라는 구절을 통해 익준 가정의 경제적 상황을 소년의 말을 통해 짐작하게 되었음을 알 수 있다.

오답이 오답인 이유

① 소년을 통해 익준의 가정 형편을 자세히 알게 되기는 하였으나, 익준을 특별히 오해했던 것은 아니므로 이와 같은 진술은 적절하지 않다.

③ 익준이 하려던 사업이 무엇인지는 이미 익준에게 들어서 알고 있는 것이므로, 이와 같은 진술은 적절하지 않다.

④ 익준이 사회를 비판하는 이유는 만기가 이미 알고 있는 것이므로, 이와 같은 진술은 적절하지 않다.

⑤ 익준이 경제적으로 무능하지만 가족들에게 소홀한 채 밖으로 돌고 있는 것은 아니므로, 이와 같은 진술은 적절하지 않다.

3 구절의 의미 이해　　　답 ①

정답이 정답인 이유

① 진영은 아주머니가 계를 해서 빚만 뒤집어쓴 것으로만 알고 있었으나 곗돈을 유용하여 비밀 거래를 하고 있었다는 점에 혼란스러

위했다. 하지만 아주머니가 빌려준 돈을 받지 못했다는 말을 믿지 못하고 있는 것은 아니다.

오답이 오답인 이유

② 아주머니가 떼인 돈이 '밑천 든 장사'가 아니라는 말은 곧 자신의 돈이 아니라는 뜻이고, 이는 곧 진영이, 아주머니가 곗돈을 유용하여 이득을 취하려 했다고 생각하고 있음을 알 수 있다.
③ 해당 문장의 내용을 보면, 아주머니가 상배 아버지에게 빌려준 돈에 대하여 사장 명의로 된 약속 어음을 받은 것이 김 씨임을 알 수 있다.
④ 진영이 ㉣과 같이 말한 이유는 상배가 영세를 받은 신자라는 점만 믿고 맹목적으로 돈을 빌려준 것을 비꼰 것이므로, 이와 같은 진술은 적절하다.
⑤ 어음을 김 씨가 아닌 아주머니가 가지고 있으라고 하는 것은 김 씨가 어음을 노리고 일을 봐준 것일 수 있다고 의심하고 있기 때문이다.

4 외적 준거에 따른 작품 감상　　　답 ①

정답이 정답인 이유

① 만기가 현실에 극도로 시달리고는 있으나 치과 의사로서 가족을 부양하고는 있으므로, 만기를 경제적으로 무능력하고 현실에 무기력한 인간이라고 말하는 것은 적절하지 않다.

오답이 오답인 이유

② 가난한 노동자들의 임금을 속여 먹는 것은 도덕적으로 옳지 않으므로, 그와 같은 사람들의 모습은 타락한 인간상을 보여 주는 것이라 할 수 있다.
③ 외국인들이 한국 상인을 신용하지 못한다는 것은 한국 상인들이 외국인들에게 양심적으로 물건을 팔지 않았다는 것을 의미하는 것이다. 따라서 이를 통해 부조리한 당시 사회의 모습을 짐작할 수 있다.
④ 자신을 도와주려는 김 씨를 불신하는 아주머니의 모습은 서로에 대해 불신하는 사회의 분위기를 보여 주는 것으로 이해할 수 있다.
⑤ 돈이 제일인 세상이라는 것은 곧 물질 만능주의의 사회 풍조를 의미하는 것이라 이해할 수 있다.

[5~8] 사회

이자율과 총수요

해제 | 이 글은 거시 경제 차원에서 이자율 변화에 따른 총수요와 국민 소득의 변화에 대해서 설명하고 있다. 외국과 무역을 하지 않는 폐쇄된 경제 체제를 가정하면 총수요는 소비와 투자, 정부 지출로 구성된다. 그런데 투자는 이자율이 오르면 줄어들기 때문에 그에 따라 국민 소득도 줄어들게 된다. 기업들이 이자율의 변화에 얼마나 민감하게 반응하느냐에 대한 것은 올바른 경제 정책을 수립하는 데 기초적인 자료가 된다.

주제 | 이자율의 변화에 따른 총수요의 변화와 그에 대한 해석

구성 |

• 1문단: 총수요와 총공급의 관계
• 2문단: 총수요의 구성과 이자율에 따른 투자의 변화
• 3문단: 이자율에 따른 현재 가치의 변화
• 4문단: 이자율 변화와 국민 소득의 관계
• 5문단: 이자율 변화에 대처하는 기업들의 선택에 대한 해석

5 세부 내용 파악　　　답 ①

정답이 정답인 이유

① 총공급이 총수요를 초과하면 재고의 증가로 생산이 둔화되기 때문에 총공급량을 늘린다고 해서 무조건 생산이 활발해지는 것이 아니다.

오답이 오답인 이유

② 이자율이 상승하면 투자 비용이 늘어나고, 수익의 현재 가치도 줄어들기 때문에 기업의 투자가 감소하게 된다. 투자는 총수요의 한 부분이므로 투자가 감소하면 총수요가 줄어들 수 있다.
③ 1문단에서 총수요가 총공급을 초과하면 초과된 수요를 충족시키기 위해 생산이 활발해진다고 하였다.
④ 2문단에서 차입을 하여 투자를 하는 기업의 경우 이자율이 상승하면 이자 부담이 커지므로 투자 비용은 증가한다고 하였다. 반대로 이자율이 하락하면 이자 부담이 줄기 때문에 투자 비용은 감소하게 된다.
⑤ 폐쇄된 생산물 시장에서 총수요는 소비, 투자, 정부 지출로 구성되어 있으므로 투자와 정부 지출이 일정하다면 소비가 감소하면 총수요는 감소한다.

6 구체적 사례 적용　　　답 ②

정답이 정답인 이유

② 3문단에서 기업에서는 예상 수익의 현재 가치가 큰 안을 선택하는 것이 합리적이라고 하였는데, '1안'과 '2안'의 경우 총 예상 수익은 같지만, '1안'이 큰 이익을 먼저 얻으므로 현재 가치가 크다. 그러므로 시간이 지날수록 수익이 커지는 안을 선택하는 것이 합리적인 것은 아니다.

오답이 오답인 이유

① 2문단에서 기업이 은행에서 차입을 하여 투자할 때, 이자율이 상승하면 투자 비용이 증가한다고 하였으므로, 이자율이 높다면 은행에서 차입을 하여 투자하는 '1안'과 '2안' 모두 투자 비용이 증가한다.
③ '1안'의 첫째 수익 10억 원의 현재 가치는 9.09억 원(10억/1.1)이 되지만 '2안'의 10년 차 수익 10억 원의 현재 가치는 복리를 적용하지 않더라도 10억/2이 되며, 복리를 적용했을 경우 더 작아지므로 현재 가치는 '1안'의 10억 원이 크다.
④ 2문단에서 기업의 투자는 예상 수익과 투자 비용을 비교하여 투자 규모와 여부를 결정한다고 하였으므로 투자 비용이 예상 수익보다 크다고 판단할 때는 투자 계획을 철회할 수 있다.
⑤ '1안'은 초기에 큰 수익이 나는 안이기 때문에 초기 이익금으로 차입금을 상환하면 투자 비용을 줄일 수 있다.

7 다른 견해와의 비교   답 ⑤

정답이 정답인 이유

⑤ ㉠은 그래프의 기울기가 완만하다고 보아 이자율 인하가 국민 소득 증가에 기여하는 효과가 크다고 본 반면, ㉡은 그래프의 기울기를 급하게 보아 효과가 크지 않을 수 있다고 보았다.

오답이 오답인 이유

① 이자율 인하가 물가 상승을 유발한다는 것에 대해 ㉡이 부정하지는 않았다.

② ㉠은 기업가들이 이자율에 따라 탄력적으로 투자를 한다고 본 반면, ㉡은 기업가들의 투자가 합리적인 원칙보다는 기업가들의 야성적 충동에 의해 결정되는 부분이 크다고 보았다.

③ ㉠은 기업의 투자가 이자율에 민감하게 반응한다고 본 반면, ㉡은 예상만큼 반응하지 않을 수도 있다고 하였다.

④ ㉠의 경우 그래프의 기울기를 완만하다고 보았기 때문에 이자율 인하의 효과가 크다고 보았다. 정부 지출을 늘리는 것이 효과적이라고 한 것은 아니다.

8 중심 내용 파악   답 ③

정답이 정답인 이유

③ L_0에서 L_1로 이동하는 이유는 소비나 정부 지출이 늘어나서 총수요가 증가하기 때문이다. 이로 인해 그래프는 오른쪽으로 이동한다.

오답이 오답인 이유

① 그래프는 이자율이 하락하면 국민 소득이 증가함을 보여 준다. 이는 이자율이 하락하면 투자가 증가하여 총수요가 늘어나기 때문이다.

② 그래프를 보면 r_0일 때 국민 소득은 Y_0이었지만 r_1일 때 Y_1이 된다.

④ 그래프의 기울기가 급하게 되면 r_1과 그래프가 만나는 지점 Y_1이 Y_0과 가까워지게 된다.

⑤ 그래프를 보면 이자율이 r_0으로 고정되어 있을 때도 그래프 전체가 이동하면서 국민 소득이 Y_0에서 Y_2로 변한다. 이는 총수요의 한 부분인 정부 지출이나 소비가 늘 때 가능하다.

07회 미니모의고사   본문 30~33쪽

| 1 ② | 2 ③ | 3 ③ | 4 ② |
| 5 ⑤ | 6 ① | 7 ④ | 8 ③ |

[1~4] 고전 시가

가 어느 행상인의 아내, 「정읍사」

해제 | 이 작품은 현재 전하는 유일한 백제 가요로 알려져 있다. 행상을 나간 남편을 기다리는 아내가 달을 보며 남편의 무사 귀환을 기원하는 내용이다. 이 작품에서 '돌'은 기원의 대상으로 광명을 상징하며, '즌 디'는 어둠과 위험을 상징한다. 남편을 기다리는 여성 화자의 간절한 심정이 잘 드러나는 작품이다.

주제 | 남편의 무사 귀환을 바라는 마음

구성 |
- 1~4행: 달이 남편이 오는 길을 밝혀 줄 것을 기원함.
- 5~7행: 저자에 간 남편에게 좋지 않은 일이 생길까 걱정함.
- 8~11행: 앞길이 어두워질까 두려워함.

나 작자 미상, 「가시리」

해제 | 이 작품은 이별의 상황에 놓인 화자의 슬픔, 원망 등의 정서를 진술하게 노래한 고려 가요이다. 1연에서는 반복되는 질문으로 임이 떠나려는 상황을 확인하고, 2연에서는 떠나가는 임에 대한 원망을 표출하고 있다. 3연에서는 붙잡지 못하고 어쩔 수 없이 임을 보내는 체념의 정서를 드러내고, 4연에서는 다시 만나기를 바라는 소망을 드러내고 있다. 이별에 처한 사람이라면 겪을 수밖에 없는 복합적인 정서를 짧은 노래 속에 집약적으로 잘 표현한 작품이라는 점에서 시대를 넘어 공감을 얻고 있는 작품이다.

주제 | 이별의 슬픔

구성 |
- 1연: 이별의 상황에 대한 확인
- 2연: 떠나는 임에 대한 원망
- 3연: 이별하는 상황에서의 절제와 체념
- 4연: 임과 다시 만나기를 소망함.

다 김정희, 「배소만처상」

해제 | 한시에서 죽은 아내를 생각하며 슬퍼하는 내용의 작품들을 도망시(悼亡詩)라 하는데, 이 작품은 작가가 제주도에서 유배 생활을 할 때 아내의 부고(訃告)를 듣고 아내의 죽음을 애도하며 지은 것으로 대표적인 도망시 중의 하나이다. 이 작품에서는 현재의 삶에서 벗어난 내세에서 부부의 지위를 바꾸어 태어나서 화자 자신의 애통함이 얼마나 지극한 것인가를 죽은 아내가 알게 해 주고 싶다는 발상이 나타나는데, 이를 통해 화자의 처절한 슬픔을 느낄 수 있다.

주제 | 아내와 사별한 슬픔

구성 |
- 1, 2행: 월하노인을 통해 내세에 남편과 아내의 처지가 바뀌기를 소망함.
- 3, 4행: 사별로 인한 자신의 슬픔을 아내가 알아주기를 바람.

1 시어, 시구의 의미와 기능 파악   답 ②

정답이 정답인 이유

② (가)의 '드듸욜셰라'는 임이 위험한 곳을 '디딜까 두렵다'는 의미로 임(남편)에 대한 화자의 염려가, (나)의 '엇디 살라 ㅎ고'는 자신을 버리고 떠나는 임에 대한 화자의 원망이 담겨 있다고 볼 수 있다.

오답이 오답인 이유

① (가)의 '비취오시라'는 화자가 다른 장소에 있는 임의 안전을 바라는 태도와 관련이 있다고 볼 수 있다. 그리고 (나)의 '도셔 오쇼셔'는 바로 앞의 '가시는 듯'과 연결하여 감상할 때 가시자마자 돌아오기를 바라는 것이므로, 임과의 기나긴 이별을 감내하는 것이 아니라 떠나가는 임의 빠른 귀환을 바라는 태도와 관련이 있다고 볼 수 있다.

③ (가)의 '돌'은 화자가 자신의 소망을 이루어 줄 것으로 기대하는 신성한 대상으로 볼 수 있으나, (다)의 '그대'는 화자와 사별한 아내이지 신성한 대상은 아니다.

④ (가)의 '겨재'는 화자가 남편이 머무른다고 여기는 공간이고, (나)의 '천 리 밖'은 화자와 아내 사이의 머나먼 공간적 거리감을 나타낸 것으로 볼 수 있다.
⑤ (다)의 '알게 했으면'은 미래 상황과 관련이 있으나 화자의 의혹을 나타내는 것은 아니며, (나)의 '가시리잇고'는 현재 임과 이별하는 상황에 대한 화자의 안타까움을 담고 있는 것이지 미래 상황에 대한 화자의 의혹을 나타내는 것은 아니다.

2 외적 준거에 따른 작품 감상 답 ③

정답이 정답인 이유

③ (가)와 (나)에서는 후렴구를 제외하고도 '어긔야', '나는' 등의 흥을 돋우는 말이나 소리를 찾을 수 있다.

오답이 오답인 이유

① (가)의 후렴구인 '어긔야 어강됴리 / 아으 다롱디리'는 조흥의 기능을 가진 것으로, 특별한 의미가 없다.
② (나)의 후렴구인 '위 증즐가 대평셩대'는 임과의 이별의 슬픔을 노래한 (나)의 의미나 비극적 분위기와는 다르게 태평성대를 기원하는 내용이다. 이는 〈보기〉의 '해당 작품이 구전되다가 궁중의 악곡으로 수용되었다고 추정되기도 한다.'와 관련지어 감상할 수 있다.
④ (가)의 후렴구의 '아으'와 (나)의 후렴구의 '위'는 감탄의 기능을 담당하는 말이나 소리로 볼 수 있다.
⑤ (가), (나)의 여음구나 (다)의 압운법은 작품의 형식적인 측면에서 음악적 요소를 고려하는 것으로 볼 수 있다.

3 시어, 시구의 의미와 기능 파악 답 ③

정답이 정답인 이유

③ ⓒ을 발화하는 주체('내')를 화자로 본다면 남편을 마중하는 길이 저물 것을 염려하는 심정을 표현한 것으로 이해할 수 있다. 남편이 위험한 일(행상)을 해서 화자 자신을 염려하게 만든다고 볼 여지는 있지만, 남편에 대해 화자가 불만의 심정을 토로한 것으로 볼 수는 없다.

오답이 오답인 이유

① (가)는 『악학궤범』에 백제의 노래로 기록하고 있고, 정읍이 전주(全州)의 속현이기 때문에 ㉠을 지명인 전주로 보는 견해도 있다. ㉠을 특정한 지명이 아니라 '모든(온)'으로 본다면 화자의 그리움과 기다림의 정서가 미치는 지역이 전주라는 특정한 지역이 아닌 모든 지역으로 확장된다고 볼 수 있다.
② ⓒ을 발화하는 주체('내')를 남편으로 본다면 남편의 말을 인용하여 자기가 행상을 다니는 길이 저물까 불안해하는 남편의 심리를 드러낸 것으로 볼 수 있다.
④ ⓒ의 '셜온 님'을 '서러워하는 임'으로 본다면 임 역시도 화자처럼 이별을 바라지 않는데 어떤 상황이 생겨 떠나는 것으로 짐작할 수 있으므로, 화자가 어쩔 수 없이 임을 보내는 상황으로 볼 수 있다.
⑤ ⓒ의 '셜온 님'을 '나를 서럽게 하는 임'으로 본다면 떠나는 임으로 인해 화자가 느끼는 이별의 고통을 부각한 것으로 볼 수 있다.

4 표현상의 특징 파악 답 ②

정답이 정답인 이유

② (다)의 '내세에는 내가 아내 되고 그대가 남편 되어', '나는 죽고 그대는 천 리 밖에 살아서'는 화자가 아내와 서로 처지를 바꾸는 상황을 가정하여 자신의 슬픔을 부각하는 것으로 볼 수 있다.

오답이 오답인 이유

① (다)에서 화자는 아내가 자신에게 끼친 부정적 영향을 열거하고 있지 않으며, 화자가 아내를 비판하는 내용도 나타나지 않는다.
③ (다)에 자연물이 지닌 속성을 인간의 삶에 빗대는 내용은 나타나지 않는다. (다)의 '월하노인'은 자연물인 달이 아니라 중국 고사에 나오는 부부의 인연을 맺어 준다는 전설상의 노인이다.
④ (다)의 '천 리 밖'은 화자와 임 사이의 공간의 단절을 나타내는 것으로 볼 수 있다. (다)에 공간의 이동은 나타나지 않는다.
⑤ (다)에 화자가 지난날 아내에게 저지른 잘못을 떠올리는 내용은 나타나지 않는다.

[5~8] 사회

시민 참여와 시빅 테크(Civic Tech)

해제 | 이 글은 정보 통신 기술의 발전과 함께하는 디지털 환경의 형성, 공공 기관을 중심으로 한 보유 데이터의 개방 움직임을 배경으로 등장한 시빅 테크의 개념과 특징에 대해 설명하고 있다. 시빅 테크는 시민들이 자율적으로 사회 문제를 인식하고, 참여 의제를 설정하며, 자발적으로 모여들고, 적극적으로 문제 해결을 도모하는 데 정보 통신 기술을 적극적으로 사용하여 공익을 실현하려는 새로운 시민 참여 운동이다. 현재 시빅 테크는 정부를 효과적으로 감시하고 혁신을 촉진하려는 '열린 정부 운동'과 지역 사회 활동이나 문제의 해결과 관련된 분야로서 '커뮤니티 활동'으로 발현되고 있다. 시빅 테크는 사회의 공공 가치 회복에 기여하고, 시민이 사회의 중심 주체로 부상한다는 점에서 우리 사회의 민주주의에 크게 기여할 뿐만 아니라 시민과 정부 간 소통에도 기여하고 있다. 하지만 정보 통신 기술 접근이 보편적이지 않다는 문제점은 참여자의 다양성을 제한한다는 점에서 시급히 해결해야 할 문제이다. 시빅 테크가 공익 실현에 긍정적으로 기여할 수 있는 가능성을 현실화하려면 이러한 한계를 분석하여 다양한 지원 방안에 대한 고민이 함께 이루어져야 한다.

주제 | 새로운 시민 참여로서의 시빅 테크의 개념과 특징

구성 |
- 1문단: 시빅 테크의 등장 배경과 시빅 테크의 개념
- 2문단: 시민이 문제 해결의 주도권을 가지도록 하는 시빅 테크
- 3문단: 시빅 테크의 핵심 수단인 지능 정보 기술의 종류와 특징
- 4문단: 시빅 테크가 구체적으로 발현되는 두 가지 분야
- 5문단: 시빅 테크의 의의와 해결 과제

5 글의 구조와 전개 방식 답 ⑤

정답이 정답인 이유

⑤ 1, 2문단에서 시빅 테크의 등장 배경과 특징을 제시하고 있으며, 3문단에서 시빅 테크의 핵심 수단인 지능 정보 기술의 종류와 특징을 설명하고 있다.

① 이 글은 정보 통신 기술의 발전으로 최근 부상하고 있는 시빅 테크의 개념 및 특성을 설명하는 글로, 시빅 테크에 대한 통념을 소개하고 있지는 않다.

② 5문단에서 시빅 테크의 장단점을 언급하고 있으나, 이에 대한 전문가의 견해를 인용하고 있지는 않다.

③ 이 글은 시빅 테크를 설명하는 두 가지 입장이 제시하고 있지 않으며, 각각의 구체적 사례 역시 제시하고 있지 않다.

④ 1문단에서 시빅 테크의 개념을 정의하고 있으나, 시빅 테크의 변천 과정을 나열하고 있지는 않다.

6 세부 내용 파악   답 ①

정답이 정답인 이유

① 2문단에서 공공 데이터의 개방과 정보 통신망의 구축에 따라 시민들이 사회 문제를 상시적으로 접할 수 있게 되면서 사회 문제에 대한 시민들의 관심과 문제의식이 높아지고 있다고 설명했다. 이는 정부가 독점하며 진행하던 일방적이고 하향적인 정책 관리 방법이 시민 주도의 방법으로 전환되는 것을 의미한다고도 했다. 즉 공공 데이터의 개방으로 사회 문제 해결의 주체로서 시민들의 주도적이고 자발적인 역할이 확대되고 있는 것이다.

오답이 오답인 이유

② 1문단에서 제4차 산업 혁명으로 사회 변화가 가속화됨에 따라 공공 문제가 복잡해지고 다양해져 이를 해결하려는 정부의 노력도 점점 한계에 봉착하고 있다고 언급하고 있다.

③ 4문단에서 열린 정부 운동은 정부를 효과적으로 감시하고 혁신을 촉진하려는 시빅 테크의 한 분야이며, 열린 정부 운동으로는 공공 데이터를 더 활용하기 좋은 형식으로 공개하는 작업이나 바람직한 공공 데이터 개발을 유도하기 위한 공공 기관 컨설팅 등이 있다고 설명하고 있다.

④ 2문단에 따르면, 공공 데이터는 공공 기관에서 생성, 취득하여 관리하고 있는 정보 중, 전자적 방식으로 처리되어 누구나 이용할 수 있도록 국민들에게 제공된 것을 말한다. 따라서 행정 기관 및 공적 기관은 공공 데이터를 국민들에게 제공하여 자유롭게 이용할 수 있도록 하고 있음을 알 수 있다.

⑤ 3문단에서 새로운 시민 참여로서의 시빅 테크는 전통적인 시민 참여와 달리, 시민 단체 및 지역 공동체 등과 같은 전통적인 매개 집단이나 조직의 틀에 얽매이지 않고 수많은 개인이 서로 직접 연결되어 사회 문제를 해결하기 위한 다양한 지식과 대안을 함께 만들고 공유할 수 있게 한다고 언급하고 있다.

7 세부 내용 파악   답 ④

정답이 정답인 이유

④ 3문단에서 IoT는 사람, 사물, 서비스 등의 분산된 환경 요소가 상호 협력적으로 정보를 처리하는 사물 공간 연결 인프라로써 사람의 개입 없이 다양한 정보를 지속적으로 수집할 수 있게 한다고 했

다. 지속적으로 수집된 정보를 사람, 사물 등의 환경 요소로 분산하여 처리한다고 한 것은 적절하지 않다.

오답이 오답인 이유

① 3문단에서 시민들은 인공 지능 기술을 통해 시·공간에 구애받지 않고 정보에 손쉽게 접근할 수 있다고 했다.

② 3문단에서 지능 정보 기술은 시민의 전문 지식과 정보 접근에 대한 진입 장벽을 낮춤으로써 시민이 사회 참여를 위한 효과적 도구를 제작하고 올바른 의견을 제시하는 데 도움을 준다고 했다.

③ 3문단에서 빅 데이터를 바탕으로 발생 가능한 문제를 사전에 파악하고 그에 대한 해결 방안을 모색해 봄으로써 선제적 대응을 통한 문제 해결이 가능하다고 했다.

⑤ 3문단에서 인공 지능 기술은 전문가가 아니어도 누구나 원하는 정보를 쉽게 활용할 수 있도록 데이터 및 콘텐츠를 사용자 맞춤형으로 가공하여 제공한다고 했다.

8 구체적 사례 적용   답 ③

정답이 정답인 이유

③ 〈보기〉에서 마을의 문제 상황과 '소화전 입양하기' 앱을 누리 소통망에 게시한 것은 마을 주민들이 문제 상황을 파악하여 주민들이 자발적으로 소화전 관리에 동참하도록 하기 위함이다. 이는 시민들이 지역의 문제를 해결하기 위해서 정보 통신 기술을 활용하는 '커뮤니티 활동'에 해당한다고 볼 수 있다. 이를 '열린 정부 운동' 분야인 바람직한 공공 데이터 개발의 유도에 따른 결과로 보는 것은 적절하지 않다.

오답이 오답인 이유

① 1문단에서 시빅 테크는 시민이 정보 통신 기술을 활용하여 공공 문제나 사회 문제의 해결책을 직접 모색하고 문제 해결에 주도적으로 참여하는 행위를 의미한다고 했다. 〈보기〉에서는 소화전을 찾지 못해 불을 끄지 못한 문제를 해결하기 위해 마을 주민 몇몇이 '소화전 입양하기' 앱을 만들어 시민들에게 제공함으로써 시민들이 자발적으로 소화전을 관리하도록 했다.

② 4문단에서 커뮤니티 활동은 시민들이 지역의 문제를 해결하기 위해서 정보 통신 기술을 활용한 자금 모금, 정보 공유, 시민운동 조직, 자원 공유, 토론 및 포럼 등을 벌이는 것이라고 했다. 〈보기〉에서는 마을 주민들이 '소화전 입양하기' 앱을 제작하여 시민들에게 제공함으로써 화재 문제를 해결하기 위한 소화전의 위치 정보를 공유하고 있으므로 '커뮤니티 활동'에 해당한다고 볼 수 있다.

④ 5문단에서 시빅 테크는 사회의 공공 가치 회복에 기여하고, 시민이 사회의 중심 주체로 부상한다는 점에서 우리 사회의 민주주의에 크게 기여한다고 했다. 〈보기〉에서 '소화전 입양하기' 앱을 통해 소화전을 입양한 시민이 주인 의식을 갖고 소화전 위에 쌓인 눈을 치움으로써 지역 사회의 문제를 해결하고 있다.

⑤ 2문단에서 시빅 테크는 공공 데이터의 개방을 배경으로 등장했다고 설명하고 있다. 〈보기〉에서도 '소화전 입양하기' 앱에 필요한 소화전의 위치 정보는 ○○시 누리집에 게시된 데이터를 활용했다고 했다.

08회 미니모의고사

| 1 ② | 2 ① | 3 ③ | 4 ⑤ |
| 5 ③ | 6 ④ | 7 ⑤ | 8 ③ |

[1~4] 고전 시가

가 김상용, 「사랑이 거짓말이 ~」

해제 | 이 작품은 조선 중기의 문신 김상용이 지은 평시조이다. 오지 않는 임을 그리워하는 화자는 자신을 사랑한다는 임의 말이 거짓말이라며 임을 탓하고 있다. 특히 꿈에 와서 본다는 말은 더욱 거짓말인데, 그 이유는 자신처럼 그리움에 뒤척이노라면 잠을 잘 수 없을 것이므로 꿈에서 만날 수도 없기 때문이라는 것이다. 이처럼 이 작품은 임의 부재(不在)로 인한 간절한 그리움을 노래한 것이지만, 작가인 김상용이 병자호란 때 왕족을 모시고 강화로 피란했다가 강화성이 함락되자 순절했던 인물임을 고려하여 이 작품을 임금에 대한 충성의 노래로 보기도 한다.

주제 | 임에 대한 간절한 그리움

구성 |
• 초장: 화자를 사랑한다는 임의 거짓말
• 중장: 꿈에 와서 본다는 임의 거짓말
• 종장: 임이 그리워 잠 못 드는 화자

나 송시열, 「임이 헤오시매 ~」

해제 | 이 작품은 노론의 영수이자 성리학의 대가였던 송시열이 지은 평시조이다. 표면상 남녀 간의 사랑과 변심으로 인한 서러움을 노래하고 있지만, 이면적으로는 자신의 세력이 정치적으로 쇠한 시기에 임금의 지지를 잃은 슬픔을 읊은 작품으로 해석된다.

주제 | 임의 변심으로 인한 슬픔과 서러움

구성 |
• 초장: 임의 사랑과 화자의 신뢰
• 중장: 이제는 다른 사람을 사랑하게 된 임
• 종장: 임의 변심으로 인해 더욱 크게 느껴지는 서러움

다 송이, 「남은 다 자는 밤에 ~」

해제 | 이 작품은 『가람본 청구영언』에 기녀 송이의 작품으로 수록되어 있는 시조이다. 화자는 남들 다 자는 밤에 임에 대한 그리움으로 홀로 잠을 못 이루고 있는데, 더욱 안타까운 사정은 그 임이 이미 다른 사람을 사랑하고 있다는 것이다. 그리하여 화자는 차라리 자기가 먼저 죽어서 임이 자신을 그리워하게 만들고 싶다는 생각까지 하게 된다.

주제 | 다른 사람을 사랑하는 임에 대한 애달픈 그리움

구성 |
• 초장: 홀로 잠 못 들고 있는 깊은 밤
• 중장: 다른 사람을 사랑하는 임에 대한 그리움
• 종장: 먼저 죽어서라도 임이 나를 그리워하게 만들고 싶은 마음

라 작자 미상, 「어이 못 오더냐 ~」

해제 | 이 작품은 아무리 기다려도 자신을 보러 오지 않는 임에 대한 원망과 강렬한 그리움을 노래한 작자 미상의 사설시조이다. 반복, 연쇄, 열거, 설의 등의 표현법을 통해 주제를 효과적으로 드러낸 이 작품은 특히 장형화된 중장에서 일상적 제재들을 연쇄적으로 열거하며 과장된 상황을 제시함으로써, 그리움의 정서를 그리되 비탄에 빠지지 않고 해학적으로 표현하고 있다.

주제 | 오지 않는 임에 대한 그리움과 원망

구성 |
• 초장: 못 오는 이유에 관해 임에게 던지는 물음
• 중장: 누군가에 의한 강제적 제약 때문에 못 오느냐는 물음
• 종장: 자신을 보러 올 여유가 정말로 없겠느냐는 원망

---

1 작품 간의 공통점, 차이점 파악　　　　답 ②

정답이 정답인 이유

② (가)에는 임의 사랑을 믿지 못하는 화자의 외로움과 그리움이, (나)에는 믿고 있던 임의 변심으로 인한 화자의 심리적 상처가, (다)에는 사랑하는 임에 대한 그리움으로 잠 못 드는 화자의 외로움이, (라)에는 자신을 보러 와 주지 않는 임에 대한 원망이 드러나 있다. 따라서 (가)~(라)의 공통점으로 대상과의 관계에서 결핍을 느끼는 화자의 감정을 언급하는 것은 적절한 판단이다.

오답이 오답인 이유

① 사랑하는 임에 대한 그리움, 홀로 있는 외로움 같은 감정들은 윤리적 교훈과는 거리가 멀다.

③ (가), (다), (라)에는 화자의 과거 행적이 딱히 드러나지 않는다. 따라서 자신의 과거 행적으로 인하여 갖게 된 회한을 드러낸다는 것은 (가)~(라)의 공통점이 될 수 없다.

④ 이 작품들에서 대상, 즉 사랑하는 임은 경외의 대상이 아니다. 경외감(敬畏感)이란 공경하면서 두려워하는 감정을 말한다.

⑤ '당혹감'은 무슨 일을 당하여 어찌할 바를 모르는 감정을 가리키는 말이다. (가)~(라)는 임과의 만남이나 사랑이 원만히 이루어지지 않는 데서 느끼는 외로움이나 그리움 같은 감정을 노래한 작품들이므로, 여기에 화자가 당혹감을 느꼈던 경험이 공통적으로 드러나 있다는 설명은 적절하지 않다.

2 표현상의 특징 파악　　　　답 ①

정답이 정답인 이유

① (가)와 (나)는 각각 종장에서 설의적 표현을 통해 화자의 생각이 강조되었다. (가)의 종장에서는 그리움 때문에 잠 자체가 안 오는 상황에서 꿈에 만나자는 약속은 실현이 불가능하다는 생각을, (나)의 종장에서는 임이 처음부터 자신을 미워하시던 게 아니라 더욱 서럽다는 뜻을 드러내었다.

오답이 오답인 이유

② (라)의 중장에서는 '성', '담', '집', '뒤주', '궤' 등의 소재를 엮어 가는 연쇄법으로 시상이 전개되었지만, (가)에서는 연쇄법이 사용되지 않았다.

③ (나)와 (다) 모두 반어적 표현을 통해 주제가 부각되지 않았다.

④ (라)에서는 '못 오더냐' 같은 시구를 반복하여 리듬감을 형성한 부분을 찾을 수 있지만, (나)에서는 시구의 반복을 찾을 수 없다.

⑤ (라)의 중장에 사용된 열거는 점층적 성격을 지닌다고 볼 수도 있지만, (다)에서는 점층법을 통해 고조되는 정서를 표현한 부분을 찾을 수 없다.

3 외적 준거에 따른 작품 감상　　　　　　　　　　　답 ③

정답이 정답인 이유

③ (나)에서 '처음에 믜시던 것이면 이다지도 설우랴'는 처음부터 임이 자기를 미워하시던 것이라면 이토록 서럽지는 않을 것이라는 말이다. 임의 사랑을 굳게 믿은 자신을 버리고 임이 다른 이에게로 사랑의 마음을 옮겼기에 더욱 서럽다는 것이다. 따라서 이를 〈보기〉와 관련지어 보면, 임금이 처음에 노론 세력을 억누르거나 홀대하던 것이 아닌데 이제 와서 다른 세력에게 힘을 실어 주시니 서러움을 느낀다는 것으로 해석할 수 있을 것이다. 그러므로 '처음에 믜시던'은 '애초부터 임금이 노론 세력을 억압했다면' 정도의 의미로 볼 수 있다.

오답이 오답인 이유

① (가)의 '임'을 임금으로 해석하면 '사랑'을 임금이나 나라에 대한 충절로 이해할 수 있을 것이다. 따라서 화자가 임에 대한 그리움 때문에 잠이 들지 못하고 있다고 본다면 그 마음은 나라와 임금에 대한 충절을 한시도 잊지 않는 작가의 태도와 연관 지을 수 있게 된다.

② (나)의 '누구에게 옮기신고'를 〈보기〉와 관련지으면 노론에 대한 임금의 지지가 다른 세력에게 옮겨 간 것으로 해석할 수 있으므로, 작가와 노론 세력이 정치적으로 쇠한 상황에서 이 작품이 지어졌으리라는 추론도 가능할 것이다.

④ (다)가 사랑의 정한을 노래한 기녀의 시조라고 할 때 〈보기〉에서 설명한, 기녀들의 사랑이 현실적으로 지속되기 어려웠던 사회적 조건은 '임 둔 임'이라는 상황, 즉 자신이 사랑하는 임에게 다른 임이 이미 있다는 상황과 관련지을 수 있을 것이다.

⑤ (다)의 '차라리 내 먼저 싀어서'는 '차라리 내가 먼저 죽어서'라는 의미이다. 따라서 극한의 상황인 죽음을 언급할 정도로 애절한 사랑의 정한이 담겨 있다고 할 수 있다.

4 외적 준거에 따른 작품 감상　　　　　　　　　　　답 ⑤

정답이 정답인 이유

⑤ 종장은 '한 달이 서른 날이어니'와 '날 보러 올 하루 없으랴'라는 두 개의 구(句)로 구성되어 있기 때문에 〈보기〉에서 설명한 평시조의 규칙에서 벗어나는 예가 아니다.

오답이 오답인 이유

① 초장은 '어이 못 오더냐'와 '무슨 일로 못 오더냐'라는 두 개의 구로 구성되어 있으며, 첫 구는 '어이'와 '못 오더냐'라는 두 개의 마디로, 둘째 구는 '무슨 일로'와 '못 오더냐'라는 두 개의 마디로 이루어져 있다. 초장은 평시조의 규칙을 따르고 있는 부분으로 볼 수 있는 것이다.

② 중장이 길어져서 두 개의 구로 한정되지 않음으로써 작품 전체가 3장 6구라는 형식에서 벗어나게 되었음을 알 수 있다.

③ 중장은 '너'가 안 오는 이유에 대한 과장을 통해 시적 상황을 해학적으로 제시한 것으로 볼 수도 있는데, 이를 〈보기〉의 설명과 연관 지어 보자면 평시조의 규칙을 깨며 상황을 장황하게 열거한 형식상의 파격과 밀접한 관련이 있다고 할 수 있다.

④ 종장 첫째 마디인 '한 달이'는 3음절로 되어 있으며, 이는 〈보기〉에서 설명한 사설시조의 형식적 규칙을 준수한 것이라고 할 수 있다.

[5~8] 사회

이민과 이중차분법

해제 | 이 글은 이민자가 유입되면 임금이 하락할 것이라는 통념을 경제학적으로 설명하고, 이를 검증하는 방법론으로서 이중차분법을 소개하고 있다. 이중차분법을 이용하는 이유는 현실에서 드러나는 현상만으로 이민자 유입과 임금의 인과 관계를 파악하기가 쉽지 않기 때문인데, 이중차분법은 특정 사건이 일어나지 않을 때를 대신할 수 있는 상황과 특정 사건이 일어난 결과를 비교함으로써 특정 사건의 영향을 측정하는 방법이다. 결론적으로 이중차분법을 이용한 연구에서 이민자 유입이 현지인의 임금에 큰 영향을 미치지 않은 결과를 소개하고 그 이유에 대해 해석한다.

주제 | 이민자 유입이 임금에 미치는 영향을 파악하기 위한 이중차분법의 활용

구성 |

• 1문단: 이민의 경제적 쟁점과 이유

• 2문단: 이민과 임금 관계의 이론적 설명 및 검증의 어려움

• 3문단: 이민의 영향에 대한 이중차분법의 활용

• 4문단: 이중차분법에 의한 이민과 임금 관계에 대한 해석

5 세부 내용 파악　　　　　　　　　　　답 ③

정답이 정답인 이유

③ 2문단에 '그러나 현실에서는 ~ 보는 것이 타당하다.'를 통해, 현실에서 이민자가 유입되는 지역의 임금이 오히려 상승하는 현상이 나타나는 경우는 임금이 상승하는 지역에 이민자가 유입한 결과로 보는 것이 타당함을 알 수 있다.

오답이 오답인 이유

① 2문단 '고용이 늘어날수록 추가되는 ~ 영향을 미치기 때문이다.'에 고용이 늘어날수록 추가되는 노동력이 생산에 기여하는 정도가 감소하는 것이 임금을 하락시키는 영향이 있다고 설명되어 있다.

② 2문단 '임금이 하락할 것이라는 ~ 영향을 미치기 때문이다.'에 임금과 노동 수요의 관계가 설명되어 있다.

④ 1문단 '가장 대표적인 논리는 ~ 추론이다.'에 이민자와 관련된 경제적 쟁점의 배경이 설명되어 있다.

⑤ 2문단 마지막 문장에 상관관계로부터 인과 관계를 추론할 수 없음이 설명되어 있다.

6 중심 내용 파악　　　　　　　　　　　답 ④

정답이 정답인 이유

④ 4문단에서 '이중차분법을 사용한 연구들의 결과는 완전히 일치하지는 않는다.'라고 밝히고 있으므로 이민자 유입이 현지인의 임금에 미치는 영향에 대한 일관된 연구 결과가 없다는 것을 알 수 있다.

오답이 오답인 이유

① 1문단에 이민자와 관련된 쟁점 발생의 주요 이유가 경제적인 것임이 설명되어 있다.

② 2문단에 이민자 유입이 임금 하락을 야기할 수 있는 기제가 설명되어 있다.

③ 3문단에 이중차분법이 해당 인과 관계를 알아보는 한 가지 방법임이 설명되어 있다.

⑤ 4문단에 노동 공급과 노동 수요가 동시에 증가하면 임금이 크게 하락하지 않을 수 있음이 설명되어 있다.

7 구체적 사례 적용   답 ⑤

정답이 정답인 이유

⑤ ㉯인 갑 도시의 2019년과 2020년 2월의 주당 평균 임금을 이용하면 A는 $20이므로 이민자 유입이 임금에 미친 순 효과는 -$50-$20=-$70이다. 이 경우 임금이 하락한 것으로 결과가 나온다. 반면 ㉮를 이용할 때는 -$50-(-$70)=$20로, 갑 도시의 임금이 상승한 것으로 결과가 도출된다. 따라서 같은 결론에 도달한다는 진술은 적절하지 않다.

오답이 오답인 이유

① B는 이민자 유입 후 시점의 임금에서 전 시점의 임금을 빼서 구하는 것이므로 맞는 진술이다.

② 이민자 유입이라는 사건이 발생하지 않은 병 도시에서 나타난 임금 변화(=$930-$1,000)이므로 -$70이 맞는다.

③ 이중차분법에 의하면 B에서 A를 빼야 하므로 이민자 유입이 임금에 미친 순 효과는 -$50-(-$70)=$20로, 갑 도시의 임금이 오히려 상승한 것으로 나타난다.

④ 이민자 유입이 나타나기 전 갑 도시의 동일한 길이의 기간인 2019년과 2020년 2월 임금을 이용하면 A는 $20이므로 병 도시의 임금 변화를 이용할 때의 A보다 크다.

8 중심 내용 파악   답 ③

정답이 정답인 이유

③ 다른 지역보다 기계화가 더 활발한 현상은 임금이 상대적으로 높은 지역에서 발생했는데, 대체 관계가 발생했다면 임금이 하락했을 것이므로 적절한 진술이 아니다.

오답이 오답인 이유

① 4문단에서 대체 관계가 약한 이유 중 하나로 자동화의 지연이 거론되었다.

② 현지인의 임금 수준이 향상된 것은 보완 관계가 나타난 것이라 하였다.

④ 4문단에서 대체 관계가 약한 이유 중 하나로 노동 수요 증가가 거론되었다.

⑤ 4문단에서 대체 관계가 약한 이유 중 하나로 이민자의 의사소통이 원활하지 않음이 거론되었다.

09회 미니모의고사   본문 38~42쪽

| 1 ③ | 2 ⑤ | 3 ④ | 4 ④ |
| 5 ① | 6 ③ | 7 ② | 8 ① |

[1~4] 고전 시가

작자 미상, 「복선화음가」

해제 | 이 작품은 조선 후기 경북 안동 지방을 중심으로 유행한 규방 가사로 결혼한 여성이 고수해야 할 부덕을 자기 서사의 형식으로 제시한 교훈서에 해당한다. 이러한 성격을 띤 규방 가사를 '계녀가'라고도 한다. 작품은 크게 세 부분으로 구성되는데 첫째 부분은 어머니인 화자가 결혼을 하는 딸에게 건네는 이야기이다. 이 이야기는 어머니인 화자가 결혼을 한 후 부덕을 지키며 부지런히 살림을 하여 가난한 집안을 경제적으로 일으켜 세우고, 남편과 아들들을 모두 과거에 급제하게 하여 가문을 빛나게 한 과정을 담고 있다. 제목인 '복선화음가'에서 '복선'은 '선한 일을 한 사람에게는 하늘이 복을 내린다.'라는 뜻인데 바로 작품의 첫째 부분에 제시된 어머니의 삶을 함축적으로 표현한 말이다. 둘째 부분은 괴똥어미의 시집살이 이야기이다. 괴똥어미는 성품이 속악하고 사치스러우며 행동거지가 단정하지 못해 집안에 불행을 가져온 인물이다. 어머니인 화자는 결혼하는 딸에게 일종의 반면교사로서 괴똥어미의 이야기를 들려준다. 제목인 '복선화음가'에서 '화음'은 '무절제한 행동을 한 사람에게는 하늘이 화를 내린다.'라는 뜻인데 바로 작품의 둘째 부분에 제시된 괴똥어미의 삶을 함축적으로 표현한 말이다. 셋째 부분은 어머니인 화자가 딸에게 자신을 본받고 괴똥어미를 경계하며 여성의 덕목을 잘 지킬 것을 당부하는 내용이다.

주제 | 결혼하는 여성이 지켜야 할 덕목과 경계해야 할 일

구성 |

• 처음: 어머니(화자)가 결혼을 앞둔 딸에게 건네는 이야기
• 중간: 괴똥어미의 시집살이
• 끝: 어머니(화자)가 결혼을 앞둔 딸에게 건네는 이야기

1 작품의 내용 파악   답 ③

정답이 정답인 이유

③ '좌중부녀 어이 알아 떡 조각을 집어 들고 / 이도 주고 저도 주고 새댁 행실 전혀 없다'라는 표현에서 괴똥어미는 인색해서 이웃과 음식을 나누어 먹지 않는 사람이 아니라 음식을 여기저기 나누어 주며 돈을 낭비하는 사람으로 그려져 있다. 그러므로 괴똥어미가 먹을 것에 욕심이 많은 사람인 것은 맞지만 음식을 이웃과 나누어 먹는 일이 없었다는 설명은 적절하지 않다.

오답이 오답인 이유

① '좋은 물건 잠깐 보면 도적하기 예사로다'라는 표현을 바탕으로 괴똥어미가 자주 남의 물건을 탐내어 훔쳤던 것을 알 수 있다.

② '입구녁에 침이 흘러 ~ 뉘 아니 외면하리'라는 표현을 바탕으로 괴똥어미가 몸가짐과 옷매무새가 단정하지 않아 사람들에게 외면 받았음을 알 수 있다.

④ '아니 한 말 지어내어 일가 간에 이간질'과 '악한 사람 부동하여 착한 사람 흉보기'라는 표현을 바탕으로 괴똥어미가 일가 사람들 사이를 이간질하고, 악한 사람들과 어울려 착한 사람을 흉보았음을

알 수 있다.

⑤ '금슬 좋자 살풀며 ~ 사망인들 없을쏘냐'라는 표현을 바탕으로 괴똥어미가 정성껏 기원했지만 마음을 나쁘게 써서 궂은일이 계속 일어났음을 알 수 있다.

2 외적 준거에 따른 작품 감상   답 ⑤

⑤ 글쓴이인 화자가 괴똥어미의 거침없는 행동을 희화적으로 제시한 이유는 규범을 지키지 않는 괴똥어미의 행실을 비판하고, 자신의 딸이 괴똥어미를 반면교사로 삼아 규범에서 벗어난 행동을 경계하기를 바랐기 때문이다. 화자는 [C]에서 언급한 '효봉구고', '순승군자', '동기우애', '지친화목'과 같이 여성을 억누르는 가부장적 규범을 도리어 엄격히 지켜야 할 것으로 생각하며 그것에 긍정적 의미를 부여하고 있다. 따라서 규범에 억눌린 부녀자의 삶에 대해 화자가 비판 의식을 보였다는 설명은 적절하지 않다.

① '신부 행동 그러하니 뉘 아니 외면하리', '달음박질하는 때에 너털웃음 무슨 일고'는 의문문의 형식을 사용하고 있지만 대답을 구하려는 의도에서 쓰인 것은 아니며, 괴똥어미의 행실에 대한 화자의 부정적 인식을 부각하기 위해 의문문의 형식을 사용한 것이다.

② 〈보기〉의 설명에 따르면, 희화적 표현은 대상 인물의 어리석음을 부각하여 독자들이 대상 인물보다 상대적 우위에 있다는 느낌을 갖게 만듦으로써 웃음을 유발한다. 그러한 맥락에서 어리석은 면이 희화적으로 묘사된 괴똥어미의 모습은 「복선화음가」를 통해 그 내용을 접하는 독자들에게 상대적 우월감과 그로 인한 웃음을 줄 수 있을 것이다.

③ 화자는 괴똥어미의 언행을 묘사하면서 '기괴', '용렬', '망측'이란 평가적 언어를 사용하고 있다. 이는 괴똥어미에 대한 화자의 부정적 인식을 드러내기 위한 것으로 볼 수 있다.

④ 화자는 '신부 행실 바이없다', '새댁 행실 전혀 없다'라고 말하면서 괴똥어미의 속악하고 규범에서 벗어난 행동을 우스꽝스럽게 그려 보이고 있다. 이는 괴똥어미에게 비판적인 화자가, 이 글의 독자이자 이제 곧 신부가 될 자신의 딸이 괴똥어미 같은 인물에게 비판적 태도를 가짐으로써 '신부 행실', '새댁 행실'을 잘해 주기를 바랐기 때문이다.

3 작품의 내용 파악   답 ④

④ [B]에서 화자는 '포진천물', '남용남식'으로 표현된, 괴똥어미의 물질적인 사치와 무절제함을 비난하고 있다. 한편 [C]에서 화자는 '효봉구고', '순승군자', '동기우애', '지친화목' 등 결혼한 여성이 지켜야 할 실천 덕목을 제시하고 있다. 그러므로 [B]에서는 물질적인 면에서 경계해야 할 점을, [C]에서는 지향해야 할 바람직한 태도를 제시했다는 설명은 적절하다.

① [B]는 괴똥어미의 행적과 그로부터 얻는 '복선화음'의 교훈에 관해 직접적으로 언급하고 있다. 그러나 [C]는 괴똥어미의 행적을 언급하고 있지 않다. 따라서 [B]와 [C]가 모두 같은 인물의 행적을 언급하고 있다는 설명은 적절하지 않다.

② [B]와 [C]는 세태에 대한 비판과는 거리가 멀다. [B]는 인물에 대한 비판을 담고 있고, [C]는 시집가는 딸을 달래는 엄마의 마음이 담겨 있다.

③ [B]는 괴똥어미에 대한 화자의 부정적 인식을 드러내고 있을 뿐, 화자가 당면한 문제를 제시하고 있지는 않다. [C]는 시집가는 딸에게 엄마가 주는 위로의 말이며, 문제 해결 방안을 제시하는 것과는 거리가 멀다.

⑤ [B]는 괴똥어미의 행적과 그로부터 얻는 교훈에 관해 언급하고 있을 뿐, 화자가 기대하는 미래의 긍정적 상황과는 거리가 멀다. 화자가 기대하는 미래의 긍정적 상황은 오히려 [C]에 제시되어 있다고 볼 수 있다. [C]는 시집간 딸과 친정 엄마가 만나는, 미래의 행복한 상황에 관해 언급하고 있기 때문이다.

4 외적 준거에 따른 작품 감상   답 ④

④ 구체적인 인물 형상을 통해 교훈을 제시하는 부분은 ㉺가 아닌 ㉻이다. ㉻에서는 괴똥어미라는 인물을 구체적으로 형상화하여 결혼한 여성이 경계해야 할 행동을 알려 주고 있다. ㉺에서는 '효봉구고', '순승군자', '동기우애', '지친화목' 등과 같이 추상적인 규범이 제시되고 있다. 그러므로 ㉻에서 ㉺로 이야기가 전환되면서 구체적 인물 형상을 통해 교훈을 제시하고 있다는 설명은 적절하지 않다.

① ㉺에서 글쓴이인 화자는 '괴똥어미 경계하고 / 너의 어미 살을 받아'라고 말하면서 시집간 여성이 집안에서 어떻게 행동하는가에 따라 집안이 흥성하기도 하고 기울어지기도 한다고 말하고 있다. 여기서 집안을 흥성하게 만든 자신의 사례와 집안을 기울게 만든 괴똥어미의 사례를 대비하고 있으며, 작품의 제목인 '복선화음(선한 행동은 복을 받고, 무절제한 행동은 화를 불러옴.)'도 여기서 비롯한다.

② '저 건너'라는 표현을 기점으로 '괴똥어미의 시집살이'가 서술되기 시작한다.

③ ㉻에 서술된 괴똥어미는 시집살이를 시작할 때 집안의 재산이 넉넉했지만 자신의 무절제한 행동과 그릇된 처신으로 집안을 기울게 했다. 화자가 괴똥어미의 시집살이 이야기를 이제 막 시집가는 딸에게 해 준 까닭은 자신의 딸이 괴똥어미를 반면교사 삼아 시집살이를 현명하게 하기를 바랐기 때문이다. 이때 괴똥어미가 딸에게 반면교사가 될 수 있는 이유 중 하나는 화자의 딸과 괴똥어미 모두 물질적으로 넉넉한 환경에서 시집살이를 시작한 여성이라는 공통점에 있다. 화자의 집안이 성공한 집안이어서 재산을 넉넉히 갖추어 딸을 시집보냈지만, 딸 스스로 시집살이를 현명하게 하지 않으

면 얼마든지 괴똥어미처럼 집안을 기울게 할 수 있다는 경계를 화자는 하려고 했던 것이다.

⑤ ㉮의 '딸을 길러 출가하니'로 제시되는 상황은 딸이 함께 지내던 가족을 떠나 시집살이를 하게 된 상황이다. ㉯의 '명년 삼월 화류시에 모녀상봉 하느니라'는 자신이 나고 자란 익숙한 집을 떠나 낯선 곳에서 시집살이를 하게 된 딸을 위로해 주려는 뜻에서 화자가 엄마로서 해 준 말이다.

[5~8] 과학

㉮ 외계 지적 생명체 탐사(SETI)

해제 | 광활한 우주에 인간 이외에 다른 생명체가 존재할 것이라는 믿음은 아주 오래전부터 있었다. 이러한 믿음에서부터 외계 지적 생명체에 대한 탐색이 시작되었으며, SETI(Search for Extra-Terrestrial Intelligence) 프로젝트는 외계 지적 생명체를 탐사하는 대표적 사례이다. SETI 프로젝트는 외계 지적 생명체가 보내는 전파 신호를 지구에서 수신함으로써 외계 지적 생명체의 존재를 간접적으로 확인하고자 한다. SETI 프로젝트는 '세티 앳 홈(SETI @ home)' 프로젝트로 확장되어 일반인들이 사용하는 PC를 전파 망원경이 수신한 전파 신호의 분석에 활용한다. 이 프로젝트는 아직까지 외계 지성의 흔적을 찾지 못하고 있다. 하지만 미국의 전파 천문학자 프랭크 드레이크는 '드레이크 방정식'을 고안하여 외계 문명의 존재 가능성에 대한 나름의 답을 찾고 있다.

주제 | 외계 지적 생명체의 존재 가능성과 탐사 방법

구성 |

- 1문단: 외계 지적 생명체에 대한 인류의 관심
- 2문단: 외계 지적 생명체가 존재할 것이라는 믿음
- 3문단: SETI 프로젝트의 목적과 탐사 대상
- 4문단: '세티 앳 홈'의 의미와 특징
- 5문단: 외계 문명의 존재 가능성과 '드레이크 방정식'

㉯ 외계 생명체 탐사와 생명의 정의

해제 | 외계 행성에는 현재 우리로서는 상상도 할 수 없는 구조의 생명체가 존재할 수도 있다. 따라서 외계 생명체 탐사를 위해서는 생명에 대한 명확한 정의가 선행되어야 한다. 생물학적 관점에서의 생명체는 세포로 구성되어 있고, 물질대사를 하고, 자극에 반응하고 항상성을 유지하며, 발생, 생장, 생식, 유전, 적응과 진화를 하는 개체로 정의한다. 그러나 최근 생명체가 살기 어려운 환경으로 보이는 지역에서 사는 생명체들이 발견되고 있다. 이는 생명체의 서식 환경의 범위가 우리가 생각하는 것보다 넓을 수 있음을 알려 주는 것이다. 이에 따라 외계 생명체 탐사를 위해 생명체에 대한 보편적 정의를 다시 하려는 시도가 이루어지고 있다.

주제 | 외계 생명체 탐사를 위한 생명체에 대한 새로운 정의

구성 |

- 1문단: 외계 행성에 대한 탐사와 생명체의 단서를 찾기 위한 노력의 철학적 의미
- 2문단: 생명에 대한 새로운 정의의 필요성
- 3문단: 생물학적 관점에서의 생명체의 정의와 가혹한 환경 속에서 생존하는 생물체의 발견
- 4문단: 생명체에 대한 보편적 정의의 어려움과, 외계 생명체 탐사 및 연구의 의의

5 글의 구조와 전개 방식 · 답 ①

정답이 정답인 이유

① (가)는 광활한 우주 공간에서 외계 지적 생명체의 존재 가능성을 제시하며, 외계 지적 생명체를 탐사하는 방법의 대표적 사례로 SETI 프로젝트를 소개하고 있다. (나)는 외계 생명체의 존재 가능성은 제시하고 있으나, 이를 탐사하기 위한 방법을 언급하고 있지는 않다.

오답이 오답인 이유

② (나)에 따르면, 외계 생명체의 존재 가치는 인간의 근원과 본질에 대한 성찰을 가능하게 한다는 점에 있다는 것을 알 수 있다. 하지만 그러한 외계 생명체의 존재 가치를 강조하기 위해 유추를 사용하고 있는 것은 아니다.

③ (가)는 드레이크 방정식을 통해 외계 문명의 존재 가능성을 제시하고 있다. 하지만 이것은 외계 문명의 존재 가능성을 수학적 방법으로 제시하고자 한 것일 뿐, 외계 지적 생명체의 유형을 구분한 것은 아니다. (나)에서도 철학적 방법을 통한 외계 생명체의 유형을 구분하고 있지는 않다.

④ (가)와 (나)는 모두 외계 생명체 또는 외계 지적 생명체에 대한 관심이 사회에 미친 영향을 통시적으로 다루고 있지 않다.

⑤ (가)와 (나)는 모두 특정 대상의 존재를 분석하는 공통된 과학 이론을 제시하고 있지는 않다.

6 구체적 사례 적용 · 답 ③

정답이 정답인 이유

③ (나)의 3문단에서 높은 온도나 낮은 온도, 강한 압력, 강한 산성이나 알칼리성, 매우 건조한 지역, 강한 방사선 등의 가혹한 서식 환경에서 생존하는 미생물들이 지구에서 발견되고 있다고 밝히고 있다. 지구의 가혹한 환경에 사는 생명체들의 발견은 결국 지구 이외의 행성에서도 생명체가 존재할 가능성이 높다는 근거가 된다고 했다. 즉 지구에서도 고온, 고압, 강한 방사선 속에서 살고 있는 생명체가 있는 것이다.

오답이 오답인 이유

① (가)의 2문단에서 수많은 항성과 행성 중 지적 생명체가 존재할 것이라는 믿음에서 외계 문명에 대한 탐색은 출발했다고 제시하고 있다.

② (나)의 1문단에서 인간이 아닌 다른 어떤 존재를 통해 인간이란 존재의 근원과 본질에 대한 질문의 답을 찾기 위한 노력의 일환으로 외계 지적 생명체를 포함한 외계 생명체를 찾기 위한 시도가 계속되고 있다고 했다.

④ (가)의 3문단에서 SETI 프로젝트는 우주 어딘가에서 외계 생명체가 보내는 전파 신호를 지구에서 수신하여 간접적으로 외계 지적 생명체의 존재를 확인하는 것이 목적이라고 했다. 또한 전파 신호를 발신하는 외계 생명체의 경우 지구와 비슷하거나 혹은 더 발전된 지적 수준을 가지고 있을 것으로 예상된다고도 했다.

⑤ (가)의 4문단에서 전파 망원경이 수신한 전파 신호 속에는 온갖

자연의 전파가 포함되어 있다고 했으며, 여기서 인공의 전파를 찾아내기 위해서는 엄청난 정보 처리 용량의 슈퍼컴퓨터가 필요하다고 했다.

7 구체적 사례 적용 답 ②

정답이 정답인 이유

② (나)의 슈뢰딩거는 생명체가 외부에서 얻은 에너지를 이용하여 자신의 질서 상태를 유지할 수 있다고 보았다. 이는 '생명' 현상이 에너지와 물질의 유출입이 있는 세계에 존재한다는 것을 의미한다. 〈보기〉에서 생명체는 '동적 평형'을 유지하기 위해 외부로부터 에너지를 요구한다고 했다. 또한 외부에서 유입된 분자는 생명체를 통과하여 다시 환경으로 돌아간다고도 했으므로, 쉰하이머도 생명체에서 에너지와 물질의 유출입이 있다고 보았다.

오답이 오답인 이유

① (나)의 4문단에서 생명체가 '엔트로피 증가 법칙'을 무시한다고 본 슈뢰딩거의 주장을 언급하고 있다. 〈보기〉에서 쉰하이머는 생명체가 '동적 평형' 상태에서 일정한 형태를 유지하며 살아간다고 했다. '엔트로피 증가 법칙'은 자연 물질이 질서 정연한 상태에서 점점 무질서한 상태로 변화하게 되는 현상을 말하고 있으므로 일정한 형태를 유지한다는 것은 '엔트로피 증가 법칙'이 적용되지 않는다고 볼 수 있다.

③ (나)의 슈뢰딩거는 외부에서 얻은 에너지를 이용하여 생명체 자신의 질서 상태를 유지하는 개체를 생명체라고 정의했다. 반면에 〈보기〉의 쉰하이머는 생명체 내부에서 끊임없이 지속적으로 진행되는 분해와 합성 사이의 균형 상태로 생명체를 정의하고자 했다.

④ (나)의 슈뢰딩거는 우주에 보편적으로 적용되는 법칙에 따라 생명을 정의하려 했다. 생물학적 관점에서의 생명체에 대한 정의는 지구 생명체에 한정된 특성을 바탕으로 내려진 정의이므로 슈뢰딩거의 입장에서는 이를 우주에 보편적으로 적용될 수 있는 설명이라고 볼 수 없다.

⑤ (나)의 슈뢰딩거는 생명체가 엔트로피 증가 법칙을 무시한다고 주장했다. 즉 외부 에너지를 통해 질서 상태를 유지하려고 한다고 보았다. 〈보기〉의 쉰하이머는 생명체의 모든 조직과 세포의 내부는 분해와 합성의 순환 과정을 통해 생명체는 변화하며 새로워짐으로써 일정한 형태를 유지한다고 생각했다. 엔트로피가 증가한 상태라면, 원래의 상태로 환원할 수 있는 것이 아니라 엔트로피가 증가한 그 상태를 지속적으로 유지할 수 있는 것이다.

8 숨겨진 전제 파악 답 ①

정답이 정답인 이유

① 지구에서 가혹한 환경에 사는 생명체들이 발견된 점을 바탕으로 지구 이외의 행성에도 생명체가 존재할 가능성이 높다고 보는 것은 생명체의 서식 환경의 범위가 일반적인 서식 환경보다 넓다는 전제가 있어서이다. 또한 지구 이외의 행성의 환경이 생명체가 서식하기에는 가혹한 환경이라는 전제도 있기 때문이다. 이처럼 생명체의 서식 환경에 대한 인식의 범위가 확장됨에 따라 가혹한 환경을 가진 외계 행성에서도 생명체의 존재 가능성이 높다는 추론이 가능하다.

오답이 오답인 이유

② 지구에서 가혹한 환경에 사는 생명체들이 발견된 점을 바탕으로 지구 이외의 행성에도 생명체가 존재할 가능성이 높다는 결론을 이끌어 내고 있다. 이는 지구상에 서식하는 생명체의 특성을 토대로 외계 행성의 생명체 존재 가능성을 추론한 것이라 할 수 있다. 지구상에 존재하는 생명체와는 다른 형태를 지닌 생명체가 발견되었다는 내용은 ㉠의 전제로 적절하지 않다.

③ ㉠은 일반적으로 생각하는 생명체의 서식 환경이 아닌 외계 행성에서도 생명체의 존재 가능성이 있음을 보여 주는 것이다. 생명체에 대한 일관된 정의의 어려움은 ㉠의 전제로 적절하지 않다.

④ 외계 행성에서 지구 생명체가 지닌 일반적 특징이 소멸된다는 내용을 바탕으로 지구 이외의 행성에서 생명체가 존재할 수 있다는 ㉠의 내용을 이끌어 내는 것은 적절하지 않다.

⑤ 고온, 저온, 고압, 강산성 등의 가혹한 환경에서도 살아가는 미생물들의 발견은 생명체가 살 수 있는 환경이 생각보다 넓다는 것을 보여 주는 것이다. 이는 지구 환경에서도 발견된 생물들을 바탕으로 외계 행성의 생명체 존재 가능성을 추측한 것이다. 지구 이외의 행성의 서식 환경이 미생물들이 살아가기에 유리하다는 내용은 ㉠의 전제로 적절하지 않다.

⑩ 미니모의고사 본문 43~47쪽

| 1 ④ | 2 ③ | 3 ④ | 4 ④ |
| 5 ⑤ | 6 ⑤ | 7 ⑤ | 8 ⑤ |

[1~4] 고전 산문

㉮ 작자 미상, 「거타지 설화」

해제 | 이 작품은 『삼국유사』 〈기이편〉에 수록된 신라 진성 여왕 때의 명궁(名弓) 거타지에 관한 설화이다. 이 설화는 영웅이 요물을 퇴치하고 용을 구출하는 것을 모티프로 한다는 점에서 『고려사』에 실린 「작제건 설화」와 유사하다. 그리고 거타지가 궁수 중에서 뽑혀 섬에 남게 되는 것은 인신 공희(人身供犧) 모티프와 관계가 있고, 용녀가 꽃으로 변하여 거타지의 품속에 들어 있다가 어여쁜 처녀로 다시 변하는 점은 고전 소설 「심청전」에서 심청이 연꽃 속에서 나와 황후가 되는 내용으로 전승되었다고 볼 수 있다.

주제 | 거타지의 뛰어난 활 솜씨와 요물 퇴치

전체 줄거리 | 진성 여왕의 막내아들인 아찬 양패가 당나라에 사신으로 가는데, 거타지도 궁수로 뽑혀 따라가게 된다. 사신 일행은 당나라로 가는 도중에 곡도에서 풍랑을 만나고, 양패는 꿈에 나타난 노인의 말에 따라 제비를 뽑아 거타지를 섬에 남기고 떠난다. 거타지가 홀로 섬에 남아 수심에 싸여 있을 때 서해의 신인 노인이 나타나 자신의 자손들을 해치는 중을 활로 쏘아 달라고 부탁한다. 거타지는 숨어 있다가 다음 날 중이 내려와 주문을 외우고 늙은 용의 간을 먹으려 할 때 활을 쏘아 중을 맞히니, 중은 늙은 여우로 변하여 땅에 떨어져 죽는다. 노인은 이에 대한 보답으로 거타지에게 자신의 딸을 아내로 주겠다

고 말하고는 딸을 꽃가지로 변하게 하여 거타지의 품속에 넣어 주고, 두 마리 용에게 명하여 거타지를 받들고 사신 일행이 타고 가는 배를 따라가 호위하게 한다. 이로 인해 사신 일행은 당나라 황제의 환대를 받았고, 고국에 돌아온 거타지는 꽃가지를 다시 여자로 변하게 하여 그녀와 행복하게 산다.

■ 작자 미상, 「왕수재취득용녀설」

해제 | 이 작품은 고려 태조 왕건의 부친을 '왕수재'라는 주인공으로 내세워 그 활약상을 나타낸 소설로 『삼국유사』에 실린 「거타지 설화」의 영향을 받은 것으로 알려져 있다. 왕수재가 여우를 활로 죽이고 보답으로 용녀와 부부가 되는 것, 왕수재의 아들이 나라의 주인이 될 것이라고 예언하는 도사가 출현하는 것, 아내(용녀)의 변신과 관련한 금기를 위반하여 아내와 이별하는 것 등 우리에게 익숙한 모티프들이 이어지면서 서사적 흥미를 주는 작품이다. 전통적 설화를 전승하며 변용한 작품으로 고려 태조 왕건이 용의 후손이라는 신성성을 부각한 소설로 볼 수 있다. 이 작품은 『고소설』이라는 소설집에 실려 있는데, 작자·연대 미상이며 한문 필사본 형태로 전해지고 있다.

주제 | 왕수재의 영웅적 능력과 활약상

전체 줄거리 | 고려 태조 왕건의 아버지인 왕수재는 어려서 돌림병으로 부모를 잃고 양어머니가 거두어 기른다. 스무 살이 되어 뛰어난 활 솜씨를 지니게 된 왕수재는 사절단의 상사를 만나 자신의 영웅적 자질을 보이고 사절단의 일원이 되어 중국 남경을 향해 출발한다. 바다를 건너던 도중, 갑자기 배가 제자리를 맴돌며 앞으로 나아가지 않는 변고가 일어난다. 이에 왕수재는 해신이 꺼리는 불결한 사람으로 지목되어 일행과 떨어져 홀로 섬에 남게 된다. 이때 서해 용왕의 아들인 노인이 나타나서 왕수재에게 자신의 승천을 방해하는 3천 년 묵은 구미호를 죽여 달라고 부탁한다. 왕수재는 활을 쏘아 여우를 죽이고, 노인은 이에 대한 보답으로 왕수재에게 자신의 딸(용녀)을 아내로 준다. 육지로 돌아온 왕수재는 송악산 아래 집을 짓고 큰 부자가 되고, 아내는 미래에 나라의 주인이 될 왕건을 낳는다. 그 뒤 용의 자손으로 인간 세상에서 생활하며 건강이 나빠진 아내는 왕수재에게 치료를 위해 가끔 변신을 해야 하니 자기 방을 출입할 때 미리 통지를 해 달라고 간청한다. 그러던 어느 날 왕수재는 실수로 통지 없이 아내 방에 들어갔다가 아내가 용으로 변신하는 모습을 보고 그녀에 대한 정이 사라지게 된다. 그러자 아내는 왕수재가 신의를 지키지 않았음을 지적하고 떠나간다.

1 작품의 내용 이해   답 ④

정답이 정답인 이유

④ (나)에서 여우가 닷새 뒤에 다시 싸움을 걸 것으로 보아 노인에게 계속 싸움을 걸 것은 맞지만, 여우가 왕수재의 존재를 인지했거나 그가 노인을 도울지의 여부에 대해 판단했다는 근거는 찾을 수 없다.

오답이 오답인 이유

① (가)에서 양패공은 꿈속에서 노인의 계시를 들었고 그 결과 거타지는 섬에 남아 요물을 퇴치했다. 이로 인해 노인과 가족이 안전하게 되었다고 이해할 수 있다.

② (가)에서 양패공은 꿈에 나타난 노인의 말을 믿고 주위 사람들에게 "누구를 남겨 두면 좋겠는가?"라고 묻고 제비뽑기를 통해 거타지를 섬에 남도록 했다. 이에 거타지는 섬에 남아 요물을 퇴치했으므로 적절한 이해로 볼 수 있다.

③ (나)의 '저건 사람이다. 여우가 둔갑을 한다고 어찌 저리될 수 있

겠나? 사람이 사람을 쏴 죽여서야 되겠는가?', "그 얼굴을 보니 이는 사람이지 결코 여우가 아니었습니다. 그래서 차마 죽일 수가 없었습니다."를 통해 짐작할 수 있다.

⑤ (나)에서 왕수재는 나라의 주인이 될 성인이 태어난다는 도선의 예언을 듣고 "참으로 위험천만한 소리군요. 부디 그 말을 입 밖에 내지 말기 바라오."라고 말하고 있다. 이는 도선의 예언이 퍼져 자신이나 가족이 해를 입을까 염려했기 때문으로 이해할 수 있다.

2 구절의 의미 이해   답 ③

정답이 정답인 이유

③ '이곳에 올 때 보았던 처녀의 아리따운 자태를 가슴속 깊이 흠모하여 잊지 못하고 있었기에'를 통해 왕수재가 노인의 딸에게 반한 계기는 알 수 있다. 그러나 © 다음에 이어지는 "제 생각엔 인연을 이룰 수 없을 것 같습니다."라는 말로 미루어 볼 때 왕수재가 처녀와의 재회를 확신하고 있는 것은 아니다.

오답이 오답인 이유

① (가)의 노인은 자기의 필요에 따라 사신 일행의 항해를 방해하거나 돕는 인물이다. 노인은 '활 잘 쏘는 사람 하나를 이 섬 안에 남겨' 달라는 요구와 그것을 수용하면 순풍이 불게 하겠다는 혜택을 밝히고 있다.

② 노인은 ⓒ에서 중(늙은 여우)이 어떤 주술적 행동을 통해 노인의 자손을 해쳤는가를 요약적으로 언급하고 있다.

④ 노인은 ⓔ에서 '큰 골칫거리가 사라졌으니, 산처럼 높고 바다처럼 깊은 은혜에 보답할 길이 없'다며 왕수재의 공을 인정하고 있다. 그리고 "어찌 감히 식언을 할 수 있겠소?"라고 말하며 거짓말을 하지 않고 약속을 지키겠다는 의지를 드러내고 있다.

⑤ '콧대가 우뚝 솟고', '이마가 훤하고 눈은 샛별처럼 빛났으며', '상서로운 광채가 은은히 비치고' 등의 외양 묘사를 통해 태어난 아들이 비범한 존재임을 나타내고 있다.

3 감상의 적절성 평가   답 ④

정답이 정답인 이유

④ [A]에서는 왕수재가 요물인 여우를 활로 쏘아 죽여 문제를 해결한 후의 자연적 배경을 '구름이 사라지고 바람이 그치며 천지가 환해졌고 파도도 멈추었다.'라고 묘사하고 있다. 이는 상황의 변화를 이에 조응하는 자연적 배경을 통해 나타낸 것으로 볼 수 있다.

오답이 오답인 이유

① [A]의 노인은 여우와 맞서 싸우는 신이한 존재이나 왕수재에게 도움을 청한 대상이므로 조력자로 볼 수 없다. 그리고 노인의 등장이 왕수재의 고귀함을 강조하는 것도 아니다.

② 이율배반이란 서로 모순되어 양립할 수 없는 것을 말한다. [A]에 왕수재의 이율배반적인 태도는 나타나지 않는다.

③ [A]에 왕수재의 곤란한 처지는 나타나지 않으며, 서술자의 주관적 판단도 찾을 수 없다.

⑤ [A]에 노인과 여우의 대결과 왕수재가 여우를 활로 쏘아 죽이는

사건의 진행 과정은 나타나지만, 사건의 발생 원인은 구체적으로 나타나지 않는다. 그리고 [A]에서 시간 순서를 뒤바꾸어 사건을 역 전적으로 제시하는 내용도 찾을 수 없다.

4 작품 간의 공통점, 차이점 파악　　　　　　　　답 ④

> **정답이 정답인 이유**

④ (나)에 민족적 자존 의식을 강조하는 내용은 나타나지 않는다. 오히려 (가)에서 당나라 황제가 "신라의 사신은 정녕코 비상한 사람 이다."라고 말하며 잔치를 베풀고 환대하는 부분을 민족적 자존 의 식과 관련된 내용으로 볼 수 있다.

> **오답이 오답인 이유**

① 주인공이 뛰어난 활 솜씨를 발휘하여 사악한 요물인 여우를 퇴 치하는 내용은 (가)와 (나)에 모두 나타난다.
② (가)의 '노인'은 '서쪽 바다의 신'이고, (나)의 '노인'은 '바다 위 를 마치 평지 밟듯이 다'니는 용궁의 인물이므로, 모두 신이한 존재 로 볼 수 있다. (가)의 "공의 덕택으로 생명을 보전하게 되었으니 내 딸을 공에게 아내로 드리겠소."와 (나)의 "이 수재는 내게 큰 은혜를 베풀어 준 분이시다. 너와 평생의 짝으로 백년가약을 맺고 부부간 의 즐거움을 누렸으면 한다."를 통해 (가)와 (나)의 '노인'이 모두 보 은을 위해 인간인 주인공을 사위로 맞아들였음을 알 수 있다.
③ (가)와 달리 (나)에서는 도선이라는 인물을 등장시켜 "1년 안에 성인이 태어나시어 이 나라의 주인이 되실 것이 틀림없습니다."라 고 하며 건국 시조의 탄생을 예언하고 있으며, "주인장께서 성인을 낳으신 것을 축하드립니다! 잘 기르시면, 흉악한 무리들을 모조 리 평정하고 삼한을 통일하여 도탄에 빠진 만백성을 구하고 후 세에 큰 이름을 남길 분이 되실 것입니다."라고 하며 시조의 탄 생을 경하하고 있다.
⑤ (가)와 달리 (나)의 왕수재는 노인의 부탁을 받은 후의 싸움에서 곧바로 요물을 활로 쏘지 않는다. 그는 "수재가 만일 이 늙은이의 말을 들어주지 않는다면 모셔 온 뜻이 없지 않겠소. 내 말을 들어주 지 않으면 살아 돌아가지 못할 거요. 내게는 늦게 본 딸이 하나 있 는데, 지금 나이가 열여섯이지만 아직 배필을 정하지 못했소. 수재 가 내 말대로 요망한 여우를 활로 쏴 죽여 준다면 내 딸을 아내로 삼 게 해 주겠소.", "수재는 그런 걱정 말고 우선 내 골칫거리부터 없애 주시오. 베풀어 준 은혜에 대해서는 반드시 보답하겠소."라는 노인 의 말을 들은 후에야 요물을 활로 쏘아 죽인다. 즉 노인의 위협과 보상 약속은 주인공이 노인의 부탁대로 활을 쏘게 된 구체적 이 유에 해당한다고 볼 수 있다.

[5~8] 과학

회전 기준계의 가상의 힘

해제 | 태풍의 중심은 바깥보다 기압이 낮다. 그럼에도 태풍의 바람은 시계 반 대 방향으로 돌아서 태풍의 중심으로 들어간다. 이 글에서는 이 현상과 관련 있는 과학적 원리를 설명하고 있다. 이 글에서 설명하고 있는 '코리올리 힘'은 가상의 힘이라고 할 수 있다. 이 글에서는 뉴턴의 운동 법칙에 대한 설명을 바

탕으로 구체적 사례를 들어 코리올리 힘에 대한 이해를 쉽게 할 수 있도록 내 용을 전개하고 있다.
주제 | 태풍의 바람 방향과 관련 있는 과학적 원리
구성 |
- 1문단: 기압 차이에 의한 힘의 방향과 일치하지 않는 태풍의 바람 방향
- 2문단: 관성 기준계의 개념과 관성의 법칙의 의미
- 3문단: 관성 기준계와 비관성 기준계의 차이점
- 4문단: 뉴턴의 운동 법칙에 맞게 회전 기준계의 운동을 설명하는 데 필요한 가상의 힘
- 5문단: 회전 운동을 하는 물체의 관성에 영향을 주는 코리올리 힘

5 세부 내용 파악　　　　　　　　답 ⑤

> **정답이 정답인 이유**

⑤ 4문단에서 위도 30도 위의 지점에서는 이틀에 한 번 진자의 회 전이 이루어지는 반면, 위도 0도인 적도 위의 지점에서는 진자의 회 전이 이루어지지 않는다고 제시하고 있다. 5문단에 따르면, 코리올 리 힘은 물체의 속력 외에 회전판의 회전 속력에도 비례한다. 적도 에서는 회전이 이루어지지 않으므로 적도보다 위도 30도에서 코리 올리 힘의 영향을 덜 받는다고 이해하는 것은 적절하지 않다.

> **오답이 오답인 이유**

① 2문단에서 뉴턴의 제1 법칙인 관성의 법칙에 대해 뉴턴의 제2 법 칙과 관련하여 가속도가 0인 경우로 해석할 수 있다고 제시하고 있다.
② 5문단에서 코리올리 힘이 회전 운동을 하는 물체가 관성을 지니 는 데 영향을 준다고 제시하고 있다.
③ 3문단에 따르면, 관성 기준계는 뉴턴의 운동 법칙이 적용되는 계 이다.
④ 5문단에서 비관성 기준계인 회전 기준계에서 정지해 있는 물체 에 대해 관성의 법칙, 즉 뉴턴의 제1 법칙이 적용되려면 원심력이 필요하다고 제시하고 있다.

6 구체적 사례 적용　　　　　　　　답 ⑤

> **정답이 정답인 이유**

⑤ 코리올리 힘은 회전판의 회전 속력과 움직이는 물체의 속력에 비례한다. 이 원리에 따르면, 회전 속도가 변하지 않는 상태, 즉 회 전 속도가 동일한 상태에서 ㉮가 ㉯에게 공을 던진 후, ㉯가 ㉮에게 동일한 공이 더 빠른 속력으로 운동하도록 또 던지면 이전보다 나 중에 던진 공에 작용하는 코리올리 힘이 크다.

> **오답이 오답인 이유**

① ㉮, ㉯는 회전 운동을 하고 있다. 회전 기준계에서는 원운동에 필요한 구심력과 크기는 같고 방향이 반대인 힘인 원심력이 있어 뉴턴의 제2 법칙이 유효하다.
② 회전 기준계의 관측자가 회전 기준계 내의 대상을 관측하면 그 대상은 정지해 있다. ㉮, ㉯는 회전 기준계에 있으므로 ㉮가 ㉯만을 바라본다면 ㉯는 ㉮에게 정지해 있는 것으로 보일 것이다.
③ ㉯는 회전 기준계 밖의 정지해 있는 관측자이다. 이러한 관측자

의 입장에서 보면, ㉮, ㉯는 원운동을 하고 있다. 이 글에 따르면, 원운동은 매 순간마다 원 중심을 향해 운동 방향을 바꾸는 가속 운동이다.

④ ㉮, ㉯는 시계 방향으로 회전하고 있다. 이처럼 시계 방향으로 회전하고 있을 때, 회전 기준계 내에서 물체의 운동이 발생하면 운동 방향의 왼쪽으로 치우치게 된다. ㉮가 ㉯를 향해 공을 던지면 공이 직진하는 동안 회전판이 그만큼 회전해서 시계 방향으로 향하기 때문이다.

7 생략된 내용 추론   답 ⑤

정답이 정답인 이유

⑤ 태풍 안팎의 기압 차로 발생하는 힘의 작용 방향은 태풍의 중심을 향한다. 그러나 태풍의 바람의 방향은 시계 반대 방향으로 회전한다. 이는 비관성 기준계인 회전 기준계에만 존재하는 가상의 힘인 코리올리 힘의 영향에 의한 것이다. 코리올리 힘은 대상이 운동하는 방향의 오른쪽으로 휘도록 만든다. 이에 따라 지구 북반구에서 발생하는 태풍의 바람은 시계 반대 방향으로 돌아서 태풍의 중심으로 들어간다.

오답이 오답인 이유

① 태풍이 이동하는 거리가 지구의 자전에 의해 영향을 받는 것과 태풍의 바람 방향이 소용돌이의 무늬를 보이는 것은 서로 관련이 없다.

② 태풍이 회전 운동을 하는 영역은 회전 기준계에 해당한다. 이에 대해 뉴턴의 운동 법칙이 유효한 범위와 그렇지 않은 범위가 혼재한다고 이해하는 것은 적절하지 않다.

③ 기압 차로 발생하는 힘의 크기가 변하더라도 그 차이에 의해 압력이 작은 방향으로 운동이 일어나는 것이 일반적이다. 태풍의 운동 방향은 소용돌이무늬를 띠고 있다.

④ 코리올리 힘 같은 가상의 힘을 고려하면, 태풍의 바람에도 뉴턴의 운동 법칙이 적용된다고 설명할 수 있다.

8 구체적 사례 적용   답 ⑤

정답이 정답인 이유

⑤ 뉴턴의 제2 법칙은 어떤 물체에 가해지는 힘과 그 물체의 가속도가 비례한다는 것이다. 비관성 기준계인 B의 기준계에서 관측하면, 기차는 정지해 있고 대신 기차역이 가속을 하며 멀어진다. 뉴턴의 제2 법칙에 따르면, 가속하고 있는 기차역에 힘이 작용해야 한다. 그러나 A의 기준계에서 보면 기차역은 멈춰 있다. 영희는 건널목에 가만히 서 있는데, 버스에서 수호가 관측하기에는 영희는 가속을 하며 멀어진다. 비관성 기준계인 버스에서 수호가 관측할 때 어떤 물체에 가해지는 힘과 그 물체의 가속도가 비례한다는 뉴턴의 제2 법칙이 적용되지 않는 것이다.

오답이 오답인 이유

① 보트가 물 위를 빠른 속도로 질주한 것은 보트에 가해지는 힘과 보트의 가속도가 비례함을 보여 준다.

② 수박과 호두 중 질량이 작은 호두가 수박보다 더 많은 거리를 간 것은 동일한 크기의 힘을 가했을 때 그 힘에 의해 질량이 작은 것이 큰 것보다 멀리 이동함을 나타낸다.

③ 물체가 가까워질수록 크게 보이는 사례로 ㉡과 거리가 멀다.

④ 민수가 장애물을 발견하고 급하게 브레이크를 잡았을 때, 민수가 타던 자전거는 바로 멈추었으나 진행하던 방향으로 민수의 몸이 쏠린 것은 관성에 의한 것이다.

11회 미니모의고사   본문 48~52쪽

1 ⑤	2 ②	3 ③	4 ③
5 ③	6 ⑤	7 ⑤	8 ③

[1~4] 고전 산문

작자 미상, 「정수정전」

해제 | 이 작품은 여성 주인공 정수정의 시련과 고난 극복 과정, 무용담 등을 그린 여성 영웅 소설이자 군담 소설이다. 정수정은 가정에 어려움이 닥치자 남장을 하고 과감히 남성 위주의 사회에 뛰어들어 장원 급제를 이루고 국가적인 공을 세운다. 이 과정에서 남장은 정수정이 여성이라는 사회적 한계를 뛰어넘어 남성과 동등하게 경쟁할 수 있는 방법이 된다. 또한 남장 사실이 드러난 이후에도 임금은 정수정을 대원수에 임명하는데, 이러한 점은 정수정의 영웅적 능력을 사회적으로 공인받게 하는 기능을 한다. 그리고 정수정이 대원수로서 중군장인 남편 장연을 이끌고 전장에 나가 국가적 위기를 극복해 내고 가문의 원수를 갚는 장면에서는 여성 주인공 정수정의 영웅적 면모가 극명하게 나타난다. 이와 같이 정수정이 여성임이 밝혀진 이후에도 남성을 압도하는 모습을 보이고 큰 공을 세우는 것은 조선 후기 여성들의 욕구가 반영된 것으로 새로운 여성상을 제시한 것으로 평가할 수 있다.

주제 | 정수정의 고난 극복과 영웅적 활약

전체 줄거리 | 송나라 병부상서 정국공은 혈육이 없어 근심을 하다가 뒤늦게 딸을 낳고 이름을 수정이라 하였다. 정국공은 장 승상의 아들 장연과 수정의 혼약을 맺는데, 이때 정국공을 모함한 진량으로 인해 정국공은 귀양을 가 죽고 부인 양 씨도 숨을 거둔다. 혈혈단신이 된 수정은 남장을 하고 무예를 닦아 장원 급제를 하고, 한림학사가 된 후 부친의 원수인 진량의 악행을 폭로한다. 대원수가 된 수정은 북적의 침공을 물리치고 개선을 하는데, 임금은 수정과 장연을 부마로 삼으려 한다. 이에 수정은 남장 사실을 털어 놓고 용서를 비는데, 천자는 수정을 용서하고 장연과 혼인하게 한다. 호왕이 침공을 하자 수정은 대원수로, 장연은 중군장으로 출전하는데, 군량 운반 과정에서 장연이 실수를 하자 수정은 장연을 참수하려 하지만 주위의 만류로 곤장으로만 다스린다. 적군을 물리친 수정은 진량을 처단하여 부친의 원수를 갚고 금의환향한다. 이후 수정은 장연과 화해를 하고 여생을 행복하게 살다가 75세의 나이에 승천한다.

1 작품의 내용 파악   답 ⑤

정답이 정답인 이유

⑤ 정수정은 진량을 물리친 후 장연을 기주로 보내고 대군을 회동하여 궐에 이르렀다고 했으므로, 장연과 함께 궐로 들어와 임금으

로부터 노고를 위로받았다는 설명은 적절하지 않다.

[오답이 오답인 이유]

① 수정을 부마로 삼으려는 임금의 뜻에 신하들은 일시에 지당한 말씀이라고 대답하였다.

② 임금은 장연이 부인을 두었지만 벼슬로 보면 두 아내를 둘 만하다고 하였으므로, 장연이 취처한 것이 장연을 부마로 들이는 것에 장애가 되지 않는다고 생각했음을 알 수 있다.

③ 임금이 부마 자리를 제안했을 때 정수정은 분부를 거두어 달라고 부탁하고 있고, 장연은 황공해하고 사은하며 물러나고 있다.

④ 대장인 정수정은 장연에게 군량미를 때에 맞추어 대령하라는 지시를 내렸지만, 장연은 순풍을 만나지 못해 강으로 옮기느라 늦었다고 말하고 있다. 이를 볼 때 장연은 대장의 명령을 완벽하게 수행하지는 못한 사실을 인식하고 있다고 볼 수 있다.

2 작품의 내용 파악   답 ②

[정답이 정답인 이유]

② (나)에서 임금은 정수정의 남장 사실을 알게 된 후에 정수정이 만리 전장에 나가 대공을 세우고 돌아온 일을 떠올리며 정수정의 정체가 드러나는 것이 도리어 국가의 불행이라 말하고 있다. 따라서 임금이 하교를 하기 전에 정수정이 전쟁터에서 공을 세운 적이 있다는 설명은 적절하다.

[오답이 오답인 이유]

① (가)에서 '경이 비록 취처하였지만'을 볼 때 장연은 이미 처자가 있는 상황이라는 점을 알 수 있다. 하지만 장연이 부마가 되는 것을 부끄러워한 이유는 자신이 처자가 있는 상황이라서가 아니라 재상의 신분으로 다시 부마가 되는 것을 부끄러워한 것이다.

③ (나)에서 장연은 정수정이 여성이었다는 사실을 몰랐다고 했으므로, 아비 생시에 약속한 인물이 정수정이었다는 사실을 일부러 모른 척한다는 설명은 적절하지 않다.

④ (다)에서 정수정이 진량에게 아버지를 모함했던 죄상을 문초하자 진량은 자신의 죄가 만 번 죽어도 아깝지 않다며 죄를 인정하고 있으므로, 진량이 정수정의 아비를 모함했던 사실을 기억하지 못하고 있다는 설명은 적절하지 않다.

⑤ (다)에서 정수정은 남편인 장연에게 벌을 내리며 "어찌 부부의 의리에 구애되어 군법을 어지럽히겠는가?"라고 하였으므로, 정수정이 공적 관계보다 가정 내에서의 관계를 더 중요하게 여긴다는 설명은 적절하지 않다.

3 인물의 심리, 태도 파악   답 ③

[정답이 정답인 이유]

③ 정수정이 고난을 겪다가 남장을 하고 입신양명을 하게 된 과정을 임금에게 이야기하며, 규방에서 홀로 늙고자 하는 자신의 생각을 살펴 달라고 간청을 하고 있다.

[오답이 오답인 이유]

① 정수정이 임금에게 이야기하는 내용으로, 정수정이 임금의 논리에 반박한 부분은 나타나지 않는다.

② 정수정이 자신의 성장 과정을 이야기하는 과정 속에서 정수정이 고난을 겪는 원인이 나타나 있지만, 임금을 비판하고 있지는 않다.

④ 정수정이 자신의 성장 과정을 이야기한 부분을 자신의 경험을 이야기한 것으로 볼 수 있지만, 이러한 내용을 근거로 하여 임금을 조롱하고 있지는 않다.

⑤ 정수정은 음양을 바꿔 입신양명을 한 것에 대해 스스로 죄를 청하고 있으므로, 임금에게 용서를 구하고 있다는 설명은 적절하다. 하지만 자신을 부마로 삼고자 하는 임금의 제안에 대해 거절의 의사를 표하고 있으므로 상대방의 명령을 수용하고 있다는 설명은 적절하지 않다.

4 외적 준거에 따른 작품 감상   답 ③

[정답이 정답인 이유]

③ 정수정이 부친의 생전에 장연과 '정혼'을 하고 '납채'를 받은 상황은 아직 남장을 하기 전이므로, 유교적 질서가 지배하는 사회의 수동적인 여성상에 머물러 있는 상태라고 볼 수 있다.

[오답이 오답인 이유]

① 임금이 정수정을 '부마'로 삼으려 하자 정수정은 표를 올려 자신의 남장 사실을 털어놓고 있다.

② 임금은 정수정이 남장을 하여 '음양'을 바꾼 사실을 알고 나서도 정수정에게 대원수의 역할을 맡기는데 이러한 과정을 통해 정수정의 남장 사실이 사회적으로 용인되었다고 볼 수 있다.

④ 정수정은 군사들에게 '중군장 장연을 끌고 오라'고 지시를 내리고 자신의 명령을 어긴 죄를 장연에게 묻고 있다. 이러한 장면은 정수정이 남장 사실이 드러난 이후에도 남성보다 우월한 지위에 올라 있음을 보여 주는 것이라 할 수 있다.

⑤ 정수정이 '진량'을 붙잡아 벌을 내리고 아버지의 '제사상'을 배설하는 것은 영웅적 활약을 통해 아버지의 원수를 갚고 가문의 위신을 세운 것이라 할 수 있다. 이러한 장면은 유교적 질서가 지배하는 사회에서도 자신의 역량을 마음껏 펼치고 싶은 당대 여성 독자층의 욕구가 반영된 것이라 할 수 있다.

[5~8] 과학

기체 크로마토그래피

해제 | 크로마토그래피란 혼합물 분석 방법이다. 크로마토그래피에서 각 성분이 분리되는 원리는 개개의 성분이 정지상에 머무는 정도의 차이를 이용한다. 혼합물이 이동상에서 정지상을 통과할 때 정지상에 오래 머무는 화학종이 느리게 나온다. 기체 크로마토그래피의 경우, 분리관에서 정지상은 휘발성이 낮고 열적으로 안정하고 화학적으로 비활성이어야 한다. 이동상 기체는 분석물과 상호 작용 없이 분석물을 이동시키는 역할을 한다. 분리관을 지나는 시료의 성분들은 분배 계수가 클수록 시료 성분의 이동 속도가 줄어들고 머무름 시간이 증가한다. 대표적인 검출기는 FID와 TCD가 있는데, FID는 기체의 전기 전도도가 기체 중의 전하를 띤 입자의 농도에 비례한다는 원리를 이용한 것이고, TCD는 기체가 검출기를 통과할 때 열전도도와 운반 기체인 헬륨과 각 성분이 섞여 있는 경우 열전도도의 차이를 이용한다. 또한 크로마토그램에서 봉우리

의 면적은 각 성분의 농도에 비례하고 머무름 시간은 시료의 화학종에 따라 달라지며 농도와 무관하다.

주제 | 기체 크로마토그래피의 분석 과정

구성 |
- 1문단: 크로마토그래피의 개념과 발명 배경
- 2문단: 크로마토그래피의 원리와 종류
- 3문단: GC의 분리관에서 정지상의 역할
- 4문단: GC의 검출기의 종류와 원리
- 5문단: GC를 이용한 농도와 성분의 분석

5 글의 구조와 전개 방식 답 ③

정답이 정답인 이유

③ 1문단에서 크로마토그래피의 개념을 설명하고 2문단에서 크로마토그래피의 원리, 3문단과 4문단에서 기체 크로마토그래피 부품에 대해 설명하고 있으므로 적절한 설명이다.

오답이 오답인 이유

① 크로마토그래피의 유래를 소개하고 있지만, 시기에 따른 발전 과정을 서술하고 있지 않다.

② 최초의 크로마토그래피를 설명하고 그 원리와 주요 부품에 대해 설명하고 있지만, 최초의 크로마토그래피의 한계와 개선 과정을 다루고 있지 않다.

④ 이 글에 크로마토그래피와 다른 분석 방법은 소개되어 있지 않다.

⑤ 액체 크로마토그래피와 기체 크로마토그래피는 이동상이 다른 것일 뿐이므로 기체 크로마토그래피가 액체 크로마토그래피의 약점을 보완하기 위해 개발되었다는 설명은 적절하지 않다.

6 중심 내용 파악 답 ⑤

정답이 정답인 이유

⑤ 3문단에서 시료의 각 성분이 이동상과 정지상에 다른 농도로 용해 혹은 흡착되는 반응을 분배라고 설명하고 있으므로 적절하지 않다.

오답이 오답인 이유

① 3문단에서 정지상으로는 폴리실록세인에 유기 작용기를 결합한 고체 화합물들을 주로 사용한다고 설명하고 있으므로 적절하다.

② 3문단에서 정지상은 분리관 내부에 위치한다고 하였으므로 정지상은 분리관 내에 위치한다는 내용은 적절하다.

③ 1문단에서 20세기 초에 식물성 염료를 분리하기 위해 발명하였다는 내용이 제시되어 있다.

④ 4문단에서 머무름 시간의 함수로 검출기의 신호를 보여 주는 그래프를 크로마토그램이라고 설명하고 있으므로 적절하다.

7 세부 내용 파악 답 ⑤

정답이 정답인 이유

⑤ 4문단에서 FID는 탄화수소계 물질의 검출에 주로 쓰이며 ㉠의 화학 물질은 CHO^+ 이온이 아닌 다른 이온이 발생하여 검출이 불가능하다고 설명하고 있다. 따라서 탄화수소계가 아닌 화학 물질은

연소 반응에 의해 발생한 이온을 FID가 감지하는 것이 불가능함을 알 수 있다.

오답이 오답인 이유

① 분배 계수는 분리관에 관한 내용이므로 검출기인 FID와는 관계가 없다.

② FID는 검출기의 종류이며 분리관과 탄화수소계에 대한 내용은 제시되어 있지 않다.

③ 탄화수소계가 아닌 화학 물질은 CHO^+ 이온이 발생하지 않기 때문에 전류량이 나타나지 않는다.

④ 탄화수소계가 아닌 물질의 검출이 불가능한 것은 FID의 한계일 뿐이며 TCD를 사용하면 검출이 가능하다.

8 구체적 사례 적용 답 ③

정답이 정답인 이유

③ 5문단에서 크로마토그램의 봉우리 면적은 각 성분의 농도에 정비례하여 커진다고 하였다. 〈보기〉에서 장치를 통과한 질소의 봉우리 면적은 $15mm^2$이고 $3mm^2$에서 질소의 농도는 4%이므로 질소의 농도는 20%이다. 한편 봉우리 면적 $1mm^2$에서 이산화 탄소의 농도는 5%이므로 봉우리 면적 $10mm^2$에서 이산화 탄소의 농도는 50%이다. 따라서 질소의 농도가 이산화 탄소의 농도보다 낮다.

오답이 오답인 이유

① 〈보기〉의 이산화 탄소와 질소는 탄화수소계 물질이 아니므로 4문단에서 설명한 바와 같이 FID를 이용해서 검출이 불가능하다.

② 〈보기〉에서 머무름 시간은 이산화 탄소가 질소의 2배라고 했다. 4문단에서 시간에 따른 GC의 검출기 반응의 정도를 크로마토그램으로 표시한다고 했으므로 더 짧은 시간에 검출된 봉우리는 질소에 해당하는 봉우리다.

④ 5문단에서 머무름 시간은 화학종에 따라 달라지며 농도와 무관하다고 설명하고 있으므로 농도가 같아도 질소와 이산화 탄소의 머무름 시간은 다를 수 있다.

⑤ 5문단에서 머무름 시간은 분리관의 온도 등에 영향을 받는다고 설명하고 있으므로 분리관의 온도를 변화시키면 이산화 탄소와 질소의 머무름 시간은 변할 수 있다.

12회 미니모의고사 본문 53~57쪽

| 1 ④ | 2 ④ | 3 ③ | 4 ⑤ |
| 5 ④ | 6 ⑤ | 7 ⑤ | 8 ① |

[1~4] 고전 산문

작자 미상, 「채봉감별곡」

해제 | 이 작품은 조선 후기의 사회상을 반영한 애정 소설이다. 채봉과 필성이라는 두 주인공이 만나 온갖 어려움 끝에 혼인하게 된다는 줄거리는 전형적인 혼사 장애담에 속한다. 하지만 이 이야기의 파격적인 몇몇 인물의 행보는 당대

역동적으로 변화하고 있던 사회상을 잘 드러낸다. 매관매직의 세태에 휘말려 딸을 첩으로 넘기는 대가로 현감 자리를 얻기로 한 김 진사의 모습은 관직을 사고파는 일이 성행했던 세태를 보여 주고, 혼사 자리를 정해 놓은 부모의 명을 거역하고 도망쳤다가도 곤경에 빠진 아버지를 구하기 위해 스스로 기생의 자리로 자신을 내던지는 채봉의 모습은 주체적인 여성상을 요구하고 지지하던 당대의 분위기를 반영한다.

주제 | 어려움을 극복하고 이겨 낸 남녀의 사랑

전체 줄거리 | 평양 김 진사의 딸 채봉은 산책을 하던 중 필성을 우연히 만나게 되고, 서로 사랑하는 사이가 된다. 김 진사는 한양에 가고 없었기 때문에, 채봉은 어머니의 허락을 받아 필성과 약혼을 한다. 한편, 채봉의 신랑감을 구하러 한양에 간 김 진사는 세도가인 허 판서에게 과천 현감 자리를 얻는 대가로 돈 만 냥과 채봉을 첩으로 보낼 것을 약속한다. 평양으로 돌아온 김 진사는 필성과의 약속을 무시하며 채봉을 허 판서에게 보내기 위해 다시 한양을 향한다. 그러나 필성과의 약속을 어기고 싶지 않았던 채봉은 가는 길에 몰래 도망치고, 공교롭게도 그날 밤 김 진사는 화적을 만나 모든 재산을 잃게 된다. 김 진사는 무작정 한양으로 가 허 판서에게 도움을 청하지만, 허 판서는 약속을 어긴 김 진사를 옥에 가두며 약속한 돈을 요구한다. 고향으로 돌아온 김 진사 부인은 채봉을 만나 자초지종을 털어놓고, 채봉은 아버지를 구하기 위해 기생이 되어 받은 몸값을 어머니에게 주어 아버지를 구하기로 한다. 기생이 된 채봉은 기지를 발휘하여 필성과 만나 다시금 인연을 맺지만 기생의 처지를 벗어나지 못하고 있는데, 어느 날 평양 감사 이보국이 나타나 서화에 뛰어나다는 채봉을 관아로 데려오기 위해 몸값을 지불해 주고, 채봉에게 서신과 문서를 처리하는 일을 맡긴다. 채봉을 만나기 위해 관아의 이방을 자원한 필성을 곁에 두고도 만나지 못하던 채봉은 어느 날 밤 「추풍감별곡」을 지어 울며 잠들었다가 이 감사의 눈에 띄게 되고, 이 감사는 채봉과 필성의 연을 맺어 주고 허 판서를 벌하여 채봉의 가족을 구해 준다.

1 사건의 전개 양상 파악   답 ④

정답이 정답인 이유

④ 송이는 관아로 목적을 가지고 스스로 들어온 것이 아니라 이 감사의 간택을 받아 들어온 것이다. 이로 인해 송이가 기생 신분에서 벗어나게 되지만, 애초부터 어떤 목적을 품고 있었던 것은 아니므로 적절하지 않은 진술이다.

오답이 오답인 이유

① '울고 또 울며' 필성이 잠을 설치는 장면은 송이가 꿈에서 필성에 대해 생각한 것이다. 이 글 후반부의 내용을 통해 볼 때, 필성이 송이를 보러 관아에 들어왔으나 자유롭게 만날 수 없는 처지인 상황을 송이가 알고 꾼 꿈이라고 할 수 있다. 이는 필성에 대한 송이의 변함없는 애정을 알게 하므로 적절한 진술이다.

② 이 감사에 대한 설명 중 '밤이나 낮이나' 백성을 위해, 나라를 위해 할 일을 고민하느라 잠을 이루지 못했다는 진술은 이 감사가 훌륭한 관리라는 설정을 뒷받침하기 위한 진술이다.

③ 이 감사가 '잠을 이루지 못하고' 깨어 있었기에 송이의 울음소리를 듣고 송이의 방으로 건너가 결국 이야기를 듣게 되므로 적절한 진술이다.

⑤ 이 감사가 울음소리를 예사로 넘기고 다시 잠들거나 무시했다면 송이의 글을 발견할 수 없었을 것이므로 적절한 진술이다.

2 인물의 제시 방식 파악   답 ④

정답이 정답인 이유

④ ㉣은 필성이 송이와 갑자기 만나게 되어 놀랐으면서도 이 감사의 앞이라 놀람을 표현하지 못하는 심정에 대해 표현하며 '그 곤란한 지경이 어떠할까.'라고 질문을 던져 독자가 인물의 마음을 이해하고 공감하도록 유도하고 있다.

오답이 오답인 이유

① ㉠은 송이의 당황한 마음을 설명하고 있지만, 이에 대한 서술자의 평가는 들어 있다고 보기 어렵다.

② ㉡은 송이가 흘리는 눈물의 의미를 설명하는 부분이다. 과거에 당한 일이 억울해서, 또 필성을 그리워하고 앞으로 만날 수 있다는 기대감에 부풀어 눈물을 흘리게 되었음을 알려 주고 있다. 여기에 서술자의 동정은 들어 있다고 볼 수 있지만 격려가 포함되어 있다고 보기는 어렵다.

③ ㉢은 송이가 쓴 글을 여러 번 살펴보며 칭찬하는 이 감사의 행동을 묘사하고 있다. 이 감사가 송이에 대해 높이 평가하고 있다는 것을 보여 주고 있는 것이지, 이 감사라는 인물에 대한 서술자의 평가를 드러낸 것이라고 보기는 어렵다.

⑤ ㉤에서 필성이 놀란 것이 절을 하는 이유가 된다고 보기는 어렵다. 인물의 속마음과 행동을 인과 관계로 연결했다고 볼 수 없다.

3 외적 준거에 따른 작품 감상   답 ③

정답이 정답인 이유

③ 이 감사가 채봉의 훌륭한 인품을 알아보는 비범한 능력을 가졌음에 대해 이 글에서 찾아보기는 어려우므로, 이를 두고 해결사적 면모로 평가하기는 어렵다.

오답이 오답인 이유

① 채봉 가족이 어려움을 겪게 된 것은 당대 사회에 대가를 받고 관직을 매매하는 매관매직의 풍조가 있었기 때문이다. 이는 사회의 부조리를 강조하는 신원 모티프 소설의 한 부류의 특징을 보여 주는 것이라 할 만하다.

② 기생이 된 채봉은 이 감사에 의해 관아로 들어오게 되어 기생의 처지를 벗어난다. 이렇게 기생의 처지를 벗어났기 때문에 필성과의 결혼이 가능해진다. 그러므로 이것은 사건 해결 과정의 일부라 볼 수 있다.

④ 신원 모티프 소설은 억울함을 품은 여인이 고을 수령을 찾아가 도움을 청하는 내용으로 이루어진다고 〈보기〉에 언급되어 있으나, 「채봉감별곡」에서 채봉과 이 감사와의 만남은 채봉이 직접 찾아가 이루어진 것이 아니다. 이 감사가 채봉을 만나 관아로 데려오게 되고 이것이 사건 해결의 실마리를 만들어 내는데, 이것은 〈보기〉에서 언급한 일반적인 신원 모티프 소설의 전개 방식과는 다르다고 할 수 있다.

⑤ 채봉이 가족을 위해 기생이 되는 희생을 한 것은 사건을 해결하기 위해 선택한 것이었으므로, 여주인공인 채봉이 사건 해결의 역할을 담당한 것이라고 판단할 수 있다. 이것은 〈보기〉에서 신원 모티프 소설의 발전된 양상이라고 설명하고 있으므로 적절한 진술이다.

정답이 정답인 이유

⑤ '상사의 중한 병'은 필성과 만나고 싶은 그리운 마음을 일컫는 것으로, 허 판서의 별실 자리와의 사이에서 갈등하는 마음이라는 진술은 옳지 않다.

오답이 오답인 이유

① '외로운 잠자리에서 임 그리던 꿈'은 늦은 밤까지 임을 그리워하고, 눈물 흘리며 잠들곤 하는 자신의 처지를 일컫는 표현이라고 할 수 있다.

② '같은 성안 남북촌에 있으면서'라고 말한 것은 필성과 자신이 같은 관아에 머물면서 만나지 못하는 것을 가리킨 것이라 할 만하다.

③ '지금까지 산 것은 부모와 정든 임 만날지 모름이라.'라고 생각한 것은 지금의 처지가 몹시 불행하지만 앞으로 가족과 임을 만나기를 간절히 바라며 버티고 있다는 의미이다.

④ '하늘이 미워하고 조물주도 시기하는구나.'라는 말은 자신이 겪고 있는 고난이 어찌할 수 없는 운명의 탓이라는 뜻이라고 볼 수 있다.

[5~8] 기술

트랜지스터의 증폭 효과

해제 | 이 글은 반도체의 전기적 성질을 바탕으로, 반도체가 접합되어 이루어진 트랜지스터의 증폭 효과에 대해 설명하고 있다. 반도체는 평소에는 전류가 흐르지 않지만, 원자가띠와 전도띠 사이의 간격인 띠 간격이 작아 조건이 변화하는 경우 전류가 흐를 수 있는 물체이다. 진성 반도체에 불순물이 첨가된 외인성 반도체는 불순물이 공여체인지 수용체인지에 따라 n형 반도체와 p형 반도체로 나뉜다. npn형 트랜지스터는 폭이 좁은 p형 반도체의 양쪽에 n형 반도체를 접합하여 만든 것으로, 입력 전류량으로 출력 전류량을 조절할 수 있는 증폭 효과가 나타난다.

주제 | 반도체의 원리를 활용한 트랜지스터의 구조와 증폭 원리

구성 |

- 1문단: 전류의 흐름과 고체의 에너지 상태
- 2문단: 도체·부도체·반도체의 전기적 성질
- 3문단: 외인성 반도체인 n형 반도체와 p형 반도체의 전기적 원리
- 4문단: 트랜지스터의 구조
- 5문단: npn형 트랜지스터 증폭 효과의 발생 원리

5 중심 내용 파악　　　　　　　　답 ④

정답이 정답인 이유

④ 물질의 원자가띠와 전도띠 사이의 간격, 즉 띠 간격이 클수록 원자가띠의 전자들이 전도띠로 옮겨 가기 어렵다는 것은 알 수 있으나, 이러한 물질을 활용한 트랜지스터에서 증폭 효과가 크게 나타나는 이유는 이 글에서 확인할 수 없다.

오답이 오답인 이유

① 물체 안에 존재하는 자유 전자가 전하를 옮길 수 있는 이유는 자유 전자가 특정한 원자핵에 붙들려 있지 않아 원자핵 사이를 자유롭게 움직일 수 있기 때문이다.

② 진성 반도체에 불순물이 첨가되면 전도띠에 자유 전자가 생기거나 원자가띠의 전자가 부족하게 되어 정공이 생기게 되며, 자유 전자나 정공의 이동에 따라 전류가 흐를 수 있게 된다.

③ 도체에 전류가 흐를 수 있는 이유는 자유 전자 때문이며, 부도체는 띠 간격이 커서 원자가띠의 전자들이 전도띠로 쉽게 올라갈 수 없으므로 전류가 거의 흐르지 않는다.

⑤ npn형 트랜지스터에서 p형 반도체의 폭이 양쪽에 접합되는 n형 반도체보다 좁기 때문에 순전압을 걸어 줬을 때 E에서 B로 움직이던 전자들이 손쉽게 B를 지나 C로 건너가게 되고, 이를 통해 증폭 효과가 발생한다.

6 세부 내용 파악　　　　　　　　답 ⑤

정답이 정답인 이유

⑤ n형 반도체와 p형 반도체를 접합시킨 경우 전류는 한 방향으로만 흐를 뿐 반대 방향으로는 흐르기 어렵다. n형 반도체에 음극을, p형 반도체에 양극을 연결하면 n형 반도체의 자유 전자들이 p형 반도체로 넘어가 양극으로 이동하게 되므로 p형 반도체에서 n형 반도체로 전류가 흐른다. 반면 n형 반도체에 양극을, p형 반도체에 음극을 연결하면 자유 전자와 정공이 각각 양극과 음극에 몰리게 되어 전류가 거의 흐르지 않는다.

오답이 오답인 이유

① 진성 반도체에 수용체를 첨가하면 원자가띠의 전자가 일부 부족하게 되며, 그 결과 반도체 내에 정공이 생기게 된다. 따라서 첨가되는 수용체의 양이 늘어나게 되면 그만큼 반도체 내에 정공도 늘어나게 된다.

② 첨가된 불순물의 종류가 공여체인지 수용체인지에 따라 외인성 반도체는 n형 반도체 또는 p형 반도체로 구분된다. 진성 반도체에 공여체가 첨가된 경우 전도띠에 자유 전자가 존재하는 n형 반도체가 되며, 수용체가 첨가된 경우 원자가띠에 정공이 존재하는 p형 반도체가 된다.

③ 진성 반도체에 수용체를 첨가하면 원자가띠의 전자가 일부 부족하게 되며 그 빈 자리를 정공이라고 한다. 이 상태에서 전압을 걸어 주면 양전하를 띤 정공이 전하를 운반하여 전류가 흐를 수 있다.

④ 공여체가 첨가되어 전도띠에 자유 전자가 존재하게 되는 n형 반도체의 경우, 자유 전자의 이동에 따라 음(−)전하가 이동하며 그 반대 방향으로 전류가 흐를 수 있다.

7 구체적 사례 적용　　　　　　　　답 ⑤

정답이 정답인 이유

⑤ I_2가 커지면, 즉 E에서 B로 전자가 더 많이 이동하면 p−n 접합면을 넘어 C로 향하는 전자의 수도 늘어나 I_3도 커지게 된다. 즉 I_2가 커지면 트랜지스터의 증폭 효과에 의해 I_3도 커진다.

오답이 오답인 이유

① 〈보기〉를 보면 E에는 음극이 B에는 양극이 연결되어 E−B 사이에 순전압이 걸린 것을 알 수 있다. E−B 사이에 순전압이 걸리면 n

형 반도체의 전자는 B로 이동하게 되는데, 이렇게 E에서 B로 움직이던 전자들이 역전압에 의해 C로 이동하게 된다.

② E-B 사이의 순전압에 의해 p형 반도체의 정공은 E 쪽으로, n형 반도체의 전자는 B 쪽으로 이동하게 되며, 전류의 흐름은 전자의 이동과 반대 방향이므로 I_2가 흐르게 된다.

③ 〈보기〉를 보면 C에 양극, B에 음극이 연결되어 C-B 사이에 역전압이 걸린 것을 알 수 있다. 따라서 C-B 사이에는 전류가 거의 흐르지 않는데, B-E 사이에 순전압이 걸려 전류가 흐르면 C-B 사이에도 전류가 흐르게 된다. 즉 I_2가 흐르지 않으면 I_3도 흐르지 않게 된다.

④ C-B에 역전압이 걸린 상태에서 B-E 사이에 순전압이 걸리면 순전압에 의해 E에서 B로 전자가 이동하여 I_2가 흐르게 된다. 또한 역전압에 의해 전자가 B를 지나 C로 이동하여 I_3이 흐르게 된다. 따라서 C에서 E로 흐르는 전류인 I_1의 크기는 I_2와 I_3의 크기를 합한 것과 같다.

8 내용의 인과 관계 파악   답 ①

정답이 정답인 이유

① 순전압에 의해 E의 자유 전자가 B에 쌓이게 되고, 이것이 다시 C로 넘어가 더 많은 전하의 이동이 발생하기 때문이다.

오답이 오답인 이유

② E에서 B로 자유 전자들이 이동함에 따라 B의 정공들은 E 쪽으로 이동하게 된다.

③ E에 음극이 연결되면 n형 반도체의 자유 전자들은 음극의 반대쪽으로 이동하게 된다.

④ B-C 사이에 걸린 역전압이 E-B 사이에 걸린 순전압에 의해 증폭되거나 B와 C 사이에 더욱 강한 역전압이 발생하는 것은 아니다.

⑤ 순전압에 의한 전류의 흐름이 역전압에 의한 전류의 흐름으로 전환되는 것은 아니다.

13회 미니모의고사   본문 58~61쪽

1 ④	2 ③	3 ⑤	4 ⑤
5 ⑤	6 ③	7 ④	8 ③

[1~4] 수필

작자 미상, 「산성일기」

해제 | 이 작품은 병자호란 중 남한산성에서의 항쟁과 화친의 과정을 사실적으로 기록한 일기이다. 일기의 내용이 『인조실록』, 『승정원일기』의 기록과 일치한다는 점에서 역사적 사료로서의 가치를 지니고 있으며, 화친을 주장하는 측과 척화를 주장하는 측의 갈등을 그려 내고 있다는 점, 섬세한 묘사가 있다는 점에서 이 작품의 문학적 가치를 엿볼 수 있다. 특히 척화를 주장하는 신하들과 화친을 주장하는 신하들 간의 사건에 대한 서술에서 당시의 권력을 장악한 '김

류'에 대한 부정적 시각이 두드러진다는 점을 통해 객관적 서술 이면에 드러나는 작가의 의식을 엿볼 수 있다.

주제 | 병자호란 중 남한산성에서의 항쟁과 화친 과정, 병자호란의 치욕

구성 | 「산성일기」는 크게 도입부와 중심부, 종결부의 세 부분으로 나눌 수 있다.
- 도입부: 병자호란이 발발하게 된 배경
- 중심부: 남한산성에서의 항쟁과 화친, 삼전도에서의 치욕
- 종결부: 환궁 이후 3년간의 일

1 인물의 심리, 태도 파악   답 ④

정답이 정답인 이유

④ '거(臣)'는 '크다'의 의미로, 이 한자를 국서에 쓴다는 것은 청을 높인다는 의미로 볼 수 있다. 한여직은 청나라를 높이는 표현이 없었기 때문에 답서를 주지 않았다고 생각했기에 클 '거(臣)'가 빠진 것이 답서를 주지 않은 이유라고 말한 것이다. 최명길은 한여직의 생각이 옳다며 동의를 하고 신하 '신(臣)' 자 쓰기를 정하는데, 그 이유는 '신(臣)'을 씀으로써 조선은 청나라의 신하 국가임을 인정하면서 청을 높일 수 있기 때문이다.

오답이 오답인 이유

① 1637년 1월 23일 일기에 임금에게 병이 있어 몸이 불편했는데 내국이 가져온 약재가 다만 정기산 열 첩뿐이라고 서술되어 있다. 이를 통해서 임금의 병을 위한 약재가 충분하지 않았음을 알 수 있다.

② 김청음은 최명길이 작성한 국서를 손으로 찢고 실성통곡을 했다. 김청음의 이러한 행동을 통해 최명길이 작성한 국서에 대해 반발했음을 알 수 있다.

③ 1637년 1월 23일 일기를 보면 신성인과 홍진도, 구굉이 수원, 죽산의 장관 등과 훈련도감 초관 수백 명을 부추겨 임금 앞에 가서 칼을 어루만지며 척화신을 내놓을 것을 보챘다는 내용이 있다. 이들이 칼을 어루만졌다는 것은 임금을 협박하는 모습이다. 따라서 몇 명의 신하들이 임금을 협박하며 척화신을 내놓으라고 했음을 알 수 있다.

⑤ 1637년 1월 18일 일기에 국서를 찢은 김청음에게 이성구가 크게 화를 내며 김청음이 전부터 척화하여 나랏일이 이에 이르렀다고 말했다는 기록이 있다. 이를 통해서 이성구는 현재의 상태가 김청음의 주장을 따라서 생겼다고 생각했음을 알 수 있다.

2 작품의 내용 파악   답 ③

정답이 정답인 이유

③ 국서에 포위가 풀리지 않았기 때문에 성에서 나와도 죽을 것이고, 성에 있어도 죽을 것이라고 하면서 황제에게 은혜를 기다린다고 서술되어 있다. 결국 출성하라는 청 황제의 명이 있지만 성안에 있기도 힘들고 성 밖으로 나가기도 힘든 상황임을 드러내고 있는 것이다.

오답이 오답인 이유

① 국서의 내용을 보면 임금의 입장은 청의 황제에게 은혜를 베풀어 달라는 것이다. 따라서 임금이 황제와 자신의 관계를 동등하게

생각한다고 볼 수 없다.

② 국서에는 죄한 것이 많아 뉘우치고 청에게 용서를 구하며, 청의 명령에 따른다는 내용이 담겨 있기 때문에 화친을 요청하는 것으로 볼 수 있다. 따라서 음해하려는 의도를 드러낸 것과는 거리가 멀다.

④ 국서에서 잘못을 용서하고 은혜를 베풀어 달라는 요청을 하고 있으므로 공적인 일과 사적인 일을 구별하며 조선을 생각해 달라고 부탁하는 것으로 볼 수 없다.

⑤ 국서의 내용은 서로 협력하는 것이 아니라 일방적으로 은혜를 요청하는 것이다.

3 갈등의 원인, 유형 파악   답 ⑤

⑤ 1월 21일 일기를 통해, 적들이 크게 노하여 국서를 그냥 보내고 답을 보내지 않은 이유가 성을 나오지 않은 것과 척화 신하들을 잡아 보내는 일을 임금이 허락하지 않았다는 것에 있음을 알 수 있다. 그리고 적들이 이 일들에 대해 노했다는 것은 이 일들이 그들의 요구임을 알 수 있게 한다. 따라서 ⊙의 이유는 조선의 임금이 자신들의 요구대로 행동하지 않았기 때문이라고 할 수 있다.

① 1월 18일 일기에 있는 국서는 최명길이 지은 것으로 되어 있다. 그러나 1월 21일에 전달하는 국서는 누가 작성했는지 알 수 없다. 또한 청이 답서를 주지 않은 이유는 출성하기와 척화 신하들을 잡아 보내는 일을 임금이 허락하지 않았기 때문이다.

② 1월 21일 일기에 우상 등이 국서를 전했다는 기록이 있다. 그러나 같은 날 일기를 통해서 적군이 답서를 주지 않은 이유는 출성하지 않은 일과, 척화한 신하들을 잡아 보내는 일을 임금이 허락하지 않았기 때문임을 알 수 있다. 낮은 지위의 신하들이 국서를 전하러 왔기 때문에 답서를 주지 않았다는 것은 적절하지 않다.

③ 1월 18일 일기에는 척화와 화친을 주장하는 신하들 사이에 분란이 일어난 사건이 담겨 있을 뿐 척화를 주장하는 신하들 사이에 분란이 일어났다는 내용은 기록되어 있지 않다. 또한 1월 21일 일기에도 이와 관련된 기록이 없다. 청이 답서를 주지 않은 이유는 1월 21일 일기에서 확인할 수 있듯이 출성하기와 척화 신하들을 잡아 보내는 일을 임금이 허락하지 않았기 때문이다. 따라서 척화 신하들 사이에서 분란이 일어난 것 때문에 청이 답서를 주지 않았다는 진술은 적절하지 않다.

④ 1월 21일에 전달하는 국서에서 청국의 황제를 높이는 표현의 사용 여부를 이 글에서는 확인할 수 없다. 따라서 청국의 황제를 높이는 표현을 사용하지 않았다는 것은 답서를 주지 않은 이유로 볼 수 없다.

4 작품 간의 공통점, 차이점 파악   답 ⑤

⑤ [A]에서는 김청음과 최명길의 대립을 통해서, [B]에서는 척화신을 내놓으라고 보채는 신성인과 홍진도 등의 모습에서 병자호란에

대한 대응 방식을 엿볼 수 있다. 〈보기〉의 ㉯에서도 [B]와 같이 몇 명의 신하들이 척화신을 내놓으라고 청하는 내용이 제시되어 있다. 따라서 [A]와 [B]에서만 신하들의 대응이 나타나 있다고 할 수 없다. 또한 [A]와 [B]에서는 임금의 무능함이 나타나지 않기 때문에 임금의 무능함을 보여 주려는 의도도 찾을 수 없다.

① [A]에서는 최명길과 김청음의 갈등이 대화를 통해서 나타나고 있다. 〈보기〉에는 김상헌이 최명길이 수정한 국서를 보고 통곡하면서 찢어 버렸다는 내용이 있다. 이 내용을 통해서 김청음과 최명길의 갈등이 있음을 알 수 있다. 따라서 [A]와 〈보기〉의 ㉮는 모두 국서를 둘러싼 신하들 간의 갈등을 제시하고 있다.

② [A]에는 국서를 두고 김청음과 최명길 사이에 벌어졌던 일과 이성구와 김청음 사이의 대화가 서술되어 있는데, 글쓴이는 어느 한쪽에 치우쳐 있지 않으며, 글쓴이의 감정도 나타나지 않는다. 따라서 [A]는 사실적으로 서술되어 있어서 객관적 성격을 가지게 된다. 〈보기〉의 ㉮ 역시 김상헌이 국서를 찢어 버리고 입대하기를 청해 임금에게 아뢴 일, 이조 참판 정온이 대죄하고, 이를 상이 따르지 않은 일, 눈이 크게 온 일을 서술하고 있는데, 사실적으로 서술되어 있어서 객관적 성격을 띠고 있다.

③ [B]에는 척화 신하들을 보내지 않으려는 임금 앞에서 척화신을 내놓으라 할 것을 보채는 신하들의 모습이, 〈보기〉의 ㉯에는 오랑캐 진영에 나가게 하라는 세자의 명을 따르지 않는 신하와, 척화 신하들을 내보내도록 청하는 신하들의 모습이 제시되어 있다. 따라서 [B]와 〈보기〉의 ㉯에서는 모두 왕명을 거부하는 신하들의 모습을 통해 화친을 주장하는 쪽과 척화를 주장하는 쪽의 갈등을 드러내고 있는데, 이를 통해 혼란스러운 사회상을 엿볼 수 있다.

④ 〈보기〉의 ㉯에는 수원의 장관들이 정원 문밖에 모여 화친을 배척한 신하를 내보내도록 청하는 내용이 객관적으로 서술되어 있다. [B]에는 수원의 장관들이 칼을 어루만지며 임금에게 보채고 있다는 것과 그들의 요구가 모든 군병의 뜻은 아니었다는 내용 등이 제시되어 있다. 이를 통해 장관들이 벌인 일에 대한 글쓴이의 부정적인 시각을 짐작해 볼 수 있다. 즉 [B]는 〈보기〉의 ㉯와 달리 글쓴이의 비판적 태도가 드러나 있다.

[5~8] 기술

이상치와 결측치의 처리

해제 | 데이터 분석을 잘하기 위해서 데이터 분석에 들어가기 전에 데이터 전처리가 매우 중요한데 그중에 이상치와 결측치 처리가 있다. 정상적인 범위를 벗어난 데이터인 이상치를 판단하기 위하여 데이터의 제3사분위수와 제1사분위수의 차이인 IQR의 1.5배를 제1사분위수에서 뺀 값부터 IQR의 1.5배를 제3사분위수에 더한 값까지의 범위를 벗어난 값으로 이상치를 삼는 것이 일반적이다. 이를 위해 이러한 작업을 시각적으로 표현해 주는 상자 수염 도표를 이용하면 편리하다. 결측치는 데이터 값이 알려지지 않은 것인데 해당 열이나 행을 삭제하거나 결측치를 다른 값으로 대체하는 방식으로 처리한다. 이때 데이터의 삭제나 대체로 전체 데이터가 교란되지 않도록 주의해야 한다.

5 세부 내용 파악 답 ⑤

정답이 정답인 이유

⑤ 3문단에서 이상치를 판정하기 위한 허용 상한값과 하한값을 구할 때 IQR에 1.5를 곱하여 제3사분위수에 더하거나 제1사분위수에서 빼는 방법을 쓴다고 했지만, 데이터 분포의 특성에 따라 1.5가 아닌 다른 값을 기준으로 택할 수도 있는데 어떤 값을 선택하는 것이 좋은 선택인가는 이상치를 제외하고 수행한 분석이 향후 얼마나 정확한 예측을 가능하게 해 주느냐로 판가름 나게 된다고 했다. 그러므로 이상치를 판정하는 기준은 데이터 분석의 결과에 영향을 줄 수 있다.

오답이 오답인 이유

① 2문단에서 이상치는 정상적인 범위 밖에 있는 값으로서 평균을 크게 달라지게 할 수 있다고 하였고, 4문단에서 결측치가 있으면 데이터 분석 프로그램이 작동되지 않는 경우가 빈발하는데, 가령 결측치가 있으면 해당 열의 평균을 계산하지 못한다고 하였다. 그러므로 결측치가 있으면 해당 열의 평균이 크게 달라질 수 있는 것이 아니다.

② 1문단에서 데이터 분석자가 데이터 분석 과정에 들어가기 전에 정제되지 않은 데이터를 전처리하지 않으면 제대로 된 분석 결과를 얻을 수 없으며, 특히 데이터의 이상치와 결측치는 데이터 분석을 오류에 빠뜨리는 원인이 되므로 잘 처리해 주어야 좋은 분석 결과를 기대할 수 있다고 하였다. 그리고 4문단에서도 본격적인 분석에 들어가기 전에 결측치를 처리해 주는 것이 중요하다고 하였다. 그러므로 결측치의 처리는 데이터 분석 도중에 필요에 따라 수행하는 것이 아니라 데이터 분석 전에 해 주어야 한다.

③ 2문단에서 어떤 하나의 속성에 대한 데이터 값들을 일렬로 작은 값부터 큰 값의 순서로 나열했을 때 50% 위치에 있는 값이 중앙값 또는 제2사분위수이며, 중앙값보다 작은 값들의 중앙값을 제1사분위수라고 하고 중앙값보다 큰 값들의 중앙값을 제3사분위수라고 한다고 하였으므로, 제2사분위수는 제1사분위수와 제3사분위수의 평균을 의미하지 않는다.

④ 2문단에서 어떤 하나의 속성에 대한 데이터 값들을 일렬로 작은 값부터 큰 값의 순서로 나열했을 때 50% 위치에 있는 값이 중앙값이며, 중앙값보다 작은 값들의 중앙값을 제1사분위수라고 하였으므로, 제1사분위수는 데이터 값 중 작은 것부터 나열하여 순번으로 25%에 해당하는 값이므로 데이터 값 중 최댓값의 25%의 크기를 갖는 값이 아니다.

6 중심 내용 파악 답 ③

정답이 정답인 이유

③ 3문단에 따르면 이상치는 일반적으로 허용 상한값보다 크거나 허용 하한값보다 작다고 여겨지는데 허용 상한값은 제3사분위수보다 크고 허용 하한값은 제1사분위수보다 작으므로, 이상치는 제1사분위수보다 작거나 제3사분위수보다 크다고 판단할 수 있다.

오답이 오답인 이유

① 1문단에서 데이터 분석자가 데이터 분석 과정에 들어가기 전에 정제되지 않은 데이터를 잘 처리해 주지 않으면 제대로 된 분석 결과를 얻을 수 없으며, 특히 데이터의 이상치와 결측치는 데이터 분석을 오류에 빠뜨리는 원인이 되므로 데이터 전처리 과정에서 잘 처리해 주어야 좋은 분석 결과를 기대할 수 있다고 했으므로 이상치는 데이터 분석 전에 찾아서 제거해야 한다.

② 3문단에서 이상치는 허용 상한값보다 크거나 허용 하한값보다 작은 값인데, 일반적으로 허용 상한값은 IQR에 1.5를 곱하여 얻은 값을 제3사분위수에 더한 값이고, 허용 하한값은 IQR에 1.5를 곱하여 얻은 값을 제1사분위수에서 뺀 값이라고 하였다. 그러므로 이상치는 허용 상한값과 허용 하한값 사이에는 존재하지 않는다고 할 수 있다.

④ 1문단에서 데이터의 이상치와 결측치는 데이터 분석을 오류에 빠뜨리는 원인이 되므로 데이터 전처리 과정에서 잘 처리해 주어야 좋은 분석 결과를 기대할 수 있다고 하였으므로, 이상치는 데이터 분석을 교란하여 제대로 된 결과를 얻지 못하게 할 수 있다고 말할 수 있다.

⑤ 2문단에서 이상치는 데이터를 수집하는 과정에서 오류가 개입되어 발생한 것으로 간주되므로 찾아서 제거해야 한다고 하였으므로, 이상치는 데이터의 수집 과정에서 어떤 오류가 개입하여 발생한 것으로 간주된다고 할 수 있다.

7 생략된 내용 추론 답 ④

정답이 정답인 이유

④ 4문단에서 결측치를 처리하는 방법은 삭제와 대체가 일반적인데 그중 삭제는 결측치를 포함하는 행이나 열을 삭제하는 것인데 이 과정에서 다른 데이터 값도 함께 삭제되면서 정보의 망실이 일어나기 때문에 주의해야 한다고 하였으므로, sales 열 5번 행의 결측치를 포함하는 행을 삭제하면, 나머지 3개의 열에 있는 다른 3개의 데이터 값이 함께 사라진다고 할 수 있다.

오답이 오답인 이유

① 4문단에서 결측치를 처리하는 방법은 삭제와 대체가 일반적인데 그중 삭제는 결측치를 포함하는 행이나 열을 삭제하는 것인데 이 과정에서 다른 데이터 값도 함께 삭제되면서 정보의 망실이 일어나기 때문에 주의해야 한다고 하였으나, 대체는 추가적인 정보의 망실이 일어나지 않는 장점이 있다고 하였다. 그러므로 salary 열 1번 행의 결측치를 '1095.0'으로 적는 것은 직전 행의 값으로 대체한 것이므로 정보의 망실이 일어나지 않는다고 할 수 있다.

② 4문단에서 대체는 다른 값으로 결측치를 채우는 것인데, 대체하는 값으로는 해당 열의 확보된 데이터 값들의 평균 또는 중앙값이 많이 사용되고 해당 값의 직전 행 또는 직후 행의 데이터 값 등이 사용되기도 한다고 하였으므로, salary 열 2번 행의 결측치를 '0'으로 적은 것은 임의의 값으로 대체한 것이므로 삭제의 방법으로 결측치를 처리한 것이 아니다.

③ 4문단에서 대체는 다른 값으로 결측치를 채우는 것인데, 대체하는 값으로는 해당 열의 확보된 데이터 값들의 평균 또는 중앙값이 많이 사용된다고 하였으므로, sales 열 4번 행의 결측치를 평균으로 대체하려면 sales 열의 확보된 데이터 값 8개의 평균을 구해야 한다.

⑤ 2문단에서 어떤 하나의 속성에 대한 데이터 값들을 일렬로 작은 값부터 큰 값의 순서로 나열했을 때 50% 위치에 있는 값이 중앙값이라고 하였으므로, roe 열의 확보된 데이터 값들의 중앙값은 roe 열의 확보된 데이터 값 9개 중에서 작은 값부터 큰 값의 순서로 나열했을 때 5번째의 값이고 그것은 '14.100000'이다. roe 열 9번 행의 결측치는 중앙값으로 대체하면 '14.100000'으로 바뀌어야 한다.

8 글에 드러난 관점, 내용 비판 답 ③

정답이 정답인 이유

③ 2문단에서 데이터 값들을 일렬로 작은 값부터 큰 값의 순서로 나열했을 때 50% 위치에 있는 값이 중앙값인데, 자료 개수가 홀수이면 앞에서 센 순위와 뒤에서 센 순위가 같은 값이 중앙값이고 자료 개수가 짝수이면 중앙에 있는 두 값의 평균이 중앙값이며, 중앙값을 제2사분위수라고도 한다고 했다. 또한 중앙값보다 작은 값들의 중앙값을 제1사분위수라고 하고 중앙값보다 큰 값들의 중앙값을 제3사분위수라고 한다고 했다. 그러므로 통화 시간 열의 데이터를 크기 순서대로 나열하면 1, 2, 3, 4, 5, 6, 7, 14, 50이므로 제2사분위수(중앙값)는 9개의 수 중 5위인 5이고, 제1사분위수는 2위(2)와 3위(3)의 평균이므로 2.5이고, 제3사분위수는 7위(7)와 8위(14)의 평균이므로 10.5이다. 3문단에서 IQR는 제3사분위수와 제1사분위수의 차이이고, 이상치는 IQR에 1.5를 곱하여 얻은 값을 제3사분위수에 더한 값인 허용 상한값보다 크거나 IQR에 1.5를 곱하여 얻은 값을 제1사분위수에서 뺀 값인 허용 하한값보다 작다고 하였다. 그러므로 앞서 구한 제1사분위수와 제3사분위수를 이용하면 IQR는 10.5−2.5=8이고, 그것의 1.5배는 12이다. 그러므로 허용 상한값은 10.5+12=22.5이다. 〈보기〉의 통화 시간 열에서 22.5보다 큰 데이터 값은 50으로 1개이다.

오답이 오답인 이유

① 〈보기〉의 통근 시간 열의 9개의 값을 크기순으로 나열했을 때 180은 5위로 중앙값이고 제1사분위수와 제3사분위수 사이에 있다. 그러므로 180은 제1사분위수보다 IQR의 1.5배만큼 작거나 제3사분위수보다 IQR의 1.5배만큼 큰 수가 아니므로 이상치가 될 수 없다.

② 2문단에서 데이터 값들을 일렬로 작은 값부터 큰 값의 순서로 나열했을 때 50% 위치에 있는 값이 중앙값인데, 데이터가 홀수 개일 때에는 앞에서 센 순위와 뒤에서 센 순위가 같은 값이 중앙값이고

중앙값의 다른 이름이 제2사분위수이다. 그러므로 〈보기〉의 판매량 열의 제2사분위수는 앞에서 세어 5번째이고 뒤에서 세어 5번째인 '500'이다.

④ 4문단에서 결측치는 데이터의 값이 빠져 있는 것으로 NaN은 어떤 이유로 해당 수치가 알려지지 않은 것이라고 하였다. 〈보기〉의 표에서 NaN이 독서 시간 열에 하나 있는데 그 열은 영업 사원의 독서 시간의 데이터를 모아 놓은 것이므로 어떤 영업 사원의 독서 시간 미상이 결측치를 유발했다고 할 수 있다.

⑤ 〈보기〉의 통화 시간 열의 데이터를 크기 순서대로 나열하면 1, 2, 3, 4, 5, 6, 7, 14, 50이므로 제2사분위수(중앙값)는 9개의 수 중 5위인 5이고, 제1사분위수는 2위(2)와 3위(3)의 평균이므로 2.5이고, 제3사분위수는 7위(7)와 8위(14)의 평균이므로 10.5이다. 또한 3문단에서 IQR는 제3사분위수와 제1사분위수의 차이, 즉 상자 수염 도표에서 상자의 높이를 의미한다고 하였으므로 〈보기〉의 통화 시간 열의 상자 수염 도표에서 상자의 높이에 해당하는 IQR는 제3사분위수 10.5에서 제1사분위수 2.5를 뺀 값인 8이다.

14회 미니모의고사

| 1 ④ | 2 ② | 3 ⑤ | 4 ① |
| 5 ② | 6 ⑤ | 7 ① | 8 ④ |

[1~4] 극

채만식, 「영웅 모집」

해제 | 이 작품은 세태 풍자가 나타나는 희곡으로, 파고다 공원을 무대로 다양한 인물들이 등장하면서 장면을 형성한다. 극 중에 등장하는 인물들인 소년, 전문학교 학생, 타락한 남녀, 얄량한 과부, 병든 노동자, 변절한 지식인, 순사 등의 대화를 통해 1930년대의 병든 현실을 제시하고 있는 것이다. 또 작가는 다양한 인물들에 대해 자신의 감정을 드러내는 피에로를 통해 현실에 대한 비판적 시각을 보여 주고 있다. 작품은 총 10개의 장면으로 구성되어 있으며, 각기 다른 인물들이 등장하는 10개의 장면에 대해 마치 피에로가 관객에게 정리를 해 주는 듯한 설정을 보여 주는 것이 특징이다.

주제 | 일제 강점기의 다양한 인간 군상과 그에 대한 비판

구성 |

- 장면 1: 깔끔한 의복의 소년 A가 카스텔라를 먹고 있는 것을 보고 행색이 초라한 소년 B가 이를 빼앗으려고 한다. A는 B를 약 올리고 B는 악착같이 카스텔라를 빼앗아 먹는다.
- 장면 2: 전문학교 학생 A와 B가 등장하여 고등룸펜이 늘어나는 현실을 개탄한다. 그들은 미래에 대한 불안으로 요행을 바라거나 마작에 대한 관심을 드러내는 등 염세주의적 태도를 보인다.
- 장면 3: 매춘부가 어떤 남자를 향해 정조를 흥정한다.
- 장면 4: 신사 A가 신사 B에게 파고다 공원을 불하받아서 그곳에 유흥 시설을 만들어 돈을 벌겠다고 말한다.
- 장면 5: 과부가 아들, 딸과 함께 공원을 찾았는데 그곳에서 옛 친구를 만난다. 과부는 자식들을 위해 수치를 참아 가며 첩살이를 시작했지만 6개월 만에 쫓겨났다고 한다.

• 장면 6: 사흘째 굶은 처자가 있는 병든 노동자가 죽어도 가족과 같이 죽어야
  겠으니 뚝섬까지 나가야 한다고 순사에게 말한다.
• 장면 7: 굶주리고 행색이 초라한 룸펜들이 등장하여 벤치에 걸터앉아 있고,
  변절자인 어떤 사람 A와 B가 등장하여 자신들의 변절을 합리화한다. 어떤
  사람 B가 담배 토막을 버리자 룸펜들은 그것을 서로 집으려고 야단이 난다.
• 장면 8: 북간도로 떠나는 이주민 가족이 서울을 지나던 중 공원의 사리탑을
  보며 눈물을 보인다.
• 장면 9: 술에 취해 비틀거리는 주정꾼 A, B가 등장한다.
• 장면 10: 피에로는 '영웅 대모집'이라고 쓴 간판을 들고나와 종을 치며 영웅
  을 모집한다고 소리치지만 소년들의 놀림만 받을 뿐이다.

1 극적 형상화 방식의 이해   답 ④

④ '피에로'라는 특정 인물은 다른 인물들을 관찰하고 있으며 관찰
의 내용을 토대로 인물들을 평가하고 있다. 인물들에 대한 피에로
의 평가를 통해 관객은 인물들이 주고받는 대화나 행동 등 극 중 상
황에 비판적 태도를 가질 수 있다.

① 인물들이 처한 상황을 드러내는 소품들로는 '어떤 사람'들의 '담
배', '룸펜 일동'이 집으려 야단인 '담배 토막', 이주민 가족들이 들
고 있는 '보꾸러미들'이 있다. 그러한 소품들이 인물들이 처한 상황
을 표현한다고 볼 수는 있으나 인물 태도의 긍정적 변화 양상을 함
축적으로 드러낸다고 보기는 어렵다.
② 제시된 장면들은 모두 현실의 상황을 보여 주는 것으로, 하나의
무대 위에 두 가지 상황을 번갈아 반복하여 등장시킴으로써 현실과
환상을 표현하고 있다고 보기 어렵다.
③ 극 중 인물들 중 무대와 관객 사이를 오가는 인물은 등장하지 않으
며 이를 통해 관객을 극 중 상황에 참여시키고 있다고 보기 어렵다.
⑤ 일정한 시간의 흐름에 따른 공간의 변화 과정이 압축적으로 제
시되고 있지 않으며, 특수한 무대 장치를 사용하고 있지 않다.

2 소재의 기능 파악   답 ②

② 북간도는 이주민 가족이 향하고 있는 곳으로, '조선서 태어나서'
'저만큼씩이나' 자랐으나 '아무리 살 수가 없어' 떠나게 된 '만리타
국'이다. 따라서 현실적 제약으로 인해 어쩔 수 없이 향하게 된 공
간이라 볼 수 있다.

① 이주민 가족이 자신들의 과거 삶을 되돌아보고 있지 않으며 또
한 북간도가 그러한 반성을 유도한다고 볼 수 없다.
③ 이주민 가족이 현재 기거하고 있는 곳은 조선이다.
④ 북간도는 이주민 가족의 대화 속에 제시되는 공간이기는 하나
인물들이 과거에 함께 머물렀던 공간이라고 보기 어렵다.
⑤ 북간도는 인물들이 향하는 목적지로서 유랑하는 과정 중에 머무
는 곳이라고 보기 어려우며, 가족들이 조선으로 다시 돌아오기를

희망하고 있으므로 북간도를 최종적으로 정착하고 싶어 하는 공간
으로도 볼 수 없다.

3 구절의 의미 파악   답 ⑤

⑤ ⑪은 이주민 가족이 주고받은 대화를 듣고 난 이후의 피에로의
반응으로, 조선을 떠나는 이주민 가족의 사연에 대한 안타까움과
조선을 지켜야 한다는 생각에서 기인한 행동과 말이라고 볼 수 있
다. 따라서 '잘되면 돌아와서 보란 듯이' 살 것이라는 아들의 각오
에 대한 공감에 기인하는 것이라고 보기 어렵다.

① ㉠은 신사 A, B의 대화를 듣고 난 이후 피에로의 반응으로, 신사
들이 예술적 가치를 지닌 공원의 탑을 없애고 유흥 시설을 지으려
하는 것에 기인한 것이다.
② ㉡은 피에로가 노동자와 순사의 대화를 듣고 난 이후에 보인 반
응으로, 노동자가 처한 딱한 처지에 기인한 행동이다.
③ ㉢은 어떤 사람 B가 버린 담배 토막을 룸펜 일동이 집으려는 것
을 보고 난 이후 피에로의 반응으로, 담배 토막 때문에 야단을 피우
는 룸펜 일동의 한심스러운 행동에 기인한 것이다.
④ ㉣은 피에로가 이주민 가족 중 딸이 사리탑을 가리키며 아버지
에게 하는 질문을 듣고 난 이후에 보인 반응으로, 딸이 사리탑에 대
해 보이는 관심에 기인한 행동이다.

4 외적 준거에 따른 작품 감상   답 ①

① 신사 A는 공원이 지닌 역사적 의미를 기리기 위해서가 아니라
경제적 이익을 얻기 위해 공원을 불하받아 '승거운 탑'을 없애고 유
흥 시설을 지으려 한다. 따라서 신사 A가 공원을 예전과 다르게 변
화시키는 것이 공원이 지닌 역사적 의미를 기리는 일이라며 정당화
하고 있다고 보기 어렵다.

② 순사는 일제 강점기 경찰 직책을 가리키는 단어로 이를 통해 시
대적 배경을 짐작할 수 있다. 노동자의 대사에 나타나는 '병든 다
리'와 '굶어서 다 죽어 가는 처자' 등을 통해 일제 강점기 하층민의
생활이 어렵고 가난했음을 알 수 있다.
③ 〈보기〉를 통해 어떤 사람 A는 지식인으로 볼 수 있는데, 이들은
자신들을 비난하는 것에 대해 다들 마찬가지이며 자신들보다 나을
것이 없다고 하며 변절을 합리화하고 있다. 이를 통해 어떤 사람 A
는 자신들의 행동을 합리화하는 데 급급한 지식인의 모습을 보여
준다고 볼 수 있다.
④ 아버지가 북간도로 떠나는 상황에서도 만리타국인 호지에 뿌리
가 박혀서는 쓰겠냐고 말하는 것을 통해 나라를 잃은 상황에서도
지켜야만 하는 가치인 민족의식을 우회적으로 표현하고 있다고 볼
수 있다.
⑤ 주정꾼들을 보고 분노하는 피에로를 통해 혼란스러운 시대 현실
과 한심스러운 행태를 보이는 이들에 대한 비판이 드러난다고 볼
수 있다.

점도

해제 | 이 글은 유체의 끈끈한 정도를 표현할 수 있는 개념인 점도에 대해서 설명하고 있다. 액체의 흐름은 액체를 이루고 있는 층들이 접하여 흐르는 것으로 간주할 수 있으며 층들의 속도가 달라서 전단 응력을 받게 된다. 흐름에 저항하는 성질, 즉 점도는 전단 응력과 전단율의 관계에서 파악되는데 전단율과 점도의 곱이 전단 응력이 된다. 그리고 이때의 점도를 절대 점도라 하며 상대 점도는 절대 점도의 상대적인 값으로 단위가 없다. 상대 점도는 일반적으로 유체가 일정 거리를 흐르는 데 걸리는 시간을 측정하는 오스트발트 점도계를 이용하여 측정할 수 있으며, 점도가 매우 큰 액체의 경우에는 공 낙하법을 이용하여 상대 점도를 측정할 수 있다.

주제 | 점도의 개념과 점도의 측정

구성 |

- 1문단: 점도의 개념과 그 중요성
- 2문단: 전단율과 전단 응력의 비례 상수인 절대 점도
- 3문단: 절대 점도의 단위
- 4문단: 오스트발트 점도계에 의한 상대 점도의 측정
- 5문단: 공 낙하법에 의한 상대 점도의 측정

5 세부 내용 파악   답 ②

정답이 정답인 이유

② 4문단에서 상대 점도는 기준 물질의 절대 점도 대비 특정 물질의 절대 점도의 상대적인 값을 말한다고 했으며, 그 값은 두 액체의 절대 점도의 비이고 단위가 없는 값이라고 설명하였다. 즉 푸아즈의 단위를 갖는 절대 점도를 같은 단위의 절대 점도로 나눈 값이므로 단위가 없다.

오답이 오답인 이유

① 2문단에서 액체가 관 속을 흐르는 속도는 관의 중심부로 갈수록 빨라지고 원통의 중심에서 가장 빠른 속력을 보인다고 했으므로 올바른 진술이다.

③ 5문단에서 공 낙하법에서는 밀도를 알고 있는 작은 공이 필요하다고 하였으므로 글의 내용과 부합한다.

④ 2문단에서 전단 응력은 전단율과 비례 상수의 곱으로 나타낼 수 있으며 비례 상수가 절대 점도라고 하였으므로 올바른 진술이다.

⑤ 4문단에서 오스트발트 점도계로 점도를 측정할 때 기준 액체로는 특정 온도의 물이 사용된다고 하였으므로 올바른 진술이다.

6 세부 내용 파악   답 ⑤

정답이 정답인 이유

⑤ 5문단에서 공 낙하법 실험은 공이 '일정한 거리를 낙하하는 데 걸리는 시간을 육안으로 측정'한다고 했으므로 육안으로 관찰하는 상황을 감안할 때 떨어지는 속도가 느릴수록 정확한 값을 측정할 수 있음을 짐작할 수 있다. 또한 공 낙하법은 낙하 시간을 측정하여 점도를 구해 내는 방법이므로 시간을 정확하게 측정하는 것이 필요함을 알 수 있다.

오답이 오답인 이유

① 5문단에서 공 낙하법은 상대 점도를 구하는 방법이라고 했으므

로 기준 액체의 점도를 알아야 한다.

② 5문단에서 밀도를 알고 있는 공이 필요하다고 하였고 공 낙하법에서는 일정 거리를 공이 이동하는 데 걸리는 시간을 측정하므로 공의 밀도를 구하는 것과는 관련이 없다.

③ 5문단에 공의 반지름이 원통형 관의 반지름보다 훨씬 작아야 하는 이유는 벽에 가까운 액층에 의한 잡아끄는 효과를 피하기 위함이라고 설명되어 있다. 따라서 점도가 큰 액체를 이용하여 정확한 값의 점도를 구하는 것과는 관련이 없다.

④ 5문단에서 공 낙하법은 점도가 커서 오스트발트 점도계의 모세관을 통해 흐르기 어려운 액체의 점도를 측정하는 방법이라 하였으므로 점도가 클수록 오스트발트 점도계의 점도 측정이 유리하다는 것은 적절하지 않다.

7 구체적 사례 적용   답 ①

정답이 정답인 이유

① 4문단에 따르면 절대 점도의 비는 각 액체의 밀도와 일정 거리만큼 흐르는 데 걸리는 시간의 곱의 비이다. A의 밀도가 B의 밀도의 3배라면 A와 B의 밀도의 비는 3:1이고 A와 B가 일정 거리만큼 흐르는 데 걸리는 시간의 비는 2초:6초이므로 상대 점도는 서로 같다. 따라서 기준 액체인 물을 이용하여 절대 점도를 구하면 A와 B의 절대 점도는 같다.

오답이 오답인 이유

② 3문단과 4문단에 따르면 오스트발트 점도계는 상대 점도를 구하고 이로부터 절대 점도를 알아내는 방법이므로 상대 점도를 알아내야 한다.

③ 5문단에 따르면 점도가 매우 큰 액체는 모세관을 통해 흐르기 어렵다고 했으므로 적절하지 않은 진술이다.

④ 4문단에 따르면 상대 점도를 측정하기 위해서는 기준 액체의 점도를 알고 있어야 한다. 따라서 기준 액체가 A인 경우에는 A의 점도가 필요하다.

⑤ 4문단에 따르면 오스트발트 점도계는 액체가 모세관의 일정 거리를 흘러내리는 데 소요되는 시간을 측정한다고 했으므로 기준선 간의 거리는 같아야 한다.

8 구체적 사례 적용   답 ④

정답이 정답인 이유

④ 1문단에서 유체가 흐를 때 흐름에 저항하는 성질을 점도라고 했고 〈보기〉에서 기체의 경우 온도가 올라가면 기체 분자 간의 충돌로 인해 한쪽 방향으로의 흐름이 어려워진다고 설명하였다. 따라서 기체의 경우 온도가 올라감에 따라 점도는 증가하게 된다. 2문단에서 '전단율과 비례 상수의 곱으로 전단 응력을 나타낼 수 있으며 이때 비례 상수가 점도'라고 했고 〈보기〉에서 액체의 경우 온도가 올라감에 따라 같은 전단율에서 유체가 받는 전단 응력이 감소한다고 했으므로 비례 상수인 점도는 온도가 올라감에 따라 감소하게 된다. 따라서 이와 반대로 온도가 낮아지는 경우에 적절한 표현을 괄호 안에 넣어야 하므로 온도가 낮아짐에 따라 액체의 점도는 증가하고, 기체의 점도는 감소한다고 해야 적절한 진술이 된다.